Atlas mondial des sexualités

© 2013, Editions Autrement
77, rue du Faubourg-Saint-Antoine – 75011 Paris.
Tél. : 01 44 73 80 00. Fax : 01 44 73 00 12.

ISBN : 978-2-7467-3161-5
ISSN : 1272-0151

Imprimé et relié en avril, par l'imprimerie Pollina, France - L64632.
Dépôt légal : mai 2013.

Tous droits réservés. Aucun élément de cet ouvrage ne peut être reproduit, sous quelque forme que ce soit, sans l'autorisation expresse de l'éditeur et du propriétaire, les Éditions Autrement.

Atlas mondial des sexualités

Libertés, plaisirs et interdits

Nadine Cattan et Stéphane Leroy
Cartographie : Cécile Marin

Éditions Autrement
Collection Atlas/Monde

ATLAS
Atlas mondial des sexualités

SOMMAIRE

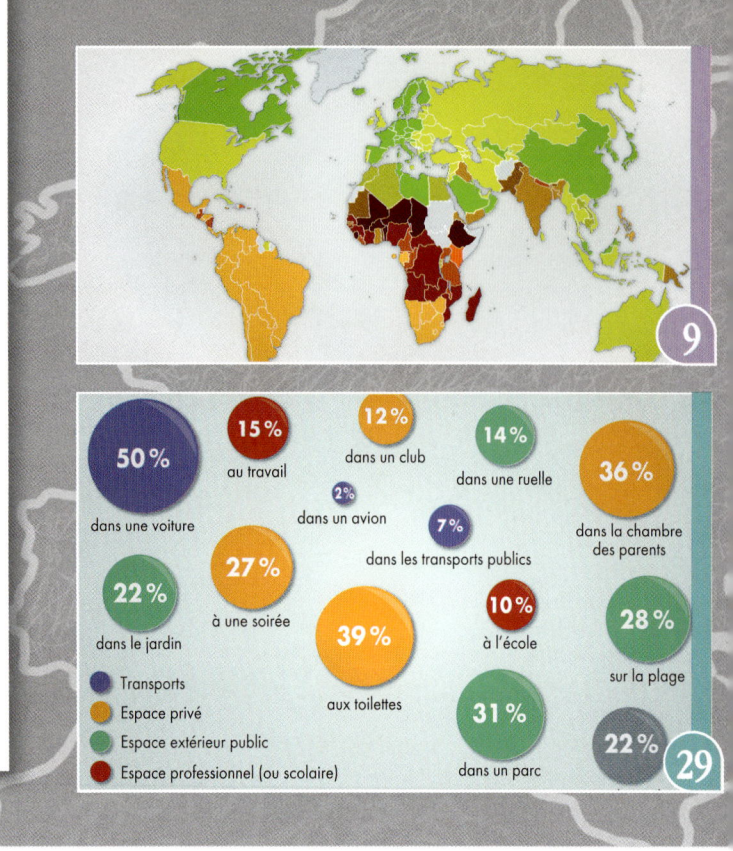

6 INTRODUCTION

9 SEXUALITÉS AUTORISÉES
- 10 L'âge des possibles
- 12 Mariages précoces et forcés
- 14 La polygamie : avatar de la domination masculine
- 16 L'homosexualité comme frontière
- 18 Sexualité sans reproduction : la contraception
- 20 Sexualité sans reproduction : l'avortement dans le monde
- 22 Sexualité sans reproduction : l'avortement aux États-Unis
- 24 Le besoin d'éducation sexuelle
- 26 Synthèse

29 LE COUPLE DANS TOUS SES ÉTATS
- 30 Faire l'amour : performance et satisfaction
- 32 Le temps des expériences
- 34 Le méli-mélo des sexualités
- 36 Le mariage ne fait plus la force
- 38 Les nouvelles formes d'unions
- 40 Le célibat, une valeur sûre
- 42 L'infidélité
- 44 Partir faire l'amour ailleurs
- 46 Où drague-t-on aujourd'hui ?
- 48 Synthèse

L'INDUSTRIE, L'ARGENT ET LE SEXE

52 La prostitution : des lois et des pratiques
54 Prostitution et traite des femmes :
    la face sombre des migrations
56 Sexualités et artifices
58 Le culte de la performance nuit à la biodiversité
60 Le grand marché de la pornographie
62 Synthèse

VIOLENCES AUTOUR DU SEXE

66 Le viol : un rapport de domination masculine
68 Le viol comme arme de guerre
70 Sociologie de l'agression sexuelle en France
72 Santé et sexualités
74 Enfance en danger : violences et tabous
76 Synthèse

LA VILLE, REFUGE DES SEXUALITÉS MINORITAIRES

80 La recherche de l'entre-soi
82 S'afficher, transgresser
84 Drague et relations sexuelles dans l'espace public
86 Lesbiennes sans territoires ?
88 Synthèse

91 CONCLUSION

   ANNEXES
92 QUELQUES PISTES SUPPLÉMENTAIRES
93 BIBLIOGRAPHIE
95 INDEX

INTRODUCTION
Une question au cœur de notre société

La sexualité est présente partout et tout le temps. Elle est dans les discours et dans les actes, dans les pratiques et dans les subjectivités. Elle relève du personnel et du collectif, de l'intime et de l'extime, du politique et du biologique, de l'économique et du culturel. Elle a envahi nos écrans, petits et grands, et s'affiche sur le papier glacé de nos magazines et les murs de nos villes. Cela signifie que les différences sexuées sont au fondement même des sociétés contemporaines. Pourtant on sait peu de chose sur la diversité des sexualités des hommes et des femmes dans le monde et leurs évolutions. Les raisons sont nombreuses. D'abord, les représentations dominantes de la sexualité dans toutes les sociétés demeurent encore aujourd'hui normées, construites sur le modèle patriarcal et hétéro centré, comme s'il n'existait qu'un seul type de sexualité. Ensuite, la dimension sexuée et sexuelle de nos comportements et de nos pratiques est souvent enfermée dans un discours médical, comme si la sexualité constituait un problème. Enfin, la recherche académique n'a pas accordé aux comportements genrés et sexuels la même attention qu'aux catégories sociodémographiques, comme si les sexualités étaient un objet exotique.

CES FACTEURS EXPLIQUENT EN GRANDE PARTIE LES CONNAISSANCES EMPIRIQUES lacunaires sur les sexualités dans le monde. Ne sait-on pas ou ne veut-on pas mesurer ou évaluer la variété des comportements sexuels, les valeurs qui les sous-tendent et les identités qui en résultent? En effet, paradoxalement, dans les sociétés contemporaines, poststructuralistes et postmodernes, les sexualités restent un sujet tabou surtout lorsqu'il est question d'en parler frontalement et de couvrir tous leurs aspects, et cela sans doute par crainte de faire disparaître un symbole identitaire fort de nos sociétés : la famille mononucléaire.

CET ATLAS MONDIAL DES SEXUALITÉS PROPOSE UNE LECTURE INTÉGRÉE DES DIFFÉRENTES FACETTES DE LA SEXUALITÉ. Il souligne qu'elle doit toujours se concevoir au pluriel. Prendre le parti de cartographier les sexualités dans le monde, c'est dire combien les lieux comptent dans l'explicitation des enjeux qui sous-tendent aujourd'hui les sexualités et leurs pratiques dans le monde. De ce fait, cet atlas a pour ambition de réinterroger les discours dominants sur la mondialisation et ses conséquences, relativement à l'homogénéisation des modes de vie. Pour cela, il analyse trente-six thèmes autour de cinq enjeux majeurs des sexualités contemporaines : le droit, le couple et son évolution, l'argent, la violence et la diversité sexuelle. Chaque thème est traité à différentes échelles et dans plusieurs régions du monde en fonction de l'acuité du phénomène, de sa diffusion et aussi selon la disponibilité des données. Cartographier les différents aspects des sexualités dans le monde relève de la gageure tant l'information est difficile d'accès et les données lacunaires. Prendre le parti de couvrir la diversité des pratiques sexuelles elles-mêmes et également tout ce qui la précède et la prolonge n'est pas une chose aisée car les sexualités sont un sujet très sensible qui interroge les valeurs mêmes des sociétés contemporaines et par là leur fragile équilibre.

EN MONTRANT OÙ SE FONT ET SE DÉFONT LES MODÈLES TRADITIONNELS, où l'hybridation sexuelle recompose nos sociétés, en expliquant comment et pourquoi c'est dans ces lieux-là et pas ailleurs, cet Atlas des sexualités apporte des éléments de réponse inédits à un incontournable débat sociétal.

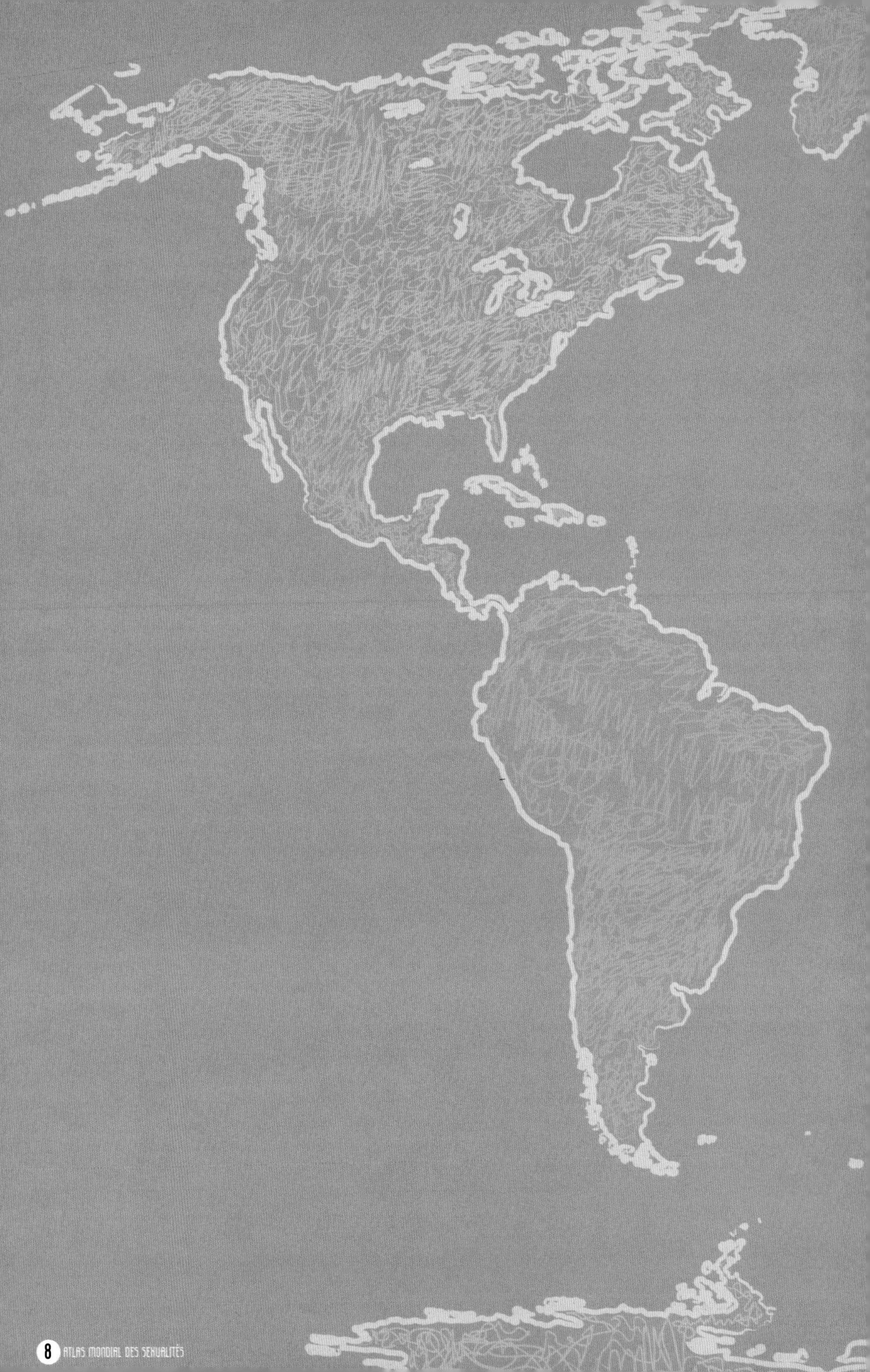

SEXUALITÉS AUTORISÉES

Aucun autre comportement individuel ne fait, autant que la sexualité, l'objet de législations. Quelles sont les pratiques autorisées dans le monde et quelles sexualités sont interdites ? Cette entrée en matière caractérise les aspects majeurs sur lesquels porte l'encadrement des rapports sexuels. Partout dans le monde, ou presque, des lois définissent un âge minimal pour avoir des relations sexuelles, déterminent un nombre officiel de partenaires sexuels et spécifient le sexe des conjoints. Les législations interviennent également dans la gestion de la taille des familles, en établissant par exemple un nombre maximal d'enfants. Elles légifèrent encore sur la liberté accordée aux femmes de disposer librement de leur corps en interdisant l'accès à la contraception et à l'avortement. En dressant un panorama mondial des droits concernant divers aspects des sexualités, cette première partie montre comment les lois sont souvent enfreintes au détriment de certaines catégories de population.

SEXUALITÉS AUTORISÉES

L'âge des possibles

Forme d'union la plus largement répandue dans le monde, le mariage, historiquement très lié à la procréation, a traditionnellement servi à légitimer les rapports sexuels. Même si nombre de pays interdisent encore les relations sexuelles avant le mariage, dans beaucoup d'autres, la virginité et la chasteté ne sont plus valorisées : elles cèdent la place à une idéalisation de la première fois qui doit être une expérience réussie. Par ailleurs, on assiste dans les pays occidentaux à une homogénéisation des pratiques sexuelles des jeunes hommes et jeunes femmes, l'entrée des femmes dans la sexualité active restant toutefois plus contrôlée socialement.

■ PAS DE SEXUALITÉ HORS MARIAGE

La plupart des grandes religions dans le monde déconseillent les relations sexuelles hors du mariage. Beaucoup de pays non séculiers, comme l'Arabie saoudite, l'Afghanistan, l'Iran, le Soudan et le Yémen, les interdisent et vont jusqu'à les sanctionner. Le mariage est une institution qui définit un cadre juridique, social et légal de la vie à deux. Il scelle une union durable entre deux personnes et implique une communauté de vie dont un des fondements repose sur l'existence de rapports sexuels entre les deux époux. Selon les époques et les cultures, la non-consommation du mariage peut entraîner son annulation ou le divorce. Pour le catholicisme par exemple, l'inexistence de rapports sexuels entre les époux peut conduire à l'annulation. Dans d'autres cultures, comme en Afrique ou dans certains pays arabes, le versement d'une dot oblige la femme à avoir des enfants, donc à avoir des relations sexuelles avec son époux après le mariage. Le mariage, qui est la forme la plus universelle d'union, montre comment la sexualité est au fondement de l'organisation des sociétés et comment elle fait l'objet d'un contrôle et d'un encadrement juridique, moral, religieux et sociétal. L'âge légal du mariage varie légèrement d'un pays à un autre. Les pays européens fixent dans leur grande majorité l'âge du mariage à 18 ans, l'âge de la majorité civile, mais la plupart y apportent des amendements autorisant le mariage dès 16 ans avec la nécessité du consentement des

■ L'ÂGE LÉGAL DU MARIAGE DANS LE MONDE

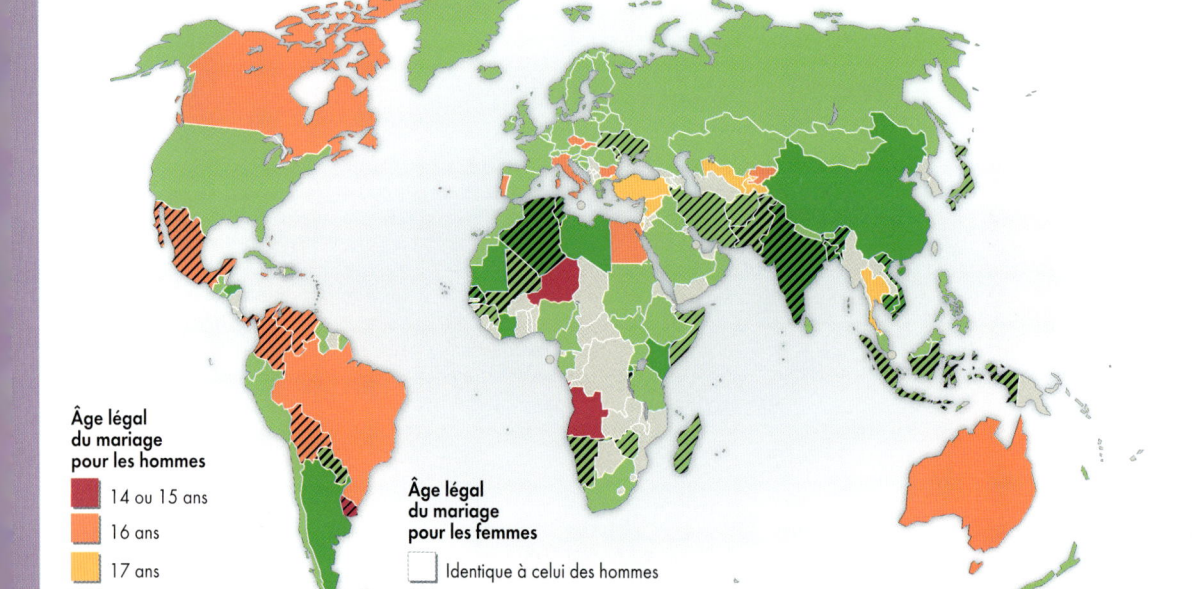

Beaucoup de pays autorisent le mariage à un âge inférieur à l'âge légal avec un consentement parental et une approbation judiciaire.

Âge légal du mariage pour les hommes
- 14 ou 15 ans
- 16 ans
- 17 ans
- 18 ans
- 20 ou 21 ans

Âge légal du mariage pour les femmes
- Identique à celui des hommes
- 1 à 2 ans de moins
- 3 à 4 ans de moins

Absence de données

Sources : sources officielles nationales ; Interpol, 2008.

parents. Ces législations sont identiques en Europe pour les hommes et les femmes. Sur le continent américain, la situation est comparable à l'exception de quelques pays d'Amérique du Sud où le mariage est autorisé dès 16 ans pour les hommes et dès 14 ou 15 ans pour les femmes. En Afrique et en Asie, plusieurs pays comme la Tunisie, l'Algérie, le Mali, la Tanzanie, et l'Inde, l'Indonésie, Singapour, la Malaisie, se distinguent par une forte différence entre l'âge légal du mariage des hommes et des femmes. Dans les deux pays les plus peuplés du monde, la Chine et l'Inde, l'âge légal est plus élevé, fixé respectivement à 20 et 21 ans.

...

15-18 ANS : ÂGE DU PREMIER RAPPORT EN EUROPE

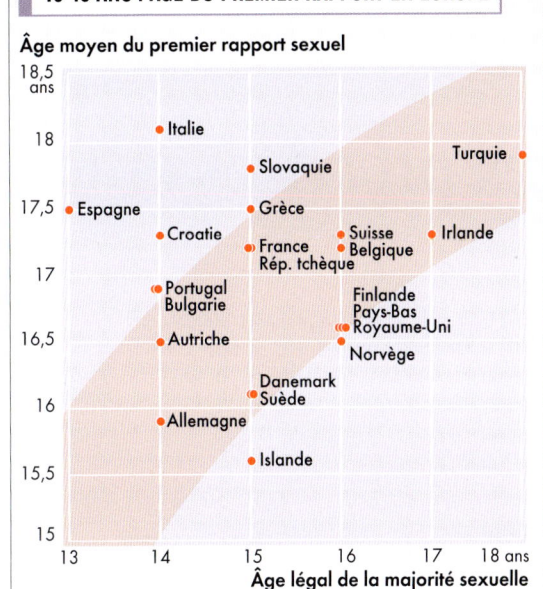

Âge moyen du premier rapport sexuel

(Graphique : Italie ~18 ; Slovaquie, Turquie ~17,5 ; Espagne, Grèce, Suisse, Irlande ; Croatie, France, Belgique, Rép. tchèque ; Portugal, Bulgarie, Finlande, Pays-Bas, Royaume-Uni ; Autriche, Norvège ; Danemark, Suède ; Allemagne ; Islande ~15,5)

Âge légal de la majorité sexuelle

Source : Durex, « Global Sex Survey », 2005.

ENTRE 15 ET 18 ANS

La sexualité est encadrée par des normes où l'âge joue un rôle central : celui du mariage et celui du consentement. Au-delà de ces lois, que sait-on des faits, de la réalité de l'âge effectif du premier rapport sexuel ? Contrairement aux idées reçues, le passage à l'acte sexuel ne se fait pas de plus en plus tôt chez les jeunes d'aujourd'hui. Si on fait l'amour à 15 ans et demi en Islande, c'est un peu après 17 ans que les jeunes ont leur premier rapport sexuel en France, en Espagne, en Suisse et en Grèce et autour de 18 ans en Italie.

Verbatim

On fait l'amour, pour la première fois, à 18 ans presque partout dans le monde. En Islande à 15,5 ans, aux États-Unis à 17 et en Inde à 20.

Durex, 2005.

ÂGE DU PREMIER RAPPORT SEXUEL ET ÂGE DU CONSENTEMENT

L'âge légal du mariage n'est toutefois pas l'âge du consentement ou l'âge de la majorité sexuelle. La plupart des sociétés définissent en effet un âge minimal à partir duquel un mineur peut avoir des relations sexuelles de son plein gré avec un adulte. Les relations sexuelles entre deux mineurs ne sont pas interdites dans la plupart des pays. L'âge du consentement varie de 11 à 20 ans dans le monde, signifiant qu'une personne adulte ou mineure peut être poursuivie si elle entretient des rapports sexuels avec un enfant de moins de 11 ans. C'est dans les pays d'Amérique du Sud que l'âge de la majorité sexuelle est globalement le plus bas (13-14 ans) et, à l'inverse, c'est dans beaucoup de pays d'Afrique et dans l'archipel indonésien qu'il est le plus élevé (18 ans et plus). Dans les pays européens et d'Amérique du Nord, l'âge du consentement est fixé autour de 15-16 ans. Dans les faits, l'âge effectif du premier rapport sexuel rejoint l'âge de la majorité sexuelle défini par les juridictions nationales : il est le plus bas, entre 15 et 16 ans en moyenne, dans les pays d'Europe du Nord et de l'Ouest qui jouissent, par ailleurs, d'un contexte de plus grande liberté sexuelle.

Cette situation va de pair avec une élévation conséquente de l'âge du mariage : en

L'ÂGE DU MARIAGE RECULE

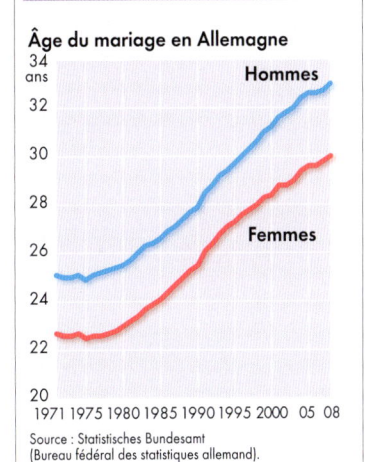

Âge du mariage en Allemagne (Hommes, Femmes, 1971-2008)

Source : Statistisches Bundesamt (Bureau fédéral des statistiques allemand).

2012, en Allemagne par exemple, mais aussi dans beaucoup d'autres pays en Europe, les femmes et les hommes se marient autour de 30 ans, soit huit à dix ans plus tard qu'il y a quarante ans. Allongement de la durée des études, entrée plus tardive sur le marché du travail, évolutions des mœurs sont les facteurs majeurs qui expliquent ces dynamiques.

...

MARIAGE ET RÔLE SEXUÉ

Durant les dernières décennies, le mariage a été critiqué pour des considérations politiques et philosophiques. Le principal élément de controverse est celui de la nécessité de réguler les relations personnelles par les gouvernements et les religions, empiétant ainsi sur les droits et les libertés individuelles. D'autres aspects, comme la promotion du célibat et le constat d'échec du mariage avec des taux de divorce toujours croissants, font aussi partie du débat critique contre l'institution du mariage.

L'établissement d'une meilleure égalité entre les sexes est un autre argument fort avancé contre le mariage. Institution traditionnellement ancrée dans le patriarcat, le mariage instaure une supériorité et une autorité « naturelles » des hommes sur les femmes, en reproduisant encore aujourd'hui les stéréotypes de genre. La coutume de la dot, dans plusieurs pays africains et asiatiques, est emblématique du pouvoir exercé par les hommes dans le cadre des relations maritales et prémaritales.

Ces traditions ont été dénoncées par les organisations internationales car elles promeuvent l'idée que les femmes sont des marchandises qui peuvent appartenir à l'homme qui les a achetées. Elles favorisent non seulement les violences contre les femmes, mais aussi l'augmentation des conflits et crimes entre les familles, car elles empêchent les hommes pauvres d'accéder au mariage. Le traitement de l'adultère, plus sévèrement puni lorsqu'il est féminin, est un deuxième exemple du poids des pratiques patriarcales dans le mariage. Enfin, le mariage est décrié dans les sociétés occidentales car il n'est pas ouvert juridiquement à toutes les sexualités autorisées par la loi et en particulier aux couples de même sexe. •

SEXUALITÉS AUTORISÉES

Mariages précoces et forcés

Le mariage libre et consenti est un droit reconnu par la Déclaration universelle des droits de l'homme. Le Forum panafricain contre l'exploitation sexuelle des enfants le considère comme une forme d'exploitation sexuelle commerciale. Toutes les expertises montrent que les mariages précoces et forcés rendent les jeunes filles très vulnérables à la violence domestique. Les épouses-enfants sont retirées du système scolaire, souvent exploitées par leur famille, isolées de leur communauté, et n'ont pas beaucoup de contact avec d'autres enfants. Les enquêtes de l'Unicef montrent qu'elles sont parfois trop jeunes pour comprendre le concept même de reproduction.

■ CES PAYS QUI ENFREIGNENT LES RÈGLEMENTS INTERNATIONAUX

Le mariage avant 18 ans est une réalité pour des millions de jeunes femmes. Cette pratique du mariage forcé est encouragée par les parents dans l'espoir qu'il sera bénéfique financièrement et socialement à la famille et au ménage. Elle concerne de prime abord près d'une vingtaine de pays africains, dont beaucoup en Afrique subsaharienne, qui affichent les plus fortes proportions de mariages précoces, avec plus du quart des filles de 15 à 19 ans mariées. L'Afrique se distingue également en mariant ces jeunes filles à des hommes beaucoup plus âgés qu'elles. Cette pratique est également très courante en Asie du Sud-Est – au Bangladesh, au Népal et en Inde. Plusieurs pays d'Amérique du Sud, bien que dans des proportions plus faibles, sont aussi concernés.

Ces mariages précoces et forcés sont d'autant plus nombreux que les familles vivent dans des régions rurales pauvres. Les raisons avancées par les spécialistes pour expliquer ces pratiques et le choix des parents d'obliger leurs filles à se marier avant 18 ans sont culturelles (pression exercée par la communauté pour perpétuer les traditions) et économiques. Il n'est pas rare, dans les pays les plus pauvres, de voir une famille offrir sa fille en mariage pour lever une dette. À moins d'une forte prise de conscience des organisations internationales pour inverser la tendance, on estime que, durant la prochaine décennie, 25 000 filles par jour seront mariées avant 18 ans.

LES JEUNES FILLES DE 15-19 ANS MARIÉES DANS LE MONDE

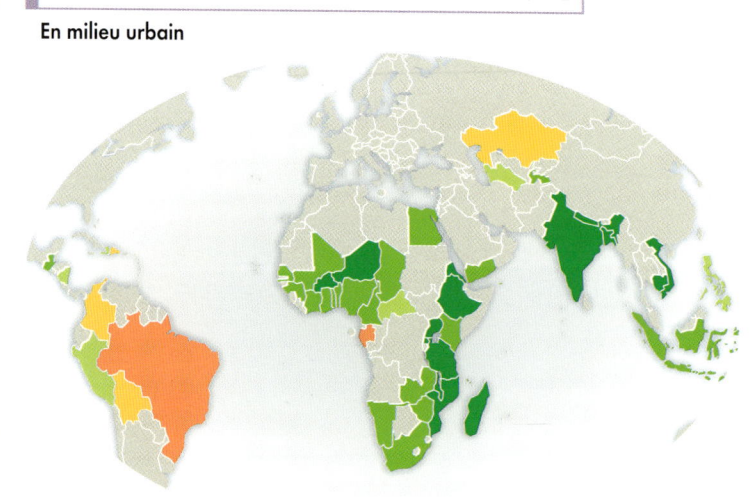

En milieu urbain

Part des jeunes filles de 15 à 19 ans qui sont mariées, en pourcentage

5 à 19 | 20 à 34 | 35 à 49 | 50 à 64 | 65 à 79 | 80 à 95

Verbatim

Plus de 50 millions de filles sont mariées dans le monde avant 18 ans.
Unicef, 2005.

■ QUI SONT CES ÉPOUSES-ENFANTS ?

Grâce à l'Unicef, on peut mieux cerner les profils de ces épouses-enfants. Globalement, dans les pays de l'enquête, les jeunes filles de 15-19 ans actuellement mariées en Afrique vivent fréquemment en zones rurales et font partie des ménages les plus pauvres du pays. Elles ont déjà au moins un à deux enfants et ont presque partout un époux plus âgé qu'elles. Dans 25 % des cas, en particulier en Afrique subsaharienne, il a au moins quinze ans de plus. En Amérique du Sud, les filles mariées précocement habitent plutôt en ville et la différence d'âge avec leur époux est plus faible.

■ COMMENT REMÉDIER À CES PRATIQUES FORCÉES ?

L'Unicef, qui combat cette pratique depuis plusieurs années, a organisé en 2012 la première Journée des filles pour mettre fin au mariage des enfants dans le monde et sensibiliser l'opinion mondiale à la nécessité de continuer les actions contre cette violation fondamentale des droits humains. Les ana-

LE PROFIL DES JEUNES FILLES DE 15-19 ANS MARIÉES

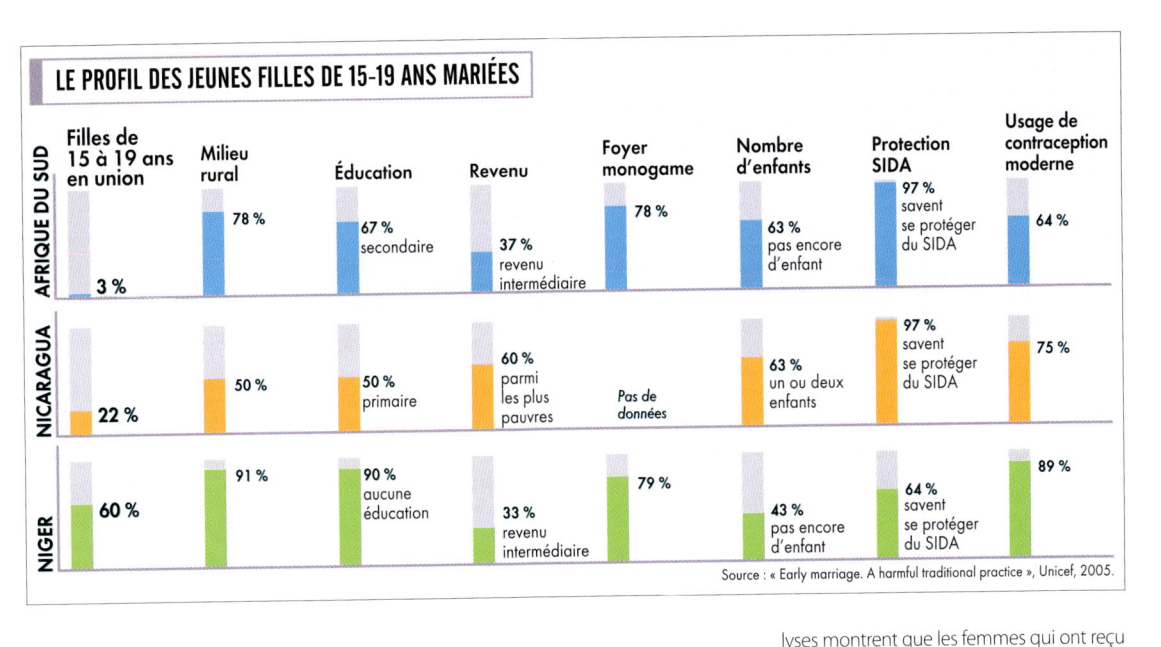

	Filles de 15 à 19 ans en union	Milieu rural	Éducation	Revenu	Foyer monogame	Nombre d'enfants	Protection SIDA	Usage de contraception moderne
AFRIQUE DU SUD	3 %	78 %	67 % secondaire	37 % revenu intermédiaire	78 %	63 % pas encore d'enfant	97 % savent se protéger du SIDA	64 %
NICARAGUA	22 %	50 %	50 % primaire	60 % parmi les plus pauvres	Pas de données	63 % un ou deux enfants	97 % savent se protéger du SIDA	75 %
NIGER	60 %	91 %	90 % aucune éducation	33 % revenu intermédiaire	79 %	43 % pas encore d'enfant	64 % savent se protéger du SIDA	89 %

Source : « Early marriage. A harmful traditional practice », Unicef, 2005.

En milieu rural

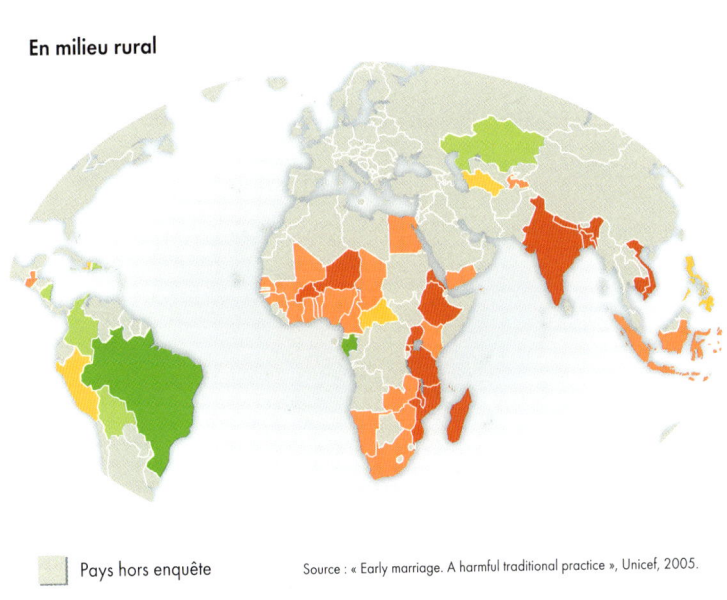

Pays hors enquête

Source : « Early marriage. A harmful traditional practice », Unicef, 2005.

...lyses montrent que les femmes qui ont reçu une éducation sont significativement moins concernées par un mariage précoce. Des progrès sont visibles aussi dans plusieurs pays, notamment en Inde, au Niger, au Sénégal, au Burkina Faso et au Bangladesh, mais le changement est très lent. Si l'éducation est au cœur du dispositif pour enrayer ces pratiques de mariages forcés, l'expérience montre que les avancées les plus notables résultent du croisement de plusieurs actions, notamment les dispositions légales comme l'adoption de lois interdisant le mariage des enfants, l'instauration du dialogue sur le terrain avec la création de clubs de filles et l'éducation des jeunes filles. Le ciblage d'actions vers des minorités, ethniques et religieuses, est également un garant de la réussite du dispositif, car c'est dans ces communautés minoritaires que la prévalence des mariages forcés et précoces est la plus forte.

DES ÉPOUX PLUS ÂGÉS

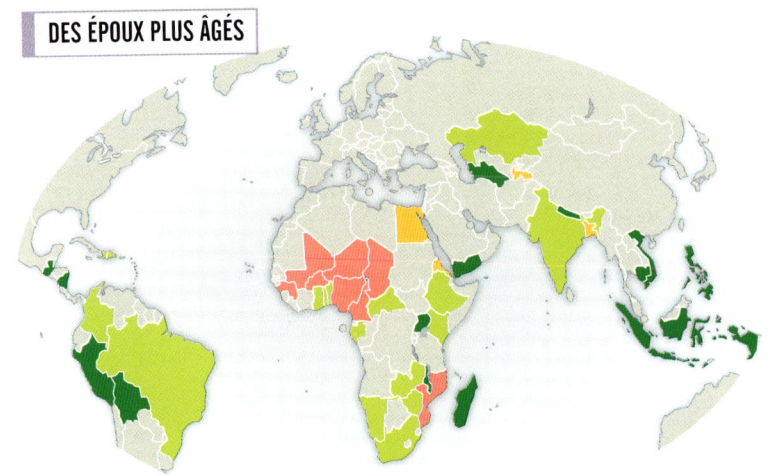

Différences d'âges entre les époux pour les jeunes filles mariées de 15 à 19 ans

- Forte proportion d'époux **faiblement plus âgés** (plus de 40% ont 0 à 4 ans de plus)
- Époux **moyennement plus âgés** (mais entre 20 et 40% ont 0 à 4 ans de plus)
- Époux **moyennement plus âgés** (mais moins de 15 % ont de 0 et 4 ans de plus)
- Forte proportion d'époux **beaucoup plus âgés** (20 % ont 15 ans de plus ou au-delà)

Pays hors enquête

Source : « Early marriage. A harmful traditional practice », Unicef, 2005.

ATLAS MONDIAL DES SEXUALITÉS

SEXUALITÉS AUTORISÉES

La polygamie : avatar de la domination masculine

La polygamie, contrairement à la monogamie, définit une personne qui a, légalement, plusieurs conjoints dans le même temps. Dans les faits, cette pluralité concerne systématiquement les hommes. Les femmes n'ont, dans presque aucun pays au monde, le droit de prendre plusieurs époux. Le terme de polygamie renvoie donc à des situations de polygynie et jamais de polyandrie. Pourtant, la polyandrie a été observée dans de nombreuses sociétés depuis l'Antiquité et a perduré dans plusieurs tribus des forêts amazoniennes et africaines, par exemple. Aujourd'hui elle est légale au Bhoutan, bien que peu pratiquée.

■ OÙ SE PRATIQUE LA POLYGAMIE ?

Dans près de cinquante États, la pratique de la polygamie est effective, et souvent autorisée, comme en Afrique du Nord et du Centre et, en Asie, du Moyen-Orient jusqu'à l'Indonésie. Dans la plupart de ces pays, la religion musulmane est dominante, mais dans certains, essentiellement africains, les rites chrétiens croisent l'animisme. Dans les pays arabes musulmans, les situations sont bien différenciées : la Tunisie, par exemple, a presque complètement éradiqué cette pratique, en Égypte et Jordanie, on estime à moins de 10% les hommes qui ont plus d'une épouse et en Syrie, un homme qui veut prendre plusieurs épouses doit apporter la preuve de moyens financiers suffisants. L'autorisation donnée aux hommes d'avoir plusieurs épouses est toujours justifiée par les textes religieux.
La religion n'est toutefois pas un facteur suffisant pour expliquer les pratiques poly-

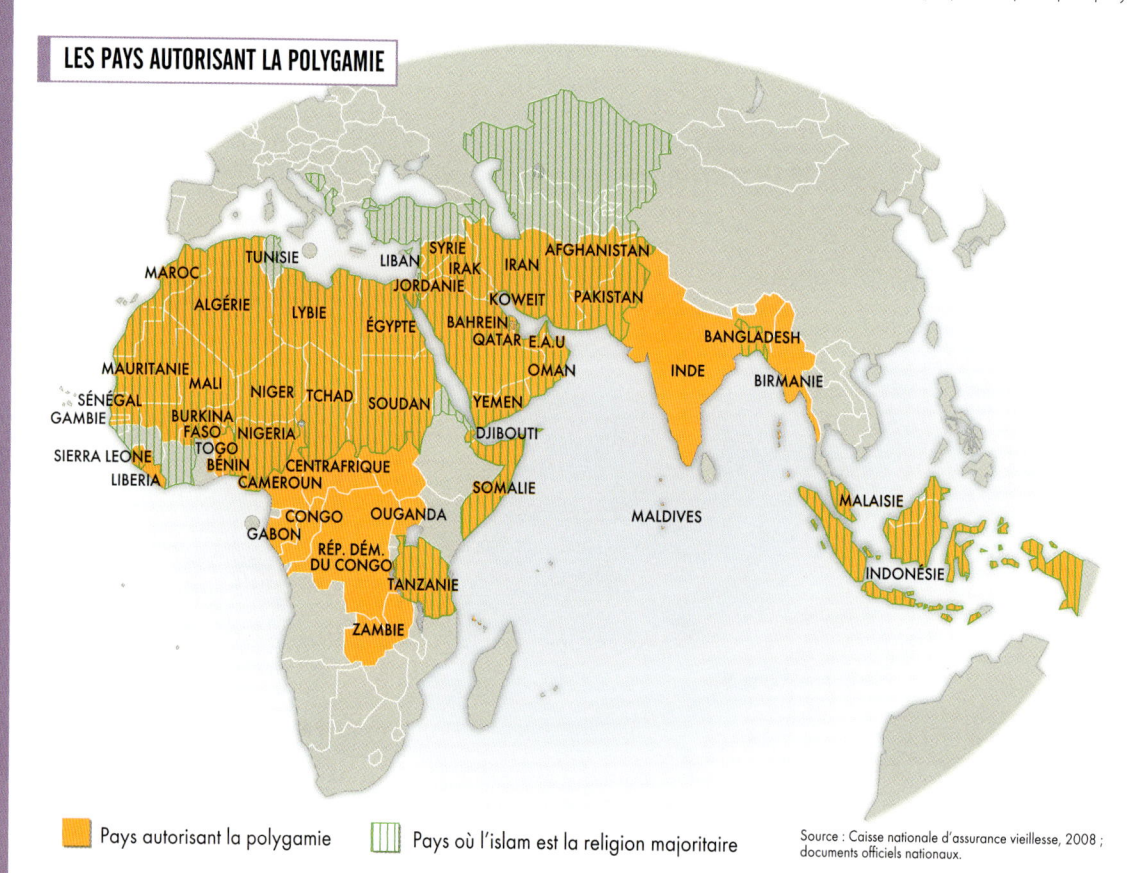

LES PAYS AUTORISANT LA POLYGAMIE

☐ Pays autorisant la polygamie   ☐ Pays où l'islam est la religion majoritaire

Source : Caisse nationale d'assurance vieillesse, 2008 ; documents officiels nationaux.

LA POLYGAMIE CHEZ LES MORMONS

Selon la doctrine mormone, le mariage plural autorisant plusieurs épouses renvoie à une pratique biblique et à la volonté de Dieu. Jusqu'en 1889, date à laquelle l'église mormone interdit ces formes de mariage, on dénombre jusqu'à 40 % d'hommes avec plusieurs épouses. Aujourd'hui certains mormons qualifiés de fondamentalistes continuent de pratiquer la polygamie, ils ne sont pas reconnus par l'Église de Jésus-Christ des Saints des Derniers jours.

Part de mormons dans la population totale, en 2009, en pourcentage
- 0,3 à 0,7
- 0,8 à 1,9
- 2 à 3,9
- 4 à 7
- 11 à 68

Principales communautés polygames mormones

Note : Ces chiffres, déclarés par l'institution, comprennent également les enfants.
Source : The Church of Latter-day Saints ; C. K. Jacobson et L. Burton, 2011.

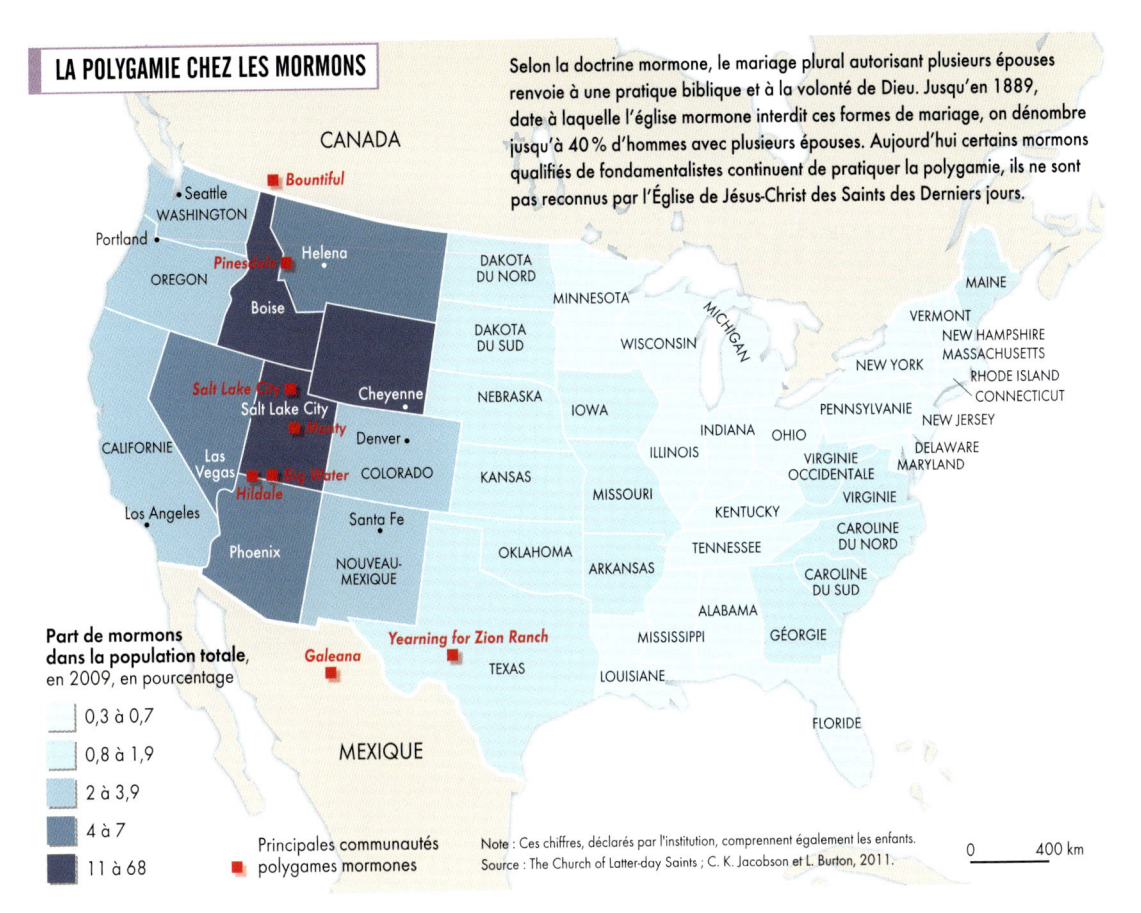

games. Au Liban, par exemple, les autorités religieuses sont les seules à pouvoir officialiser un mariage et cela conduit à avoir deux situations légales, d'un côté les musulmans qui autorisent la polygamie, de l'autre les chrétiens qui l'interdisent. Mais l'observation des pratiques effectives montre que la réalité est loin d'être aussi binaire. Le facteur religieux doit être croisé avec le profil social des populations pour comprendre la réalité du terrain. En effet, dans la capitale, Beyrouth, les musulmans, plus instruits et plus aisés qu'ailleurs, n'ont souvent qu'une seule épouse, tandis que dans certains quartiers pauvres des deux grandes villes du pays, Tripoli et Saïda, la pratique de la polygamie est plus courante.

ET EN FRANCE ?

La polygamie est mal perçue dans les pays occidentaux et constitue un délit souvent puni par le code pénal. Pourtant, elle est pratiquée dans beaucoup de pays européens. Sujet tabou, les institutions publiques ne cherchent pas véritablement à quantifier ces pratiques et se condamnent à rester dans une certaine ignorance et une incapacité à évaluer les réalités de terrain. On estime que 20 000 ménages seraient polygames en France et ce nombre aurait fortement augmenté durant les dernières années malgré l'interdiction, en 1993, des regroupements familiaux en cas de polygamie. Ce phénomène concerne en particulier des populations d'origine subsaharienne.

Dans les sociétés occidentales, la polygamie remet fortement en question le principe d'égalité entre les femmes et les hommes. Les femmes des ménages polygames sont souvent victimes de mariages arrangés et forcés, privées des droits fondamentaux à l'intimité, partageant leur logement avec les autres épouses.

Le manque d'informations sur la polygamie en France, et aussi dans la plupart des pays européens, prive de ce fait les femmes d'un soutien potentiel qui pourrait les aider à sortir de situations parfois très difficiles.

POLYAMOUR ET POLYFIDÉLITÉ

Le polyamour et la polyfidélité sont aussi deux pratiques remettant en cause le dogme de la monogamie qui est au fondement des sociétés modernes. Pourtant ces formes de relations amoureuses et sexuelles ne peuvent être, en aucun cas, comparées à la polygamie et se distinguent aussi de l'infidélité.

Polyamour et polyfidélité sont des termes apparus durant les années 1990, qui prônent des relations sentimentales assumées avec plusieurs partenaires simultanément. L'un ne vient pas chasser l'autre, mais s'y ajoute au nom du principe de l'amour partagé et non exclusif. Les relations polyamoureuses sont fondées sur un attachement sentimental et le respect et la fidélité des engagements pris envers tous les partenaires. Ces pratiques amoureuses instaurent une égalité entre les hommes et les femmes, car les relations sont librement consenties avec un principe de liberté et de non-possession réciproque. Elles peuvent être considérées comme un nouveau code amoureux pour vivre librement ses sentiments et sa sexualité.

Verbatim

47 pays dans le monde autorisent la polygamie.

Caisse nationale d'assurance vieillesse, 2008.

SEXUALITÉS AUTORISÉES

L'homosexualité comme frontière

Si les avancées législatives sur la reconnaissance des couples de même sexe dans plusieurs pays attestent d'une décriminalisation croissante de l'homosexualité, celles-ci ne doivent ni masquer la situation très difficile de millions d'homosexuels dans la majorité des pays du monde ni dissimuler la perpétuation du sentiment homophobe, tant à un niveau individuel que collectif.

■ L'HOMOPHOBIE UNIVERSELLE

Avancer que l'homosexualité est aujourd'hui largement acceptée est un lieu commun qui doit être fortement nuancé. Plus l'homosexualité est visible, comme c'est le cas dans les pays occidentaux, plus l'homophobie l'est aussi. Bien que le terme n'apparaisse dans la langue française qu'en 1977, on peut penser que l'homophobie a toujours existé, trouvant d'ailleurs aujourd'hui avec les espaces virtuels un outil efficace pour s'exprimer et se propager, souvent anonymement.

La haine des homosexuels suscite d'abord des violences verbales et, si la lesbophobie est une réalité, l'homosexualité féminine n'a pas le même statut dans les représentations collectives. Un collégien américain entend en moyenne 26 insultes homophobes chaque jour. Mais cette phobie entraîne aussi des agressions physiques. C'est pourquoi, on peut affirmer qu'aujourd'hui encore, la plupart des homosexuels sont contraints de rester invisibles, dans les espaces publics comme dans les espaces privés, et souvent obligés de s'inventer une double vie, en particulier dans les pays qui prohibent les relations sexuelles entre personnes de même sexe.

...

■ L'HOMOSEXUALITÉ ENCORE RÉPRIMÉE

Environ 80 États interdisent l'homosexualité par la loi. Certains pays musulmans, comme l'Iran ou l'Arabie saoudite, vont même jusqu'à la punir de la peine de mort. Et lorsque la

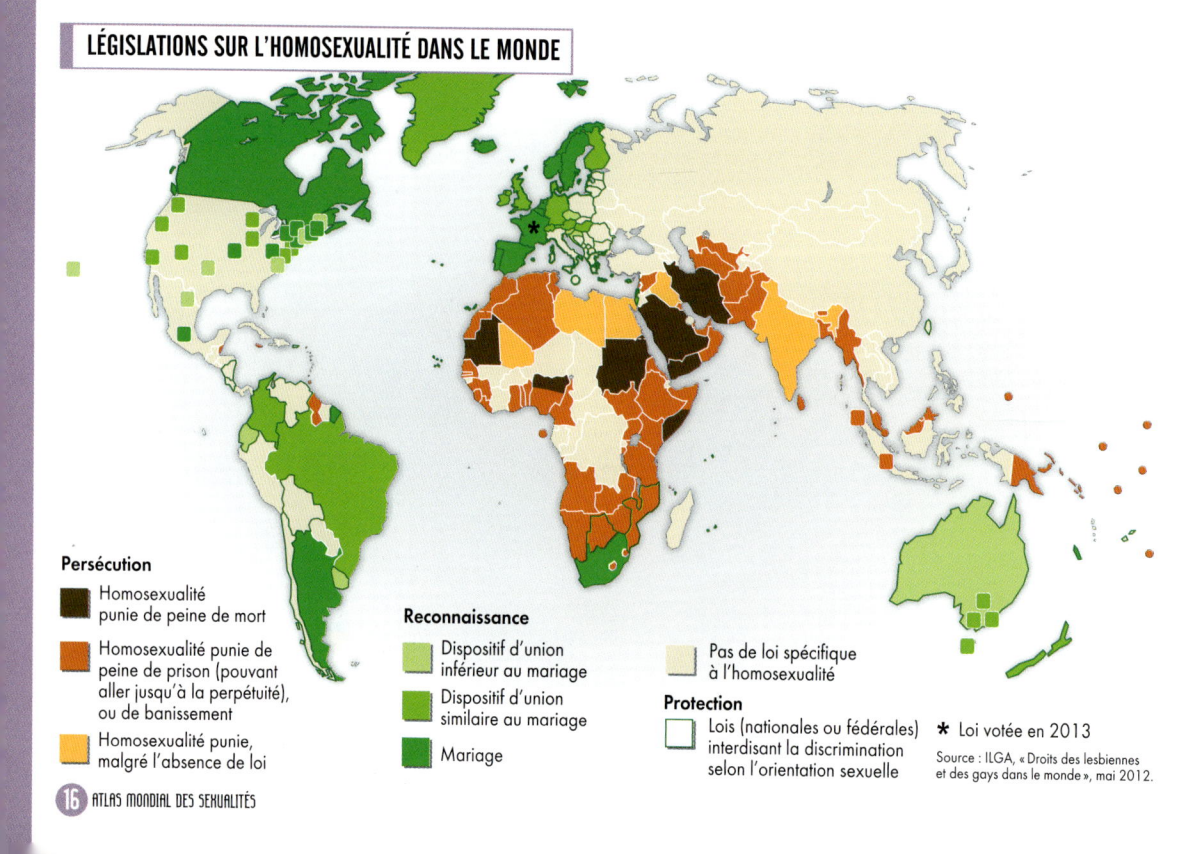

LÉGISLATIONS SUR L'HOMOSEXUALITÉ DANS LE MONDE

Persécution
- Homosexualité punie de peine de mort
- Homosexualité punie de peine de prison (pouvant aller jusqu'à la perpétuité), ou de bannissement
- Homosexualité punie, malgré l'absence de loi

Reconnaissance
- Dispositif d'union inférieur au mariage
- Dispositif d'union similaire au mariage
- Mariage
- Pas de loi spécifique à l'homosexualité

Protection
- Lois (nationales ou fédérales) interdisant la discrimination selon l'orientation sexuelle

* Loi votée en 2013

Source : ILGA, « Droits des lesbiennes et des gays dans le monde », mai 2012.

LE VOTE POUR LA « PROPOSITION 8 » EN CALIFORNIE

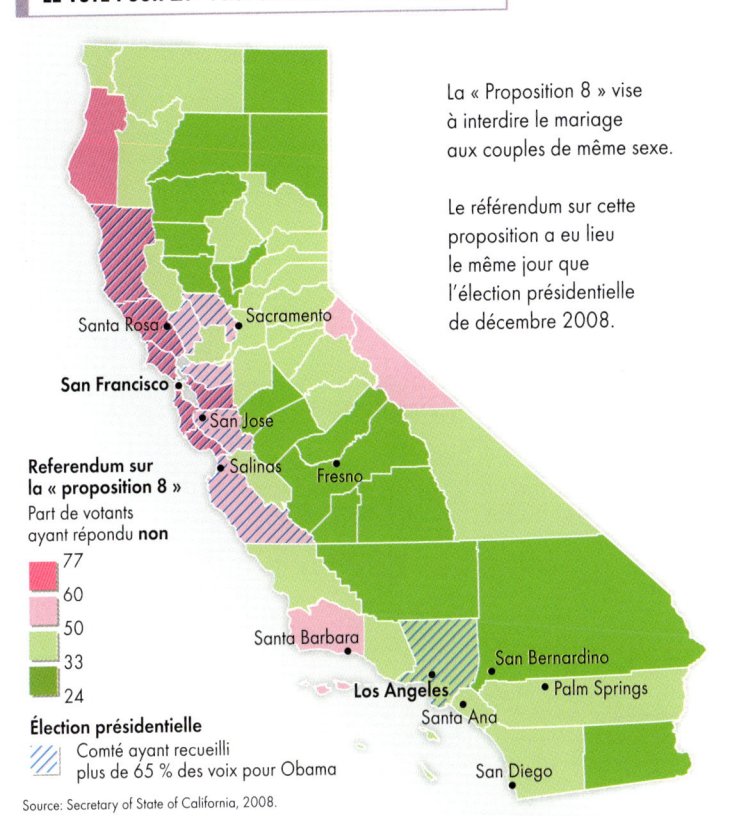

La « Proposition 8 » vise à interdire le mariage aux couples de même sexe.

Le référendum sur cette proposition a eu lieu le même jour que l'élection présidentielle de décembre 2008.

Referendum sur la « proposition 8 »
Part de votants ayant répondu **non**
- 77
- 60
- 50
- 33
- 24

Élection présidentielle
Comté ayant recueilli plus de 65 % des voix pour Obama

Source: Secretary of State of California, 2008.

---

loi n'incrimine pas spécifiquement l'homosexualité, d'autres dispositions plus vagues (atteinte à la morale publique, attentat à la pudeur, actes contre-nature, etc.) sont prétextées pour engager des poursuites judiciaires contre les « débauchés ». En Inde, les « actes contre l'ordre de la nature » sont passibles de la flagellation et de la prison à vie. En Asie et en Afrique, l'homosexualité est considérée comme contraire à la culture de nombreux pays et perçue comme une pratique occidentale contagieuse que les Blancs tentent d'imposer par la diffusion de leurs modes de vie décadents.

Elle participerait d'une offensive néocolonialiste largement fantasmée. Si globalement la criminalisation de l'homosexualité tend à disparaître en Occident, certains pays continuent d'y discriminer les « minorités » sexuelles, notamment en Europe de l'Est. 88 % des Polonais continuent de penser que l'homosexualité est un comportement « contre-nature ». Plus généralement, il existe une corrélation entre la répression dont sont victimes les homosexuels et le degré de démocratisation et/ou le poids de la religion. De plus, la haine et la stigmatisation des homosexuels peuvent servir d'exutoires aux frustrations engendrées par la pauvreté endémique dans certains pays et même être encouragées et instrumentalisées par leurs dirigeants, comme dans de nombreux pays d'Afrique, au Zimbabwe par exemple.

...

■ FAIRE RECULER LA FRONTIÈRE

Les droits des homosexuels ont sensiblement progressé dans de nombreux pays. Ceux de l'Europe du Nord font figures de pionniers. Ainsi, le Danemark, qui avait dépénalisé l'homosexualité dès 1930, est le premier pays du monde à avoir reconnu légalement l'union entre deux personnes de même sexe en 1989. Aujourd'hui, une vingtaine d'États reconnaît les unions homosexuelles, avec ou sans droit à l'adoption et à la procréation médicalement assistée. Les avancées constatées dans des pays comme l'Afrique du Sud ou l'Argentine, quand d'autres comme l'Italie refusent toute évolution du droit, bouleversent l'opposition classique entre pays développés et pays en voie de développement.

Mais même dans les pays officiellement progressistes, la loi est souvent impuissante à enrayer l'homophobie qui demeure un défi culturel et pédagogique. Le droit au mariage pour tous n'a pas supprimé les viols punitifs dont sont victimes les lesbiennes dans les townships sud-africains, par exemple. En Occident, la visibilité spatiale et sociale des populations homosexuelles demeure également relative, souvent cantonnée à quelques métropoles qui les polarisent, comme à San Francisco où le maire réussit en 2004 à marier 4 000 couples du même sexe en à peine un mois. ●

Verbatim

30 % des tentatives de suicide d'adolescents aux États-Unis sont le fait de gays.

Department of Health and Human Services, 2010.

L'HOMOPHOBIE EN FRANCE

Nombre de témoignages reçus

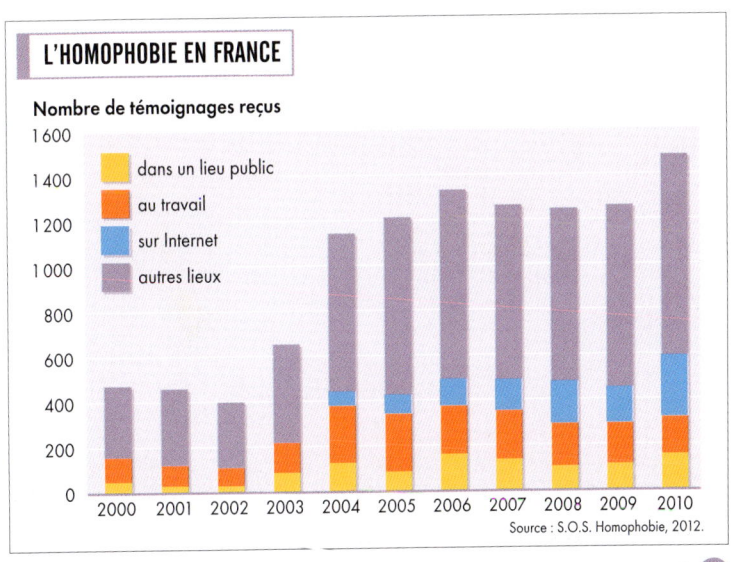

- dans un lieu public
- au travail
- sur Internet
- autres lieux

(2000–2010)

Source : S.O.S. Homophobie, 2012.

ATLAS MONDIAL DES SEXUALITÉS 17

SEXUALITÉS AUTORISÉES

Sexualité sans reproduction : la contraception

La contraception, qui permet de contrôler et de planifier la fécondité, est un enjeu de pouvoir majeur. Dès le début du XXe siècle, le contrôle des naissances est une stratégie populaire dans de nombreux pays qui souhaitent limiter l'accroissement de leur population ou de certaines catégories de populations. À l'inverse, d'autres pays prônent une politique nataliste. L'image de la contraception est associée, dès les années 1960, aux mouvements de libération sexuelle et d'émancipation des femmes dans les pays occidentaux et aux avancées techniques et scientifiques. Son acceptation et surtout sa diffusion restent très inégalitaires dans le monde pénalisant, en particulier, les femmes pauvres des pays en développement.

■ DÉMOGRAPHIE ET POUVOIR

Les grandes civilisations antiques ont toutes soutenu des politiques de limitation des naissances par crainte de la surpopulation. Le premier préservatif masculin serait égyptien, élaboré en feuille de papyrus, et les premiers stérilets, des pierres de forme ovale, seraient mésopotamiens. Le malthusianisme, théorie la plus emblématique du contrôle de la natalité, se fonde sur le constat d'une plus forte croissance de la population par rapport aux ressources nécessaires pour sa propre subsistance. Aujourd'hui, les préoccupations écologistes remettent sur le devant de la scène la question de l'impact de la pression démographique sur l'environnement. Ce sont les stérilisations forcées qui figurent parmi les épisodes les plus noirs de l'histoire de la contraception.

Dès le début du XXe siècle, les États-Unis et le Japon ont imposé les premières stérilisations à certaines catégories de population, comme les criminels, les prostituées, les malades. Ces politiques eugénistes ont continué à être appliquées tout au long du XXe siècle, par exemple en Suède avec plus de 60 000 femmes stérilisées entre 1930 et 1970, en Allemagne pendant la Seconde Guerre mondiale avec près de 400 000 femmes, au Pérou en 1990-1991 avec 300 000 femmes indiennes stérilisées, et en Chine avec des stérilisations forcées de femmes tibétaines. Aujourd'hui considérées comme un crime contre l'humanité, ces pratiques n'ont pas disparu avec des stérilisations récentes effectuées sur des femmes atteintes du sida, sans leur consentement, dans des pays africains comme au Kenya et en Namibie.

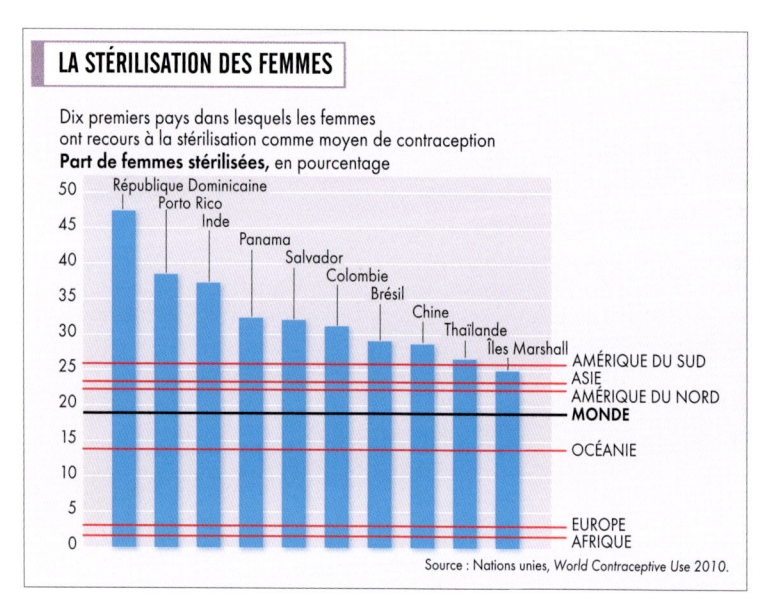

LA STÉRILISATION DES FEMMES

Dix premiers pays dans lesquels les femmes ont recours à la stérilisation comme moyen de contraception
Part de femmes stérilisées, en pourcentage

- République Dominicaine : ~47
- Porto Rico : ~38
- Inde : ~37
- Panama : ~32
- Salvador : ~31
- Colombie : ~30
- Brésil : ~28
- Chine : ~27
- Thaïlande : ~26
- Îles Marshall : ~24

AMÉRIQUE DU SUD ~25
ASIE ~22
AMÉRIQUE DU NORD ~21
MONDE ~19
OCÉANIE ~13
EUROPE ~2
AFRIQUE ~1

Source : Nations unies, *World Contraceptive Use 2010*.

■ DISPOSER LIBREMENT DE SON CORPS

Durant les années 1970, la révolution sexuelle dans le monde occidental a fait évoluer la perception de la contraception qui devient un droit permettant de maîtriser la fécondité et de dissocier sereinement sexualité et reproduction. Ces modifications dans les mœurs, prônant en particulier l'émancipation sexuelle des femmes et la reconnaissance de l'égalité des sexes, vont de pair avec des découvertes scientifiques comme l'invention de la pilule et du préservatif en latex, largement diffusés dans la seconde moitié du XXe siècle. Ainsi, la contraception change de statut en devenant une méthode pratiquée de manière temporaire et réversible pour éviter la fécondation. Grâce à la généralisation de la contraception dans les pays occidentaux, les femmes et les couples souhaitant avoir un enfant peuvent désor-

Verbatim

38 % au moins des femmes au Rwanda, au Yémen, en Haïti et en Ouganda n'ont pas accès aux méthodes de contraception.
Institut Guttmacher, 2009.

mais en planifier la naissance. Ces évolutions accompagnent la participation de plus en plus massive des femmes sur le marché du travail industriel et salarié.

•••

QUELLES INÉGALITÉS ET PRATIQUES MONDIALES ?

La situation de l'accès à la contraception dans le monde montre aujourd'hui une convergence globale des tendances. Pourtant, les besoins relatifs à la planification de la fécondité restent largement insatisfaisants dans beaucoup de pays. Près de 63 % des femmes de 15 à 49 ans, soit 756 millions de personnes, utilisent un moyen de contraception en 2009 dans le monde. Dans les régions développées, plus de 72 % des femmes ont recours à la contraception moderne, elles représentent 61 % dans les régions en développement. Ces moyennes cachent pourtant des disparités importantes. En Afrique, la proportion de femmes qui utilisent un moyen de contraception est de 29 % seulement, renvoyant à un accès très limité à l'information sur la planification familiale et aux méthodes contraceptives : plus de 22 % des demandes de femmes ne souhaitant pas d'enfants ou voulant maîtriser et prévoir leur fécondité ne sont pas satisfaites. En Afrique subsaharienne, c'est un quart des femmes qui est privé d'accès aux moyens de contraception modernes et cela n'est pas compensé par un recours aux méthodes de contraception traditionnelles. La stérilisation, en particulier féminine, se pratique dans un grand nombre de pays asiatiques, la Chine, l'Inde, la Thaïlande, et dans un deuxième temps certains pays d'Amérique latine. Quelle que soit la méthode de contraception privilégiée, quelle que soit la région du monde, c'est, dans la grande majorité des cas, toujours les femmes qui doivent utiliser ces méthodes de planification de la fécondité, volontairement ou non. •

MOYENS DE CONTRACEPTION FÉMININS OU MASCULINS ?

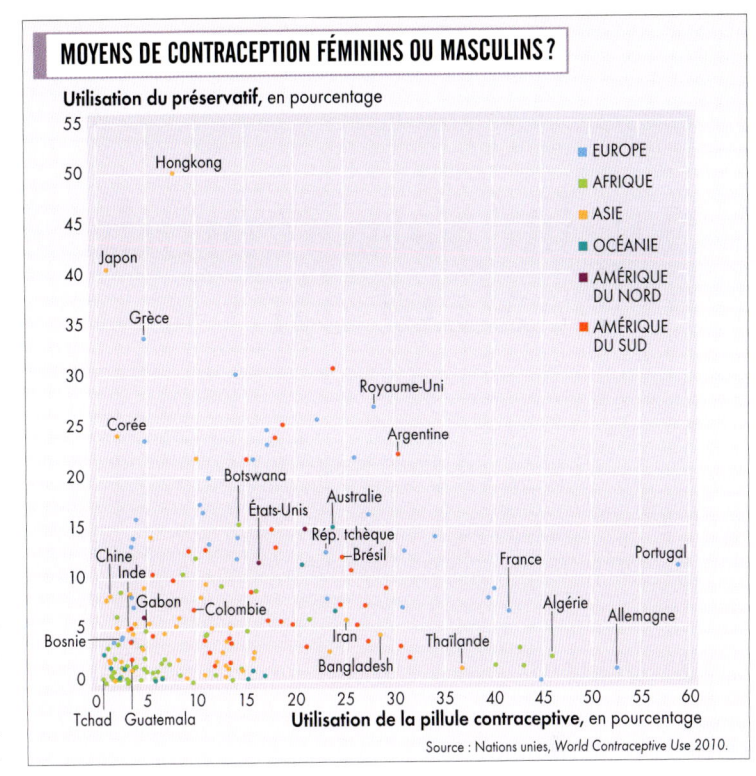

Source : Nations unies, *World Contraceptive Use* 2010.

LE RECOURS À LA CONTRACEPTION DANS LE MONDE

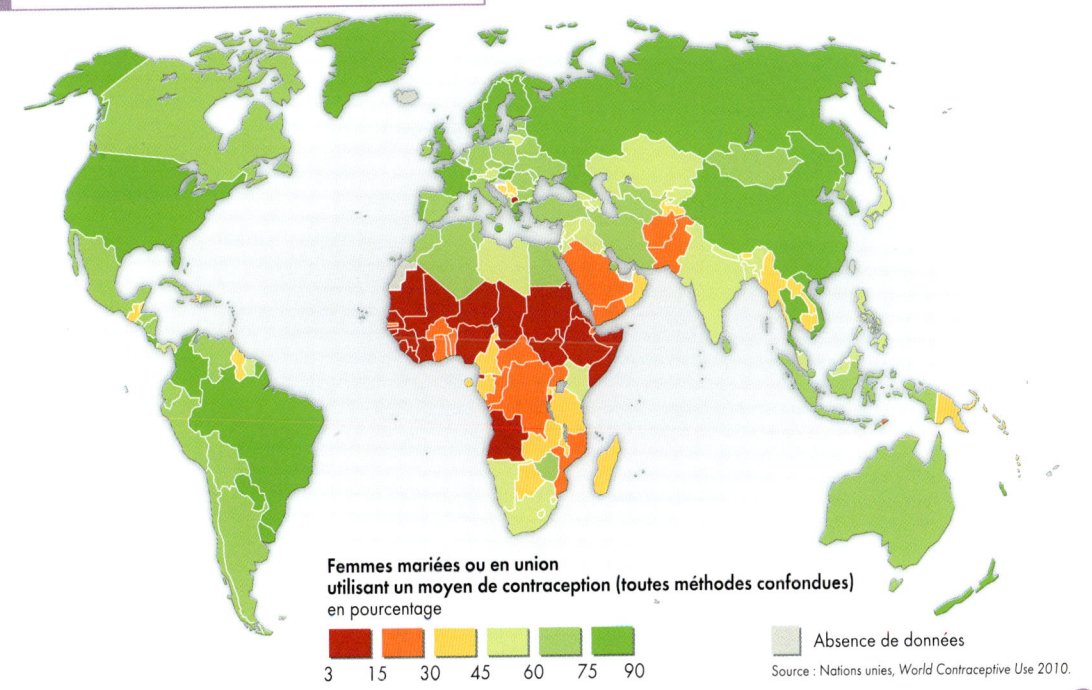

Femmes mariées ou en union utilisant un moyen de contraception (toutes méthodes confondues) en pourcentage

Source : Nations unies, *World Contraceptive Use* 2010.

ATLAS MONDIAL DES SEXUALITÉS

SEXUALITÉS AUTORISÉES

Sexualité sans reproduction : l'avortement dans le monde

En Europe, l'Islande est le premier pays à légaliser dès 1934 l'avortement, suivi de la Suède et de la Finlande. La diffusion et la généralisation des lois dépénalisant l'avortement s'est faite ensuite progressivement, à partir de 1950, vers les pays de l'Europe centrale et orientale. Durant la deuxième moitié du XXe siècle, la plupart des pays développés garantissent aux femmes le droit à l'avortement mais souvent avec certaines restrictions. Un grand nombre de pays du Sud et en développement continue d'interdire l'avortement, conduisant à des pratiques clandestines dans de très mauvaises conditions d'hygiène et de sécurité.

■ UN MONDE DUAL

Aujourd'hui, plus de 60% de la population mondiale vit dans des pays où l'avortement est autorisé, sans ou avec restriction pour des raisons qui vont de la santé de la femme à des facteurs socio-économiques comme les ressources économiques de la femme, son âge et son statut matrimonial. À l'inverse, près de 26% de la population mondiale réside dans des pays où l'avortement est interdit, principalement dans les pays du Sud. Lorsque la Chine et l'Inde, les deux grands pays en développement qui autorisent l'avortement, sont retirés de l'analyse, c'est alors plus de 8 femmes sur 10 qui résident dans des pays où il est très difficile voire impossible d'avorter légalement.

Durant les quinze dernières années, les lois sur l'avortement ont été assouplies dans un grand nombre de pays du Sud dont le Cambodge, la Colombie, l'Éthiopie et le Népal. Mais trois pays, le Salvador, le Nicaragua et, en Europe, la Pologne, ont au contraire durci leur législation. Partout dans le monde, le droit à l'avortement ne fait pas partie des acquis fondamentaux des droits des femmes et peut être remis en question tant il fait l'objet de vives polémiques. Pourtant, la plupart des études montrent que lorsque les lois sont restrictives, les actes se pratiquent au détriment de la sécurité des femmes qui continuent d'avorter illégalement dans des conditions sanitaires inadaptées.

Le nombre d'avortements dans le monde est estimé à 44 millions en 2008 (pour 46 millions en 1995) selon le Center for Reproductive Rights. 22 millions d'actes sont pratiqués illégalement dans des conditions dangereuses et concernent, pour la plupart, les pays en voie de développement. Cette diminution s'explique par la forte baisse des

Verbatim

20 millions d'avortements dans le monde se pratiquent dans de mauvaises conditions de sécurité et près de 70 000 femmes en meurent tous les ans.

Institut Guttmacher, 2009.

INDE ET VIETNAM : LE DÉFICIT DE FILLES DE 0-6 ANS

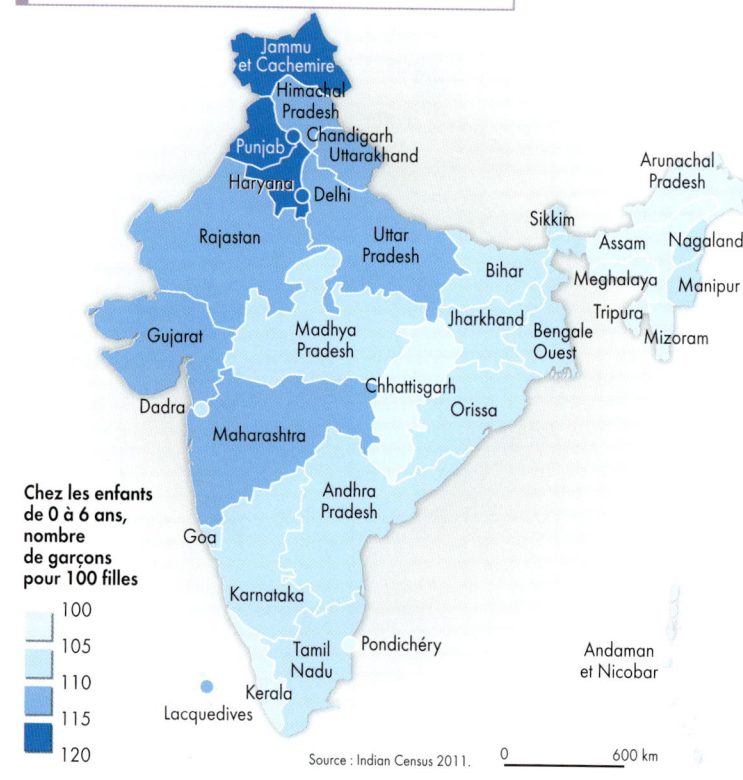

Chez les enfants de 0 à 6 ans, nombre de garçons pour 100 filles
- 100
- 105
- 110
- 115
- 120

Source : Indian Census 2011.

LE DROIT À L'AVORTEMENT DANS LE MONDE

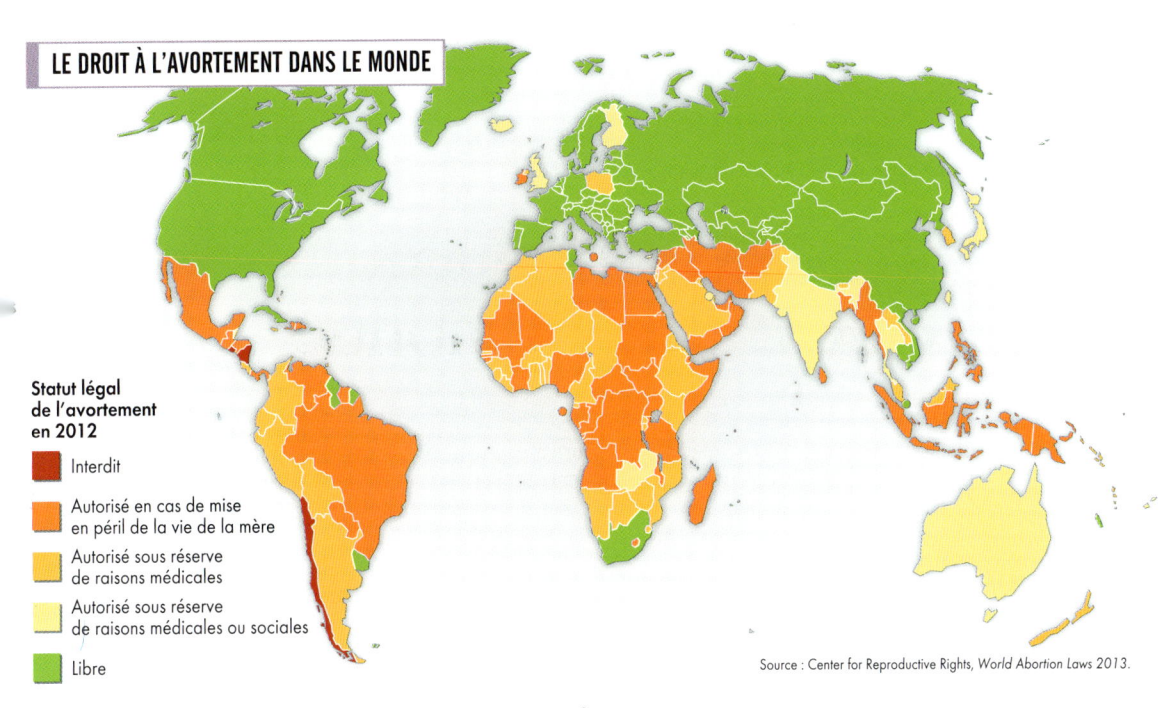

Statut légal de l'avortement en 2012
- Interdit
- Autorisé en cas de mise en péril de la vie de la mère
- Autorisé sous réserve de raisons médicales
- Autorisé sous réserve de raisons médicales ou sociales
- Libre

Source : Center for Reproductive Rights, *World Abortion Laws 2013*.

---

grossesses non désirées de 69 ‰ en 1995 à 55 ‰ en 2008. Plus importante dans les pays développés, cette évolution est une conséquence de l'augmentation de l'usage des moyens de contraception de 54 % en 1990 à 63 % en 2008.

TRADITION ET SÉLECTION DU SEXE À LA NAISSANCE

L'avortement pratiqué de manière récurrente dans certains contextes conduit à des déséquilibres importants en termes de sex ratio. Le sex ratio est le rapport du nombre de garçons par rapport au nombre de filles. Les estimations de l'ONU, en 2010, donnent pour la population mondiale un rapport moyen de 103 à 100. Pour certains pays d'Asie, notamment l'Inde, la Chine, la Corée du Sud, le Bangladesh, le Pakistan, le sex ratio est de plus de 110 et dans certains États indiens et provinces chinoises le rapport montre un différentiel de plus de 120.

Les conséquences sont préoccupantes : en Inde on estime qu'il manque aujourd'hui 50 millions de femmes ! Dans certaines régions, les hommes doivent parcourir des centaines de kilomètres pour trouver une épouse. Loin de se résorber, la tendance à l'avortement des filles s'aggrave. La sélection du sexe à la naissance est grandement facilitée par le recours à l'échographie puis à l'avortement, à cela s'ajoutant l'infanticide et une négligence sanitaire infantile pour les filles.

Des politiques répressives, comme l'interdiction de pratiquer des examens prénataux pour déterminer le sexe du fœtus et d'avorter par choix, n'ont pas conduit à pallier ces dérives. Aujourd'hui, certains États en Inde (Andhra Pradesh, Tamil Nadu) mettent en place des incitations comme l'offre d'une prime aux parents qui ont une fille et ce sont ces régions qui montrent le plus faible déséquilibre de sex ratio. Mais cette bataille n'est pas gagnée car, récemment et pour la première fois, une étude suggère la présence d'avortements sélectifs hors d'Asie, dans des communautés indiennes immigrées en Grande-Bretagne. ●

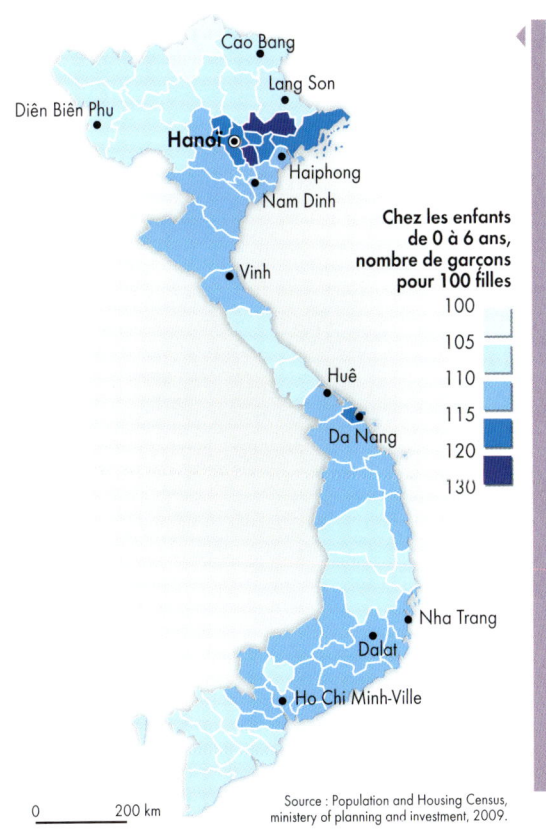

LA PRÉFÉRENCE AUX GARÇONS

En Inde, les raisons tiennent, en grande partie, au maintien de pratiques traditionnelles comme le fait que le garçon hérite du patronyme et perpétue le culte des ancêtres, le versement d'une dot conséquente à la famille du marié, l'interdiction par pression sociale pour les femmes de travailler dans les milieux ruraux.

Au Vietnam, le facteur majeur est le statut socio-économique, ensuite associé au nombre d'enfants par ménage et à la facilité d'accès aux techniques modernes. Les riches qui souhaitent avoir moins d'enfants sélectionnent de plus en plus le sexe de l'enfant avant la naissance. La religion et la ruralité ont, elles, une très faible influence.

Chez les enfants de 0 à 6 ans, nombre de garçons pour 100 filles
- 100
- 105
- 110
- 115
- 120
- 130

Source : Population and Housing Census, ministry of planning and investment, 2009.

ATLAS MONDIAL DES SEXUALITÉS

SEXUALITÉS AUTORISÉES

Sexualité sans reproduction : l'avortement aux États-Unis

En tant que question majeure de société, l'avortement s'invite régulièrement et de façon emblématique dans les campagnes présidentielles d'un grand nombre de pays occidentaux et en particulier aux États-Unis. La société américaine est radicalisée avec d'un côté les *« pro-life »* qui souhaitent interdire toute forme d'avortement et de l'autre les *« pro-choice »* qui militent pour l'avortement libre sans aucune mesure restrictive. Le taux d'avortement aux États-Unis figurait parmi les plus élevés des pays occidentaux. Depuis 2000, ce taux diminue régulièrement et affiche une baisse de 7 %. Le recours plus fréquent à la contraception semble expliquer cette diminution.

■ UNE LUTTE POUR DES DROITS

Dans tous les pays où l'avortement est autorisé, ce droit n'a été acquis qu'à l'issue d'un long combat. En 1973, la Cour suprême des États-Unis reconnaît l'avortement comme un droit constitutionnel, durant au moins les trois premiers mois de grossesse, invalidant les lois le prohibant. En 1992, la Cour réaffirme le droit à l'avortement mais affaiblit considérablement les protections légales accordées aux femmes et aux médecins en donnant aux États le droit d'édicter des restrictions. En 2013, pour la première fois aux États-Unis depuis dix ans, un sondage de *NBC News/Wall Street Journal* montre que la majorité des Américains (54 %) sont favorables à la légalité de l'avortement sans aucune restriction.

Le cas du Canada est emblématique des hésitations du politique face à ce phénomène de société. Depuis 1988, l'avortement n'est soumis à aucune loi ou restriction. En France, l'avortement n'est légalisé qu'en 1975, le 15 janvier, avec la loi Veil qui autorise l'IVG. Ce droit fut acquis, dans les pays occidentaux, grâce à la forte mobilisation de la société, et des femmes en particulier. Dans le manifeste du 5 avril 1971, dit «des 343 salopes», des femmes déclarent avoir avorté – alors que c'est illégal – et exigent l'avortement libre ainsi que le libre accès aux moyens de contraception.

...

■ CRIMINALISER LE DROIT À LA MATERNITÉ VOLONTAIRE

Quarante ans après la décision de la Cour suprême, la plus haute juridiction des États-Unis, ce droit des femmes à disposer de leur corps est fortement remis en question. Le pays est divisé en deux camps : les «pro-vie» («*pro-life*») l'assimilant à un meurtre et les «pro-choix» («*pro-choice*») qui affirment que c'est un droit inaliénable, un droit à la vie privée. Les manifestations violentes, qui vont de sit-in très démonstratifs devant les cliniques qui pratiquent l'avortement jusqu'à l'assassinat de médecins, ont conduit à la fermeture de près de 1 000 établissements en dix ans. Dans quatre États au moins, le

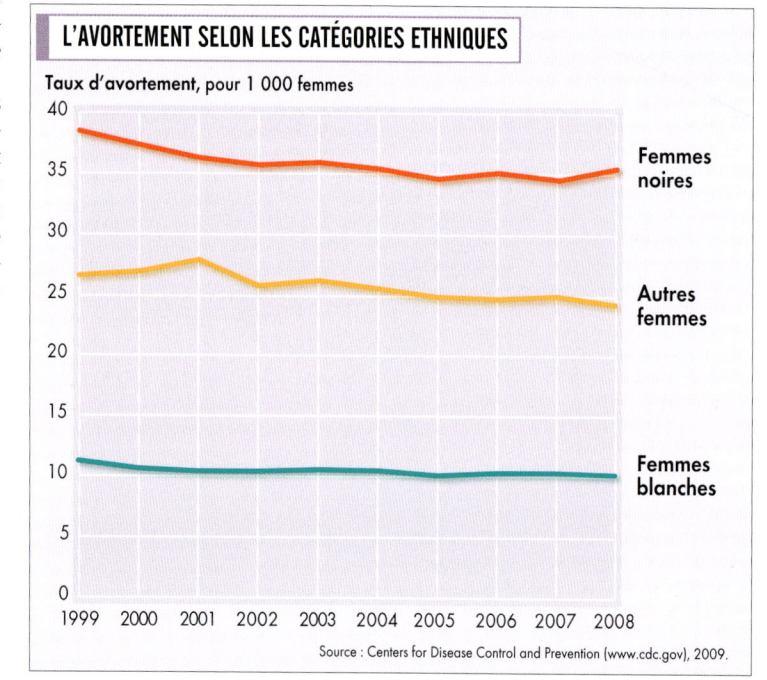

Verbatim

Plus de 100 actes de vandalisme contre des cliniques pratiquant l'avortement ont eu lieu durant les vingt dernières années aux États-Unis.
Organisation NARAL, 2012.

L'AVORTEMENT SELON LES CATÉGORIES ETHNIQUES

Taux d'avortement, pour 1 000 femmes

- Femmes noires : ~38 (1999) → ~35 (2008)
- Autres femmes : ~26 (1999) → ~24 (2008)
- Femmes blanches : ~11 (1999) → ~10 (2008)

Source : Centers for Disease Control and Prevention (www.cdc.gov), 2009.

LA PRATIQUE DE L'AVORTEMENT ET LES ACTES VIOLENTS *PRO-LIFE*

Principales actions violentes des anti-avortement
(meurtres, tentatives de meurtres, attentats à la bombe, incendies criminels...)

Ratio entre le nombre de résidentes de l'État ayant avorté et le nombre d'avortements pratiqués dans l'État

5 — 80 — 100 — 120 — 185

États dont on sort pour se faire avorter | États dans lesquels on va pour se faire avorter

Principaux déplacements pour avortement

Lecture du ratio :
Alors que 100 femmes résidentes du Wyoming ont avorté, seulement 5 avortements ont eu lieu dans cet État. A contrario, alors que 100 femmes résidentes du Kansas ont avorté, 185 avortements ont eut lieu dans cet État.

Source : Centers for Disease Control and Prevention, 2009 ; NARAL Pro-Choice America.

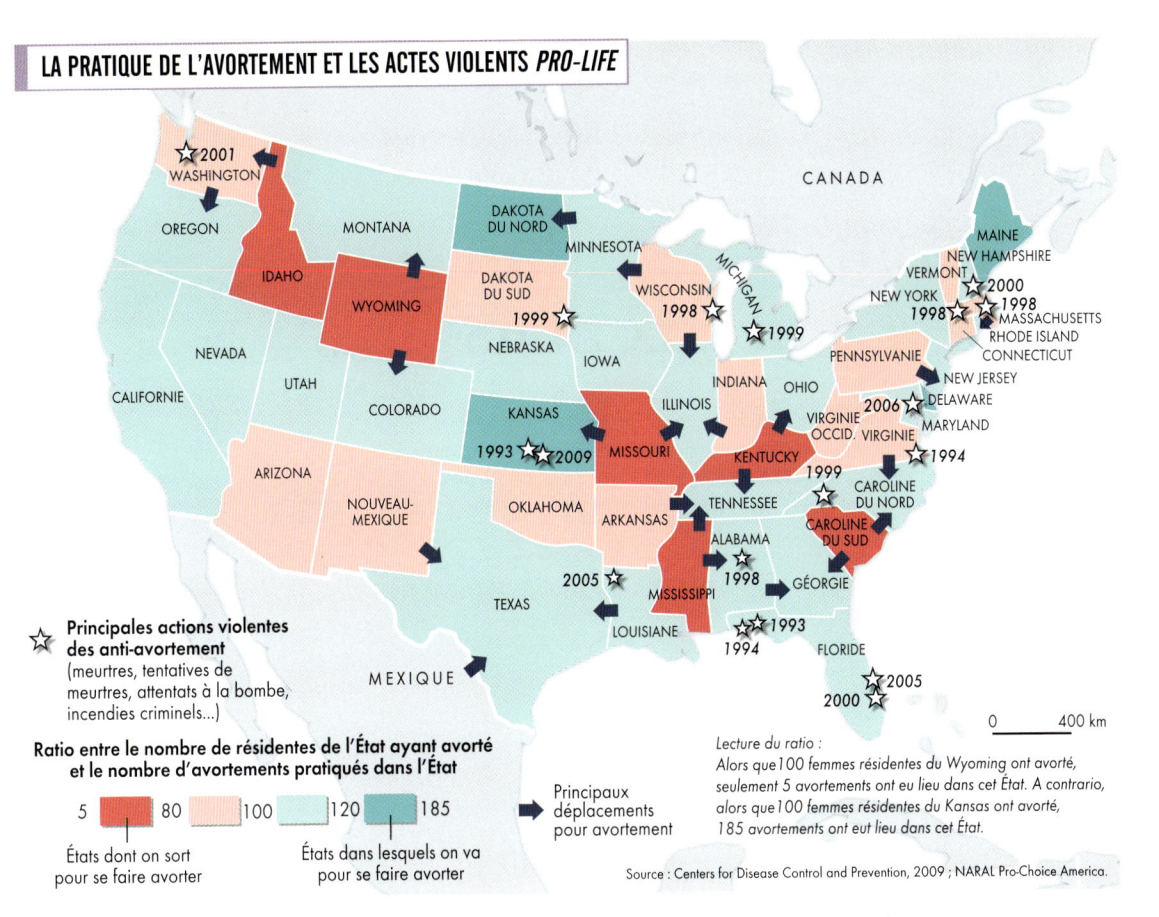

Dakota du Nord, le Dakota du Sud, l'Arkansas et le Mississippi, il ne reste plus qu'un seul établissement adapté pour accueillir les femmes souhaitant se faire avorter. Un grand nombre d'États essaient de rendre plus difficile l'accès à l'interruption de grossesse par des mesures restrictives. Depuis 1992, près de 500 lois apportant des restrictions aux conditions d'avortement ont été adoptées dans plus de 33 États. En 2008, le Dakota du Sud a même voulu interdire le droit à l'avortement, proposition rejetée par référendum. L'organisation pro-choix NARAL qui organise des actions politiques en faveur du droit à l'avortement ne compte qu'une vingtaine d'États américains adhérents.

LES STRATÉGIES DES FEMMES POUR CONTOURNER LES LÉGISLATIONS

Le durcissement des législations, la radicalisation de l'opinion conservatrice et celle des instances religieuses ont donc des conséquences directes sur l'accès des femmes aux établissements de soins adaptés. Dans ce contexte répressif, où la peur prend le pas sur la liberté, où les cliniques ferment les unes après les autres et où plus aucun médecin n'ose effectuer un acte d'avortement, les Américaines sont obligées d'inventer des solutions inédites.

Le tourisme abortif est ainsi de retour. Dans certains États (Mississippi, Caroline du Sud, Wyoming, Arkansas) où le nombre de cliniques est très faible, les femmes se rendent dans les États voisins pour effectuer leur avortement. Ainsi, selon le Center for Disease Control and Prevention, le Kansas et l'Illinois ont accueilli en 2009 plus de 6 000 femmes du Missouri, l'Ohio un peu moins de 1 000 femmes du Kentucky et la Caroline du Nord près de 4 000 femmes de la Caroline du Sud et 800 du Kentucky.

Si les « avortements touristiques » ont une longue histoire et permettent à beaucoup de femmes d'effectuer l'avortement souhaité, ils ne peuvent être considérés comme une solution : d'une part, ils conduisent à accroître les inégalités face à l'accès aux soins car seules les femmes qui ont les moyens peuvent se permettre de payer les coûts du déplacement et de l'avortement ailleurs que dans leur lieu de résidence et, d'autre part, ils favorisent le recours à des avortements clandestins, souvent effectués dans des mauvaises conditions sanitaires, au péril de la vie des femmes.

LES DIFFÉRENCES SELON LES CATÉGORIES ETHNIQUES ET SOCIALES

Chaque année, 2 % des femmes américaines âgées de 15 à 44 ans avortent. La moitié d'entre elles ont déjà eu recours au moins une fois à l'avortement. Au total, la moitié des femmes américaines seront confrontées à une grossesse non désirée et parmi elles, une sur dix aura recours à l'avortement avant 20 ans, une sur quatre avant 30 et trois sur dix avant 45 ans.

Le taux d'avortement aux États-Unis est très différent selon l'appartenance ethnique et sociale : en 2008, l'Institut Guttmacher estime que près de 10‰ femmes blanches ont recours à l'avortement, contre 36‰ chez les femmes noires. Les femmes hispaniques se positionnent dans un entre-deux, avec un taux moyen de 20‰. Les différences sont également notables selon le statut marital, avec des femmes célibataires qui avortent au moins quatre fois plus que les femmes mariées. Par ailleurs, les jeunes femmes de 20 à 29 ans représentent plus de la moitié du total des avortements effectués. Quels que soient les profils sociodémographiques de ces femmes, les raisons données soulignent l'importance de la représentation qu'elles se font des responsabilités familiales et de la vie de famille.

SEXUALITÉS AUTORISÉES

ALPHABÉTISATION ET FÉCONDITÉ

Le besoin d'éducation sexuelle

En instaurant un programme complet d'éducation sexuelle dans l'enseignement primaire et secondaire, les Pays-Bas affichent les taux de grossesse non désirée et d'avortement les plus bas du monde. Le lien entre la disponibilité d'une information publique sur la sexualité, voire d'une éducation sexuelle à l'école et une vie sexuelle satisfaisante en toute sécurité est formellement établi. Dans beaucoup de pays, notamment les plus pauvres, la mauvaise qualité de l'information disponible et la persistance de fortes inégalités de genre empêchent les femmes et les hommes de maîtriser leur avenir, notamment en terme de planification des naissances.

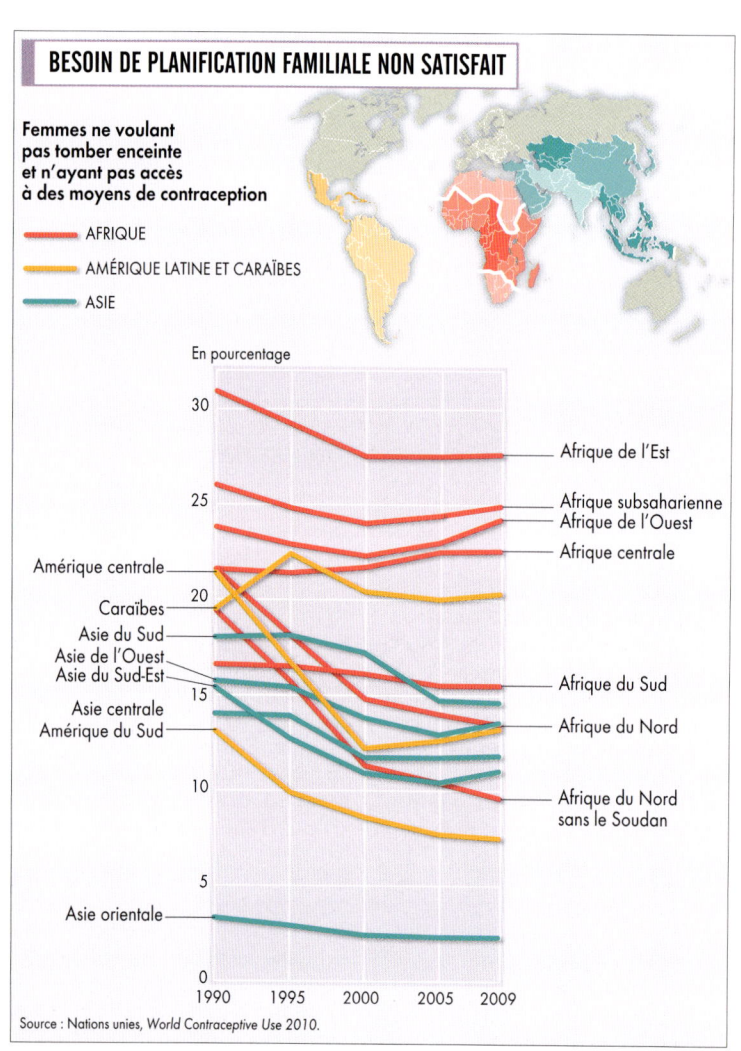

BESOIN DE PLANIFICATION FAMILIALE NON SATISFAIT

Femmes ne voulant pas tomber enceinte et n'ayant pas accès à des moyens de contraception

- AFRIQUE
- AMÉRIQUE LATINE ET CARAÏBES
- ASIE

Source : Nations unies, *World Contraceptive Use 2010*.

■ LE DROIT DE CHOISIR

Il est indispensable de développer une meilleure connaissance de la sexualité. La question ne relève pas seulement de l'éthique, mais conditionne aussi l'amélioration des conditions de vie des populations concernées, à peu près toujours les plus pauvres. 2,5 enfants par femme, c'est le taux de fécondité moyen au niveau mondial en 2011. En Afrique subsaharienne, il est de 5,1, soit trois fois plus que dans les pays développés. La prévalence de ces taux élevés est concomitante d'un contexte social défavorable car, selon toutes les études menées, la plupart des femmes de ces régions souhaitent avoir moins d'enfants.

L'accès limité et inégal aux moyens de contraception, la pauvreté, les fortes pressions sociales et les inégalités hommes/femmes se conjuguent pour expliquer cette situation. La planification familiale est encore inaccessible pour 222 millions de femmes dans le monde. C'est dans toute l'Afrique, à l'exclusion de quelques pays d'Afrique du Nord, que les femmes sont le plus touchées par cette inégalité : plus d'un quart des femmes n'ont pas accès à ces services et dans certains pays comme la Mauritanie, le Liberia, le Burkina Faso, le Sénégal, le Soudan et le Togo, les proportions de femmes dont les besoins en planification familiale ne sont pas satis-

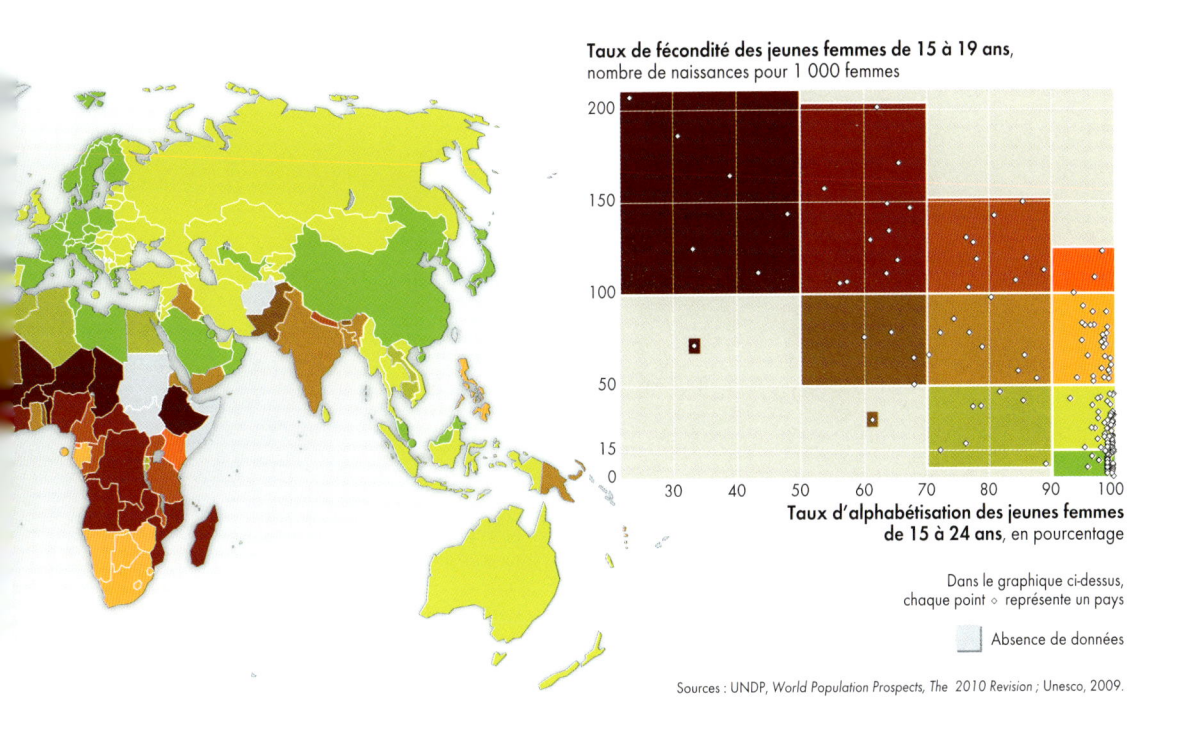

Taux de fécondité des jeunes femmes de 15 à 19 ans, nombre de naissances pour 1 000 femmes

Taux d'alphabétisation des jeunes femmes de 15 à 24 ans, en pourcentage

Dans le graphique ci-dessus, chaque point ◇ représente un pays

Absence de données

Sources : UNDP, *World Population Prospects, The 2010 Revision* ; Unesco, 2009.

---

faits atteignent ou dépassent les 30 %. Ailleurs, c'est en Asie du Sud et de l'Ouest ainsi que dans les pays d'Amérique centrale, avec des proportions moindres (15 %) mais toujours élevées, que les besoins des femmes ne sont pas satisfaits.

Si l'accès aux méthodes contraceptives et aux services de planification familiale se généralisait dans le monde, les grossesses non désirées diminueraient de 80 millions à 26 millions par an, selon l'Institut Guttmacher. Le manque d'accès à la contraception est également la cause de l'augmentation des avortements effectués dans des conditions sanitaires non satisfaisantes, leurs proportions, dans le monde, essentiellement dans les pays en développement, sont passées de 44 % en 1995 à 49 % en 2008.

• • •

IMPACTS SOCIAUX ET ÉCONOMIQUES DE LA PLANIFICATION FAMILIALE

Être capable d'exercer son droit à la planification familiale, et en particulier à la santé sexuelle et reproductive, permet en outre d'accéder à d'autres droits. L'impact est visible notamment sur la santé des femmes et leur intégration sur le marché de l'emploi, ainsi que sur la scolarisation

Verbatim

On compte 80 millions de grossesses non désirées dans le monde et 222 millions de femmes sans accès à la contraception.
UNFPA, 2012.

des enfants. Selon l'UNFPA, la meilleure preuve de la relation entre la baisse de la fécondité, l'amélioration de la santé reproductive et l'éducation des enfants vient du canton de Matlab, au Bangladesh, où il a été constaté une forte augmentation de la scolarisation des enfants et des investissements dans le secteur de l'éducation.

L'accès aux services de la planification familiale modifie également les rapports sociaux de sexe, car les femmes acquièrent un nouveau pouvoir décisionnel. Mais les programmes d'amélioration de la planification familiale ne doivent pas se substituer à d'autres stratégies de croissance et de développement. En effet, dans toutes les régions du monde, le taux de natalité est lié au niveau

d'étude. En Afrique subsaharienne, on constate que les écarts se creusent entre les jeunes filles qui n'ont reçu aucune éducation et continuent à avoir plus d'enfants et celles qui ont effectué des études secondaires et réduisent fortement leur taux de fécondité. Dans cette région, le lieu de résidence et le niveau social viennent également expliquer la prévalence des forts taux de natalité. La planification doit donc être considérée comme une des composantes de politiques plus globales visant à améliorer le capital social des femmes et des populations de ces régions.

• • •

ENGAGEMENT ET RESPONSABILITÉ INTERNATIONAUX

Les organisations internationales évaluent à environ 4 milliards de dollars par an le financement nécessaire pour répondre aux besoins de plus de 640 millions de femmes qui emploient des méthodes de contraception modernes dans les pays en développement. En 2010, l'aide internationale a diminué de près de 400 millions d'euros. Les experts estiment qu'avec un euro par habitant de la planète, ce droit à la santé sexuelle et reproductive peut être réalisé ●.

SEXUALITÉS AUTORISÉES

Synthèse

La cartographie d'une large palette de législations relatives à la sexualité et à ses conséquences dans le monde permet de réinterroger certains discours dominants : la mondialisation produit-elle vraiment des modes de vie ou des valeurs homogènes ? Cet atlas montre comment, à l'échelle d'un État ou d'une aire culturelle, des normes et des lois spécifiques régissent bel et bien tout un ensemble de pratiques sexuelles et amoureuses. L'homogénéisation du monde au prisme du droit et de l'accès à une sexualité épanouie et libre est loin d'être une réalité. Par ailleurs, certains acquis législatifs en matière de sexualité sont constamment remis en question, soulignant combien l'encadrement des rapports sexuels et de leurs conséquences est un enjeu sociétal majeur.

LE PREMIER CONSTAT EST UNIVOQUE : au début du XXIe siècle, on n'accède pas partout à une vie sexuelle libre et sereine. La planète est coupée en deux avec des sociétés contemporaines qui évoluent à deux vitesses. D'un côté, des pays occidentaux permissifs où les femmes et les hommes sont libres – ou presque –, devant la loi, de choisir de se marier, d'avoir des enfants, de programmer le moment de leur venue et d'exprimer publiquement leur orientation sexuelle. D'un autre côté, des pays en développement répressifs où les pratiques sexuelles sont fortement contrôlées, où l'interdit est sanctionné, où certaines catégories de populations, comme les homosexuel(le)s, sont criminalisées tandis que d'autres, à l'inverse, sont contraintes à des relations sexuelles forcées dans le cadre de mariages précoces, par exemple.

UN DEUXIÈME CONSTAT S'IMPOSE : ce sont toujours les femmes qui font les frais des lois restrictives ou du manque de législation en matière de sexualité. Elles sont des millions dans le monde à être privées d'information en termes d'éducation sexuelle (80 millions de grossesses non désirées), à résider dans des pays où il est interdit d'avorter (22 millions d'avortements dangereux), où il est difficile ou interdit d'avoir recours aux moyens de contraception moderne (222 millions), à être engagées dans un mariage forcé avant 18 ans (50 millions). L'Afrique subsaharienne se distingue par une prévalence de législations qui maintiennent les femmes dans des situations de dépendance et de fortes contraintes sexuelles. Dans le Sud-Est asiatique et en Amérique du Sud, les femmes de certaines communautés locales et indigènes sont les plus exposées à l'injustice et à la domination sexuelle. En matière de sexualités et de droits, les femmes des pays en développement sont les plus démunies, et cela d'autant plus qu'elles sont pauvres, résident dans des zones rurales et n'ont reçu aucune éducation. À ce sombre tableau se rajoutent les incertitudes autour de certains droits des femmes dans les pays occidentaux concernant notamment l'avortement, la contraception et la polygamie. Les actes terroristes contre des cliniques qui pratiquent l'avortement, les débats qui régulièrement menacent l'abolition de ce droit dans certains pays européens et, selon un autre angle, le laxisme des autorités dans plusieurs pays européens face à la polygamie sont emblématiques du fait que le droit des femmes à une sexualité épanouie, sereine et libre n'est pas un acquis.

LA LIBERTÉ SEXUELLE

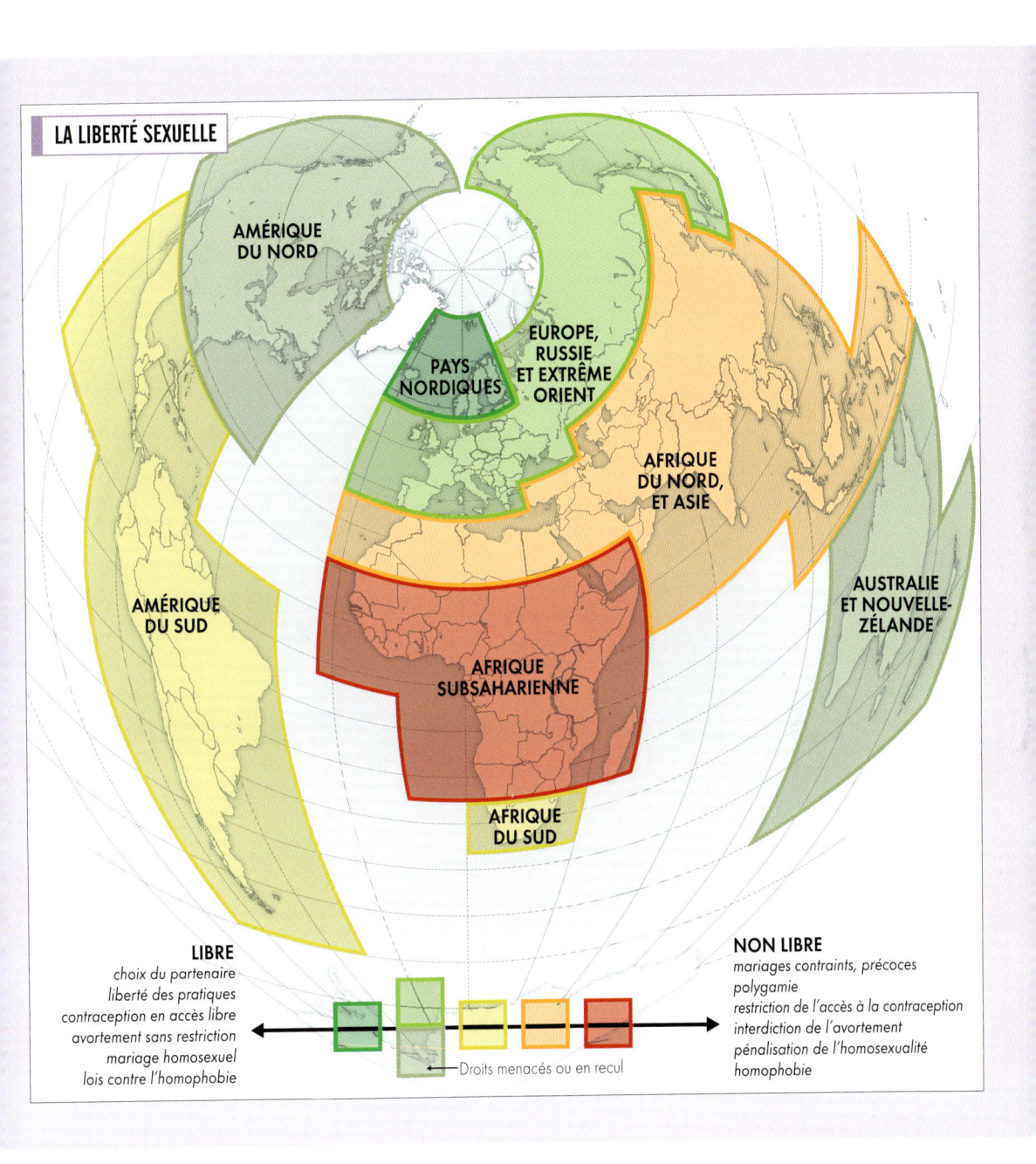

AMÉRIQUE DU NORD

PAYS NORDIQUES

EUROPE, RUSSIE ET EXTRÊME ORIENT

AFRIQUE DU NORD, ET ASIE

AUSTRALIE ET NOUVELLE-ZÉLANDE

AMÉRIQUE DU SUD

AFRIQUE SUBSAHARIENNE

AFRIQUE DU SUD

LIBRE
choix du partenaire
liberté des pratiques
contraception en accès libre
avortement sans restriction
mariage homosexuel
lois contre l'homophobie

← Droits menacés ou en recul

NON LIBRE
mariages contraints, précoces
polygamie
restriction de l'accès à la contraception
interdiction de l'avortement
pénalisation de l'homosexualité
homophobie

ATLAS MONDIAL DES SEXUALITÉS 27

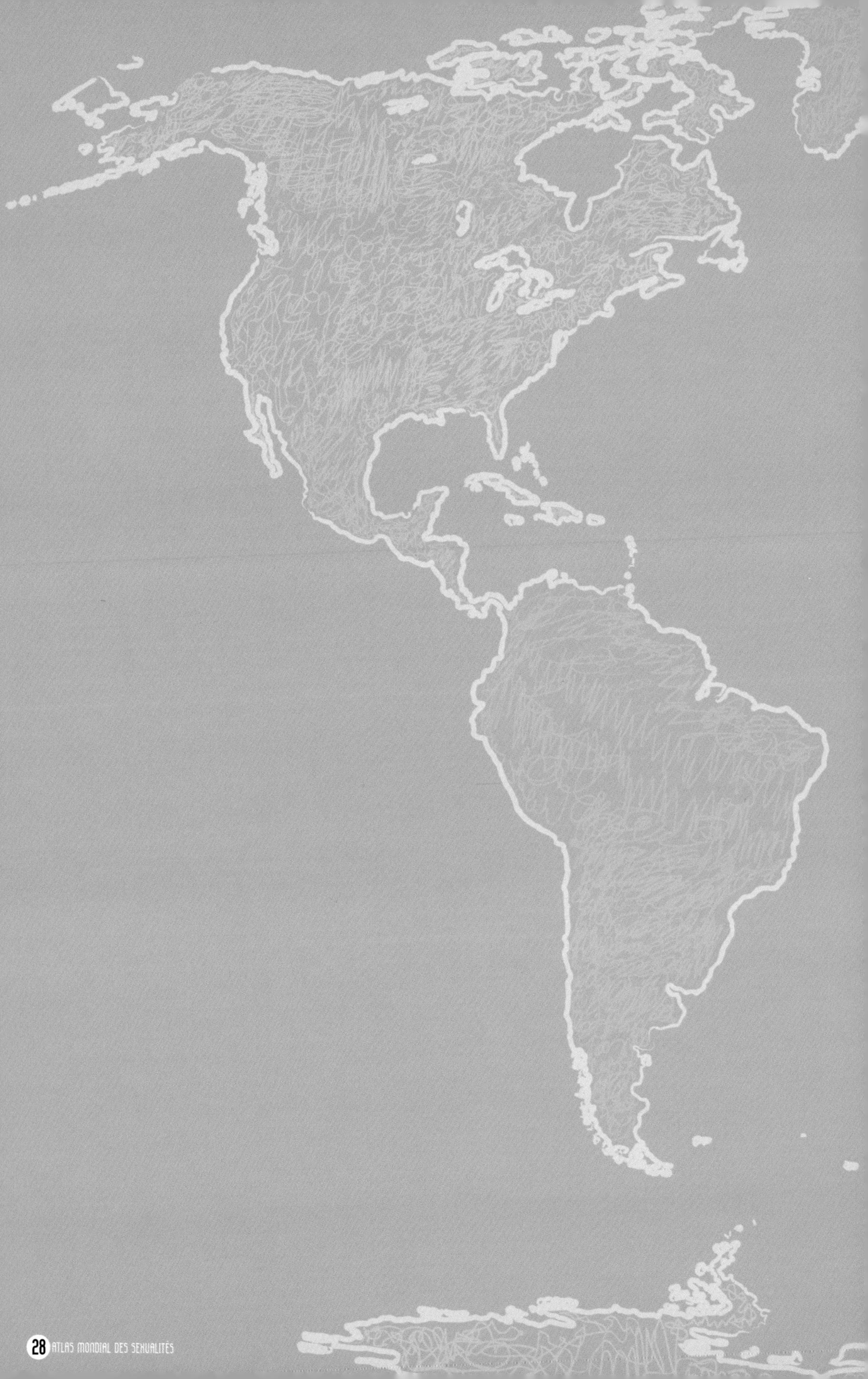

LE COUPLE DANS TOUS SES ÉTATS

La sexualité n'a jamais été aussi présente que dans les sociétés contemporaines. Elle s'affiche partout, comme en témoigne la publicité d'une compagnie aérienne qui joue avec l'expression « je m'envoie en l'air ». Pourtant, jamais le besoin en statistiques n'a été aussi prégnant pour permettre de mieux cerner et décrypter toutes les nouvelles formes de la vie sexuelle et amoureuse. Cette partie interroge la persistance du couple comme modèle de société. Elle dresse un large éventail des pratiques sexuelles et amoureuses dans le monde occidental, car c'est uniquement dans ces régions que l'information existe et permet de dire comment on fait l'amour, avec qui et où. En ouvrant la porte à une grande diversité d'expériences, l'amour moderne inscrit les sexualités dans la société de la vitesse et de l'hypermobilité. « Le couple dans tous ses états » montre comment les femmes et les hommes du XXIe siècle inventent les codes amoureux de demain.

LE COUPLE DANS TOUS SES ÉTATS

Faire l'amour : performance et satisfaction

La sexualité a envahi les écrans, petits et grands, s'affiche sur le papier glacé des magazines, s'étale sur les murs de nos villes jusque dans les publicités des compagnies aériennes. On la retrouve dans les discours, dans les actes et dans les subjectivités. Pourtant on sait peu de choses sur la diversité des comportements sexuels des hommes et des femmes et leurs évolutions. Divers sondages ont été effectués récemment au niveau mondial. Malgré des différences de méthodes, deux indicateurs de performance et de satisfaction sexuelles sont parmi les plus représentatifs : le nombre de partenaires et la fréquence des rapports sexuels.

▍PLUS DE PARTENAIRES CHEZ LES HOMMES QUE CHEZ LES FEMMES

Qui n'a pas fait, un jour ou l'autre, le compte de ses partenaires sexuels ? Le nombre moyen est de neuf selon une enquête effectuée en 2005 par Durex dans 41 pays, rassemblant plus de 317 000 personnes. Dans tous les pays, ce chiffre masque de grandes différences entre les hommes, qui auraient plus de dix partenaires, et les femmes moins de sept.

En France, cet écart se réduit : en quarante ans, le nombre de partenaires sexuels est resté le même pour les hommes, tandis qu'il a doublé pour les femmes. Mais qu'est-ce qu'un partenaire sexuel ? Une étude sur la sexualité en France explique que ces écarts entre hommes et femmes tiennent au fait que les hommes prennent généralement en compte l'ensemble de leurs partenaires, intégrant les partenaires qualifiés de « sans importance », alors que la plupart des femmes ne retiennent que les partenaires qui ont compté dans leur vie. La perception de la sexualité est encore genrée dans nos sociétés contemporaines. Tandis que la performance sexuelle masculine est encouragée et valorisée, la performance sexuelle féminine est sujette à raillerie et mépris. En effet, un nombre élevé de partenaires chez un homme est un symbole de virilité et de puissance, chez les femmes il renvoie à l'image d'une femme facile et sans scrupule.

Comparé à l'Europe, le nombre de partenaires sexuels est plus bas en Asie, et notamment en Chine et en Inde (trois partenaires en moyenne). Au total, seulement 12 % des Norvégiens, Suédois et Danois vivent leur sexualité avec un seul partenaire, contre les deux tiers des hommes et femmes de Hong Kong, par exemple. Interrogés sur le nombre de partenaires sexuels au cours de l'année écoulée, les hommes et femmes des pays occidentaux déclarent avoir eu des relations sexuelles avec plus d'une personne. Les hommes annoncent plus de partenaires que les femmes, mais l'écart est souvent assez faible.

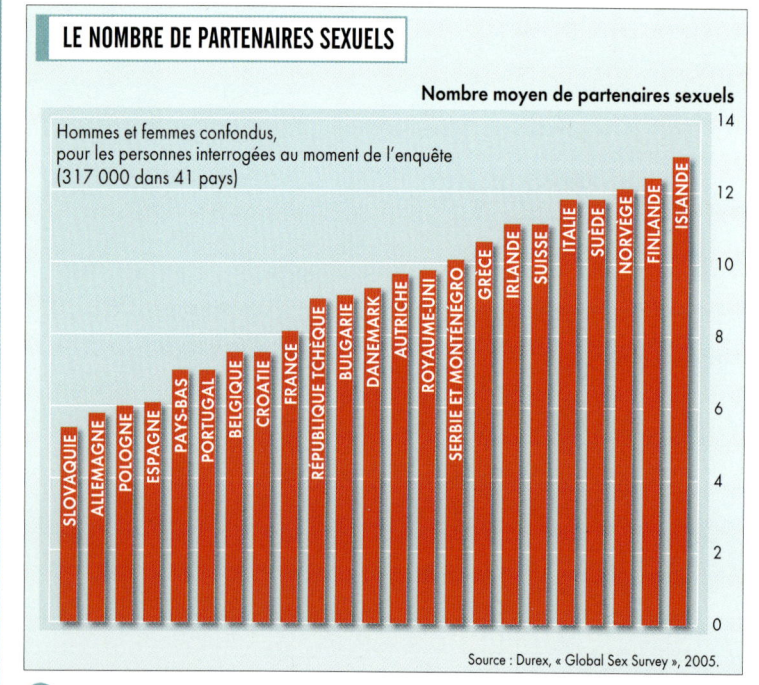

...

▍LA FRÉQUENCE DES RAPPORTS SEXUELS

Globalement, on fait l'amour en moyenne 103 fois par an. Les Grecs sont champions d'Europe avec plus de trois rapports sexuels par semaine ; et les hommes et les femmes des Balkans, notamment de Croatie et de Serbie-Monténégro, arrivent en deuxième et troisième places de ce classement. Les pays nordiques sont les moins performants, avec un rapport tous les quatre jours en moyenne. La France est en sixième position des pays européens mais l'image des « *latin lovers* » s'érode puisqu'en

LE NOMBRE DE PARTENAIRES SEXUELS

Nombre moyen de partenaires sexuels

Hommes et femmes confondus, pour les personnes interrogées au moment de l'enquête (317 000 dans 41 pays)

SLOVAQUIE	
ALLEMAGNE	
POLOGNE	
ESPAGNE	
PORTUGAL	
PAYS-BAS	
BELGIQUE	
CROATIE	
FRANCE	
RÉPUBLIQUE TCHÈQUE	
BULGARIE	
DANEMARK	
AUTRICHE	
ROYAUME-UNI	
SERBIE ET MONTÉNÉGRO	
GRÈCE	
IRLANDE	
SUISSE	
ITALIE	
SUÈDE	
NORVÈGE	
FINLANDE	
ISLANDE	

Source : Durex, « Global Sex Survey », 2005.

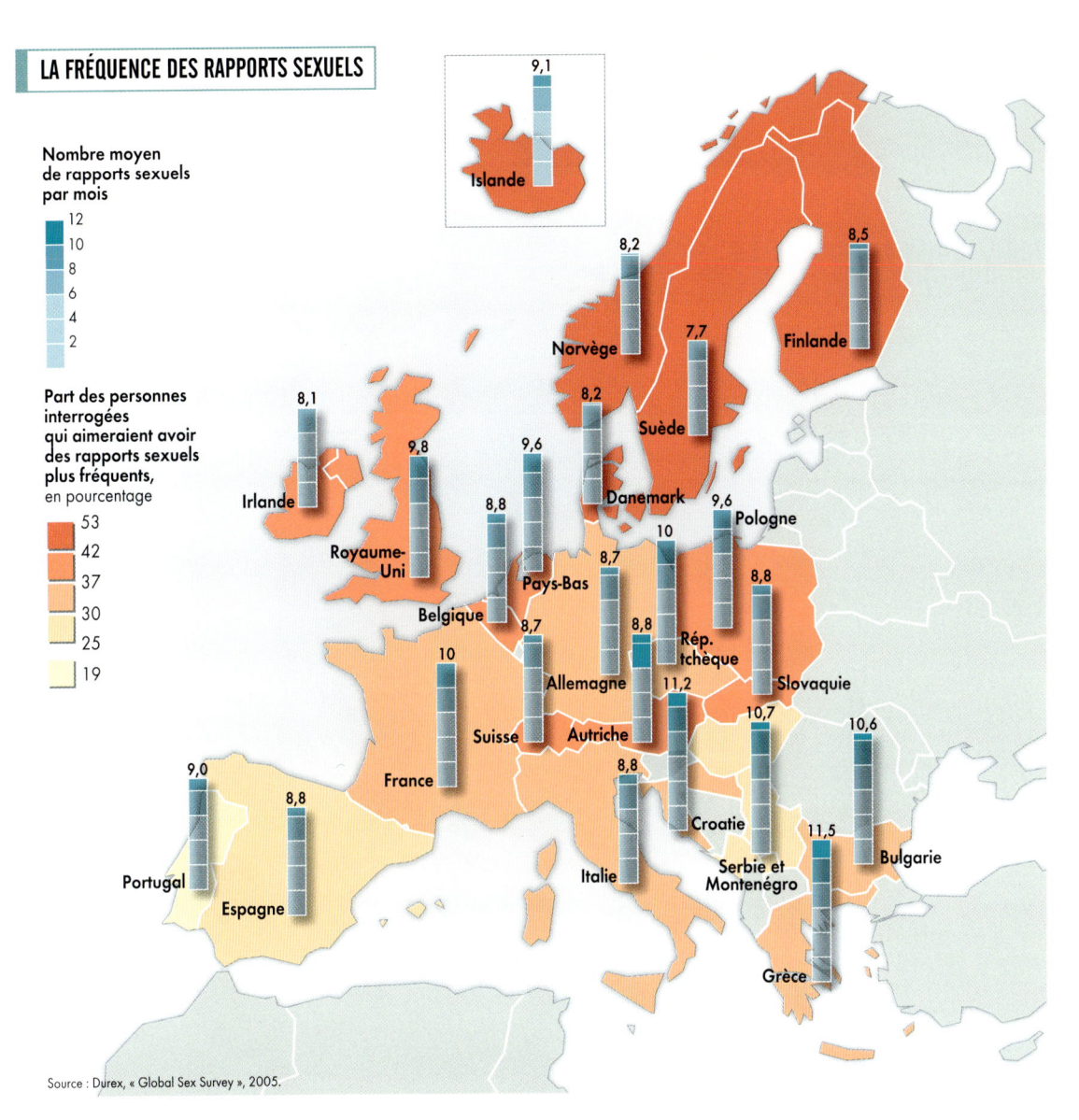

LA FRÉQUENCE DES RAPPORTS SEXUELS

Nombre moyen de rapports sexuels par mois
- 12
- 10
- 8
- 6
- 4
- 2

Part des personnes interrogées qui aimeraient avoir des rapports sexuels plus fréquents, en pourcentage
- 53
- 42
- 37
- 30
- 25
- 19

Islande 9,1
Norvège 8,2
Suède 8,2
Finlande 8,5
Danemark 9,6
Pologne 9,6
Irlande 8,1
Royaume-Uni 9,8
Pays-Bas 8,8
Belgique 8,7
Allemagne 8,7
Rép. tchèque 8,8
Slovaquie 8,8
France 10
Suisse 8,8
Autriche 11,2
Croatie 8,8
Italie 7,7
Serbie et Monténégro 10,7
Bulgarie 10,6
Grèce 11,5
Portugal 9,0
Espagne 8,8

Source : Durex, « Global Sex Survey », 2005.

Italie et en Espagne, la fréquence des rapports sexuels est à peine supérieure à la moyenne générale.

Hors d'Europe, c'est dans les pays du Sud-Est asiatique, et notamment dans les très grandes métropoles de Taiwan, Hong Kong et Singapour, que l'on fait le moins souvent l'amour (une fois tous les cinq jours) et au Japon c'est 45 fois par an, soit trois fois moins qu'en Grèce. Partout, les 35-44 ans ont la plus forte activité sexuelle, avec une moyenne de 112 fois par an.

•••

QUI EST SATISFAIT DE SA SEXUALITÉ ?

Ces pratiques engendrent des degrés de satisfaction très différenciés. 44 % des personnes interrogées dans le monde sont satisfaites de leur vie sexuelle, mais 36 % souhaitent avoir des relations plus fréquentes. Ce sont en général les hommes qui déclarent être le moins satisfaits et qui souhaitent plus de rapports : 41 % contre 29 % pour les femmes. À la question « combien de fois faites-vous l'amour par mois ? », beaucoup d'Européens semblent embarrassés et refusent de répondre. Dans une enquête effectuée auprès de 5 550 personnes en 2007 par Novatris/Harris, près de 40 % d'Allemands, de Britanniques et d'Italiens n'ont pas répondu à la question, contre seulement 20 % d'Étasuniens. Dans des sociétés où le sexe est partout présent, c'est plus le souci de donner une image performante et satisfaisante de sa sexualité qu'une question de tabou ou de mœurs qui explique ces comportements. Mais la sexualité ne revêt pas la même importance dans tous les pays.

En Grèce, en Pologne et au Brésil, près de 80 % de la population déclare accorder beaucoup d'importance aux rapports sexuels tandis qu'en Thaïlande et au Japon ils sont seulement 38 %. Dans un entre-deux, plus de la moitié (58 %) des Allemands et des Français pensent que le sexe est important.

> **Verbatim**
>
> *13 000 rapports sexuels par seconde dans le monde, soit au total 365 milliards par an.*
> — Planetoscope, 2012.

LE COUPLE DANS TOUS SES ÉTATS

Le temps des expériences

Quelles nouvelles formes prend aujourd'hui la vie amoureuse et sexuelle ? Dans des sociétés contemporaines où le couple est malmené, où règnent la vitesse et l'instantanéité, amours et sexualités se conjuguent au pluriel. Le culte de l'épanouissement individuel met à distance les normes du modèle dominé par l'image du couple traditionnel. L'amour moderne fait place à une diversité d'expériences qui commencent à se vivre au grand jour. Entre un pragmatisme sentimental, une extraversion du plaisir sexuel, une addiction à la nouveauté, les femmes et les hommes du XXIe siècle inventent les codes amoureux de demain.

DE NOUVEAUX CODES AMOUREUX ?

Le temps des expériences traduit un désir partagé des femmes et des hommes de changer le modèle traditionnel des sexualités et de l'amour. L'amour éphémère qui dure une nuit, le *fuck friend* ou le partage de son lit à trois se distinguent du libertinage et de l'infidélité dans le sens où ces pratiques bouleversent plus explicitement le couple comme référent universel des rapports amoureux et sexuels. Une vie en solo choisie et épanouie sexuellement, des sexualités qui se consomment, se négocient et se contractualisent, des ménages assumés à trois avec des lits qui s'ouvrent à différentes sexualités donnent un panorama des expériences les plus communément partagées à travers le monde.

...

DANS UN LIT OU AILLEURS

Part des personnes interrogées ayant eu des relations sexuelles dans les lieux suivants

- 50 % dans une voiture
- 15 % au travail
- 12 % dans un club
- 14 % dans une ruelle
- 36 % dans la chambre des parents
- 2 % dans un avion
- 7 % dans les transports publics
- 22 % dans le jardin
- 27 % à une soirée
- 39 % aux toilettes
- 10 % à l'école
- 28 % sur la plage
- 31 % dans un parc
- 22 % aucun de ces lieux

Légende :
- Transports
- Espace privé
- Espace extérieur public
- Espace professionnel (ou scolaire)

Source : Durex, « Global Sex Survey », 2005.

L'AMOUR-SEXE D'UNE NUIT

L'expérience la plus communément partagée entre les hommes (47 %) et les femmes (40 %) relativement à la diversité des expériences sexuelles vécues est celle de faire l'amour avec un partenaire, pour une nuit seulement et sans engagement sentimental. En 2005, selon une enquête Durex effectuée dans une quarantaine de pays dans le monde, les Européens du Nord, les Australiens et les Néo-Zélandais sont les plus nombreux (plus des deux tiers) à vivre ce genre d'expérience tandis que les Européens du Sud, les Allemands, les Polonais auxquels se joignent les hommes et les femmes d'un grand nombre de pays du Sud-Est asiatique comme le Japon, l'Inde, la Thaïlande, Hong Kong ou Singapour sont moins enclins (moins du quart) à partager leur lit pour une seule nuit.

...

Verbatim

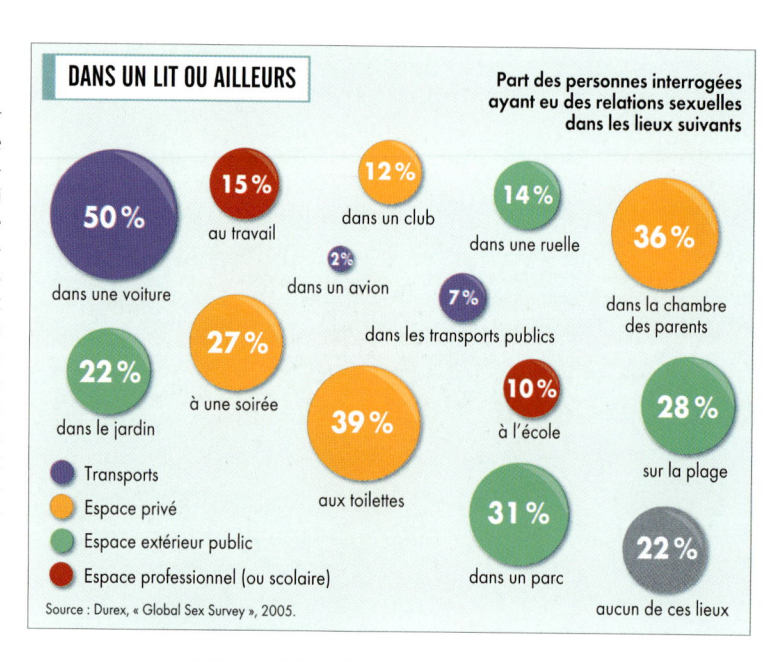

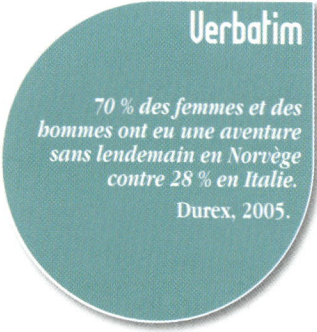

70 % des femmes et des hommes ont eu une aventure sans lendemain en Norvège contre 28 % en Italie.

Durex, 2005.

L'AMOUR MODERNE À TROIS

Nouvelle façon d'aimer ou coutume ancestrale revisitée, aujourd'hui, le ménage à trois s'institutionnalise et se nomme : le « trouple » est un néologisme construit à partir de « trio » et de « couple ». Le trouple, ce n'est pas la polygamie, majoritairement limitée à un homme et plusieurs femmes, ce n'est pas non plus le polyamour où chacun(e) des partenaires en couple peut être épris en même temps d'une autre personne. L'amour à trois est un nouveau modèle de relation amoureuse et sexuelle, où partager le même lit signifie aussi ouvrir la porte à différentes sexualités, bi, homo ou hétéro. C'est un équilibre qui s'établit entre les trois personnes et qui est en rupture avec le modèle traditionnel du couple.

Expérimentée d'abord dans des ménages homosexuels, cette pratique est aujourd'hui diffusée dans d'autres types de ménages. Il est difficile d'estimer l'ampleur de ce phénomène à travers le monde. L'estimation, grâce au sondage Durex de 2005, du nombre de personnes qui ont déjà expérimenté l'amour à trois montre que c'est en Austra-

À TROIS, SANS LENDEMAIN OU DEVANT LA CAMÉRA

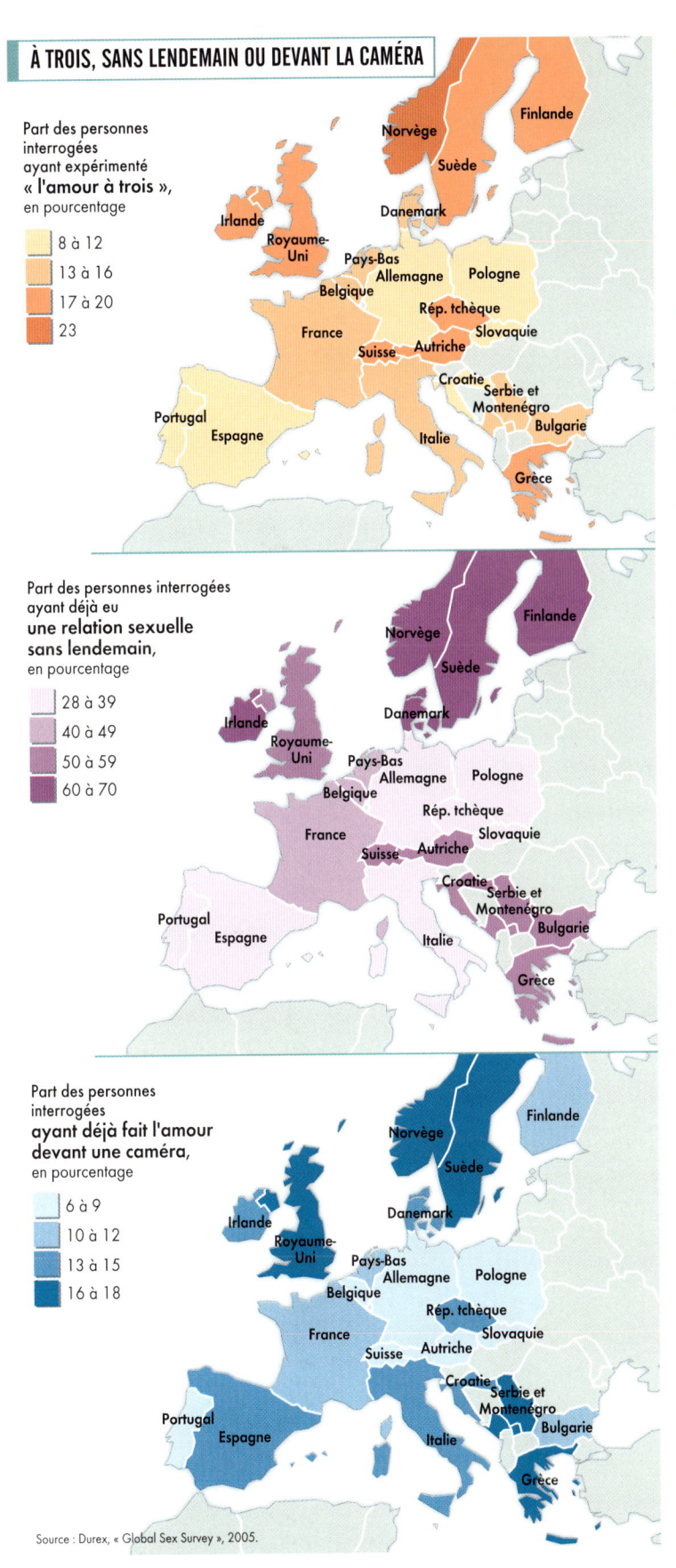

Part des personnes interrogées ayant expérimenté « l'amour à trois », en pourcentage
- 8 à 12
- 13 à 16
- 17 à 20
- 23

Part des personnes interrogées ayant déjà eu une relation sexuelle sans lendemain, en pourcentage
- 28 à 39
- 40 à 49
- 50 à 59
- 60 à 70

Part des personnes interrogées ayant déjà fait l'amour devant une caméra, en pourcentage
- 6 à 9
- 10 à 12
- 13 à 15
- 16 à 18

Source : Durex, « Global Sex Survey », 2005.

...lie, en Nouvelle-Zélande et dans les pays scandinaves que les hommes et les femmes sont le plus enclins à partager leur lit avec deux autres personnes. À l'inverse, les Espagnols, les Portugais, les Allemands, les Polonais et en Asie les Indiens, les Japonais et les Indonésiens, par exemple, sont moins friands de ce genre d'expériences.

•••

SEX FRIENDS

Quand l'amour-amitié devient un mode de vie pour avoir des relations sexuelles épanouies, on parle de *sex friend*, de *fuck friend* ou de *no strings* pour signifier que les deux partenaires n'ont pas de projet de vie commun. Pas d'attaches matérielles, c'est-à-dire pas d'appartement partagé, pas de liens officiels, ni pacs, ni mariage, pas de volonté de fonder une famille, pas d'enfants, ni de sentiments amoureux exclusifs traditionnels. Coucher avec son ami(e) est devenu une nouvelle façon d'appréhender sa vie sexuelle et amoureuse et s'ancre depuis quelques années dans le paysage contemporain de l'amour qui vit une sexualité sans engagement.

Cette contractualisation de la vie intime séduit de plus en plus les femmes qui recherchent le plaisir sexuel sans les contraintes d'une vie amoureuse. Les hommes et les femmes des grandes villes qui ont une vie professionnelle et sociale épanouie sont les plus nombreux à vivre ce genre d'expériences. Dans l'opinion publique et chez les psychologues, elle est soit interprétée comme un précurseur de nouveaux codes amoureux, soit considérée comme la résultante d'une peur de la dépendance et de la trahison.

•••

DES LIEUX POUR FAIRE L'AMOUR

La chambre à coucher reste le lieu de prédilection pour faire l'amour. En dehors de cette situation convenue, les lieux les plus propices aux relations sexuelles ne sont pas, contrairement à ce que l'on pourrait penser, des lieux glamour teintés de romantisme. En 2005, une personne sur deux dans le monde déclare avoir fait l'amour dans une voiture et les toilettes arrivent en deuxième position. Les parcs et la plage ne sont pas loin derrière avec un tiers des personnes interrogées qui déclarent avoir eu des relations sexuelles dans ce genre d'endroits et sauvent peut-être la mise de l'amour romantique !

Les Australiens et les Néo-Zélandais sont les champions des rapports sexuels dans la verdure, suivis par les Canadiens puis les Européens de République tchèque, de Croatie, de Suisse et d'Irlande en particulier. ●

LE COUPLE DANS TOUS SES ÉTATS

Le méli-mélo des sexualités

Si l'on admet que le but d'une relation sexuelle est la quête d'un ensemble large de plaisirs, procurés par l'excitation des nombreuses zones érogènes du corps, alors on doit reconnaître que tous les êtres humains sont prédisposés à être bisexuels. Ces pratiques, courantes il y a plusieurs siècles, ont connu un coup d'arrêt fortement canalisé par l'Église. Aujourd'hui, la relative permissivité des sociétés occidentales et la recherche croissante de nouvelles expérimentations sexuelles et de nouveaux plaisirs ont remis le libertinage à la mode et ont provoqué le développement de pratiques s'écartant de la norme du couple hétérosexuel, tels les échanges de partenaires ou la sexualité de groupe.

■ TOUS BISEXUELS ?

Les théories freudiennes sur la sexualité ne disent pas autre chose, et c'est seulement l'identification plus ou moins forcée et conflictuelle à une identité de genre obligée qui réprime cette tendance à la bisexualité. Les religions monothéistes ont imposé le couple hétérosexuel comme seul modèle socialement acceptable et aujourd'hui en France, seuls 3 % des individus se définissent comme bisexuels. Il est bien difficile pour eux de se faire une place, car ils sont autant rejetés par les homosexuels que par les hétérosexuels. Mais il n'en a pas toujours été ainsi. Les exemples de bisexualité, presque uniquement masculine, valorisée et même obligatoire, sont nombreux dans l'histoire, comme chez les apprentis samouraïs japonais, chez les Vikings, à la suite du dieu Loki, dans de nombreuses tribus africaines et chez les Mayas. Dans de nombreuses sociétés, elle s'accompagnait souvent de pratiques pédérastiques, les adolescents devant être initiés sexuellement par leurs aînés, avant de devenir des hommes qui, mariés, deviendraient initiateurs à leur tour. Dans la Grèce et la Rome antiques, les hommes « libres » pouvaient sodomiser leurs esclaves. Cette pratique sexuelle est restée banale durant de nombreux siècles dans toutes les civilisations. Ainsi, au cours du XVe siècle, en pleine Inquisition, 17 000 habitants de Florence sur les 40 000 que comptait la ville en furent inculpés. Tant est si bien que « Florentin » devint synonyme de « sodomite » en allemand ! Aujourd'hui, le désir d'expérimenter des pratiques sexuelles à l'écart de la norme a pris d'autres formes.

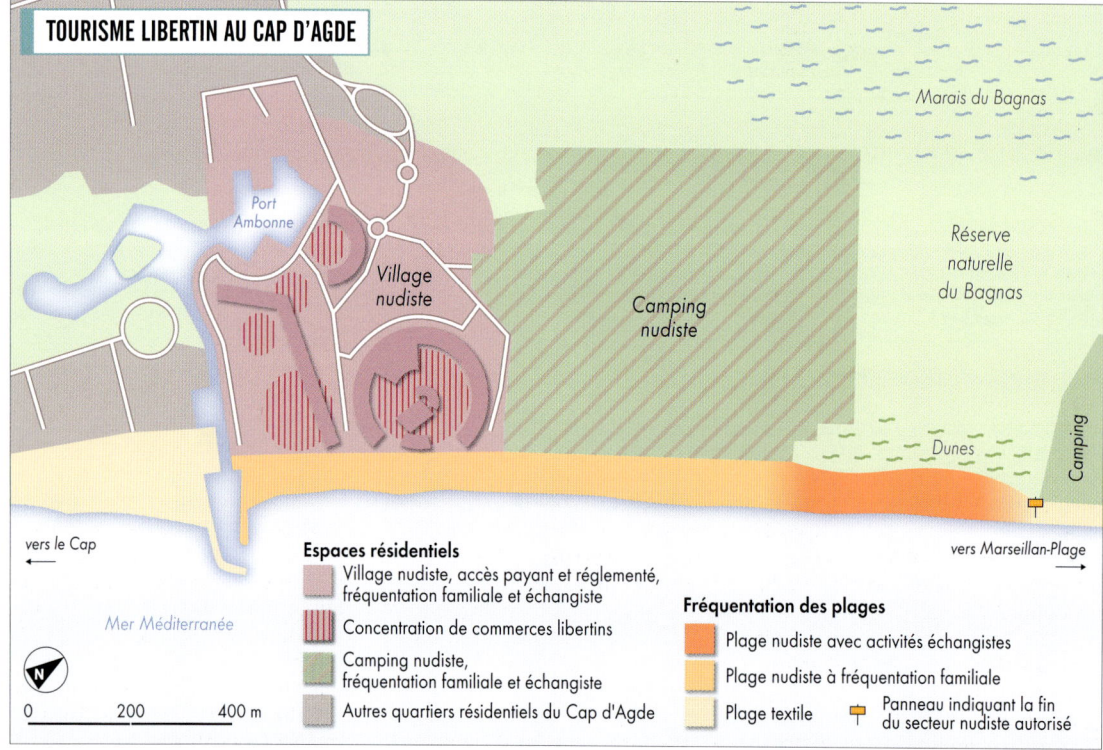

•••

TOURISME LIBERTIN AU CAP D'AGDE

Marais du Bagnas
Port Ambonne
Village nudiste
Camping nudiste
Réserve naturelle du Bagnas
Dunes
Camping
vers le Cap
vers Marseillan-Plage
Mer Méditerranée
N
0   200   400 m

Espaces résidentiels
- Village nudiste, accès payant et réglementé, fréquentation familiale et échangiste
- Concentration de commerces libertins
- Camping nudiste, fréquentation familiale et échangiste
- Autres quartiers résidentiels du Cap d'Agde

Fréquentation des plages
- Plage nudiste avec activités échangistes
- Plage nudiste à fréquentation familiale
- Plage textile
- Panneau indiquant la fin du secteur nudiste autorisé

LIEUX ÉCHANGISTES EN FRANCE

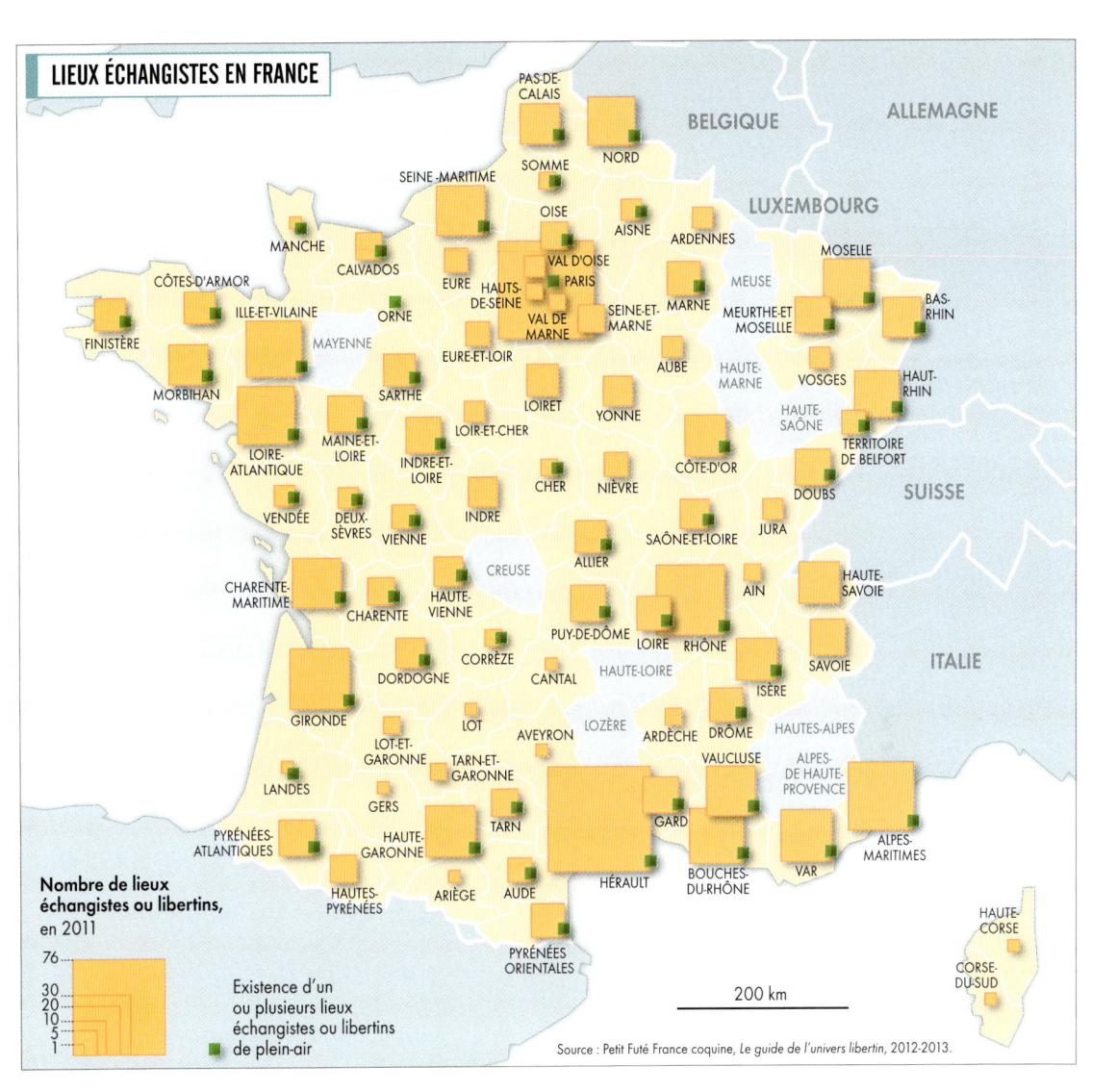

Nombre de lieux échangistes ou libertins, en 2011

76
30
20
10
5
1

Existence d'un ou plusieurs lieux échangistes ou libertins de plein-air

Source : Petit Futé France coquine, Le guide de l'univers libertin, 2012-2013.

EN GROUPE C'EST MIEUX

Le libertinage, longtemps réservé aux classes les plus aisées et considéré comme une pratique raffinée dont seule la « bonne » société serait capable, s'est considérablement démocratisé. Dans le monde hétérosexuel, on parle d'ailleurs aujourd'hui davantage d'échangisme pour toutes les pratiques sexuelles de groupe, alors que le terme désigne originellement une pratique sexuelle qui consiste pour deux couples à échanger temporairement son partenaire. Le désir d'être regardé, autant que celui de regarder, est une motivation importante de ce type de pratique, qui s'explique aussi par la curiosité, l'envie d'éviter la monotonie et la réalisation de fantasmes, alimentés notamment par l'industrie pornographique et repris aujourd'hui par les médias. Grâce à Internet, le libertinage contemporain est démocratique et à la mode. Le site le plus fréquenté de France enregistre 290 000 visites par jour, et la population désireuse de ce type d'expérience est de plus en plus jeune. On organise désormais des soirées échangistes chez soi. Cette sexualité récréative témoigne de la progression de l'hédonisme dans la société et du besoin croissant de transgresser les codes normatifs. Chez les gays, la sexualité de groupe est une pratique assez fréquente, avec ou sans son partenaire habituel, en particulier dans les *backrooms* des sex-clubs ou des saunas.

•••

DES ESPACES DÉDIÉS AU LIBERTINAGE

En Europe, la station balnéaire du Cap d'Agde fait figure de haut lieu mondial des pratiques échangistes, attirant des milliers d'adeptes chaque été. Celles-ci se déroulent dans le village naturiste ou le camping attenant, également naturiste, tous deux fréquentés aussi par des couples et des familles « classiques », sur une partie de la plage prévue à cet effet ou dans l'un des nombreux clubs libertins de la station. Le village naturiste abrite aussi 20 boutiques de lingerie « coquine » et des clubs pour les pratiques sadomasochistes. La plupart des grandes villes ont leurs clubs libertins, en plus des espaces de plein air en déclin relatif. On en compte une vingtaine à Paris, pour tous types de clientèle et tous milieux sociaux, bien qu'une sélection continue de s'opérer par des prix d'entrée souvent élevés. Mais ces commerces dévolus au plaisir se sont diffusés. Qui sait qu'en France, Lubersac, Petit Villers-Robert, Tasque ou Vergne ont leur club libertin ?

Verbatim

7% des Français pratiqueraient l'échangisme.
Sondage Ifop, 2010.

LE COUPLE DANS TOUS SES ÉTATS

Le mariage ne fait plus la force

Longtemps resté un rite obligé dans la vie de tous les individus, le mariage, qu'il soit seulement civil ou également religieux, qu'il soit d'amour ou de raison, fait de moins en moins rêver, en particulier en Occident. Les petites filles ne croiraient-elles plus au prince charmant ? Ce n'est en tout cas pas le moindre des paradoxes du mariage aujourd'hui que d'être réclamé par ceux qui n'y ont pas accès, quand ceux qui y ont droit semblent s'en détourner de plus en plus ou l'envisager comme une sorte de contrat à durée déterminée…

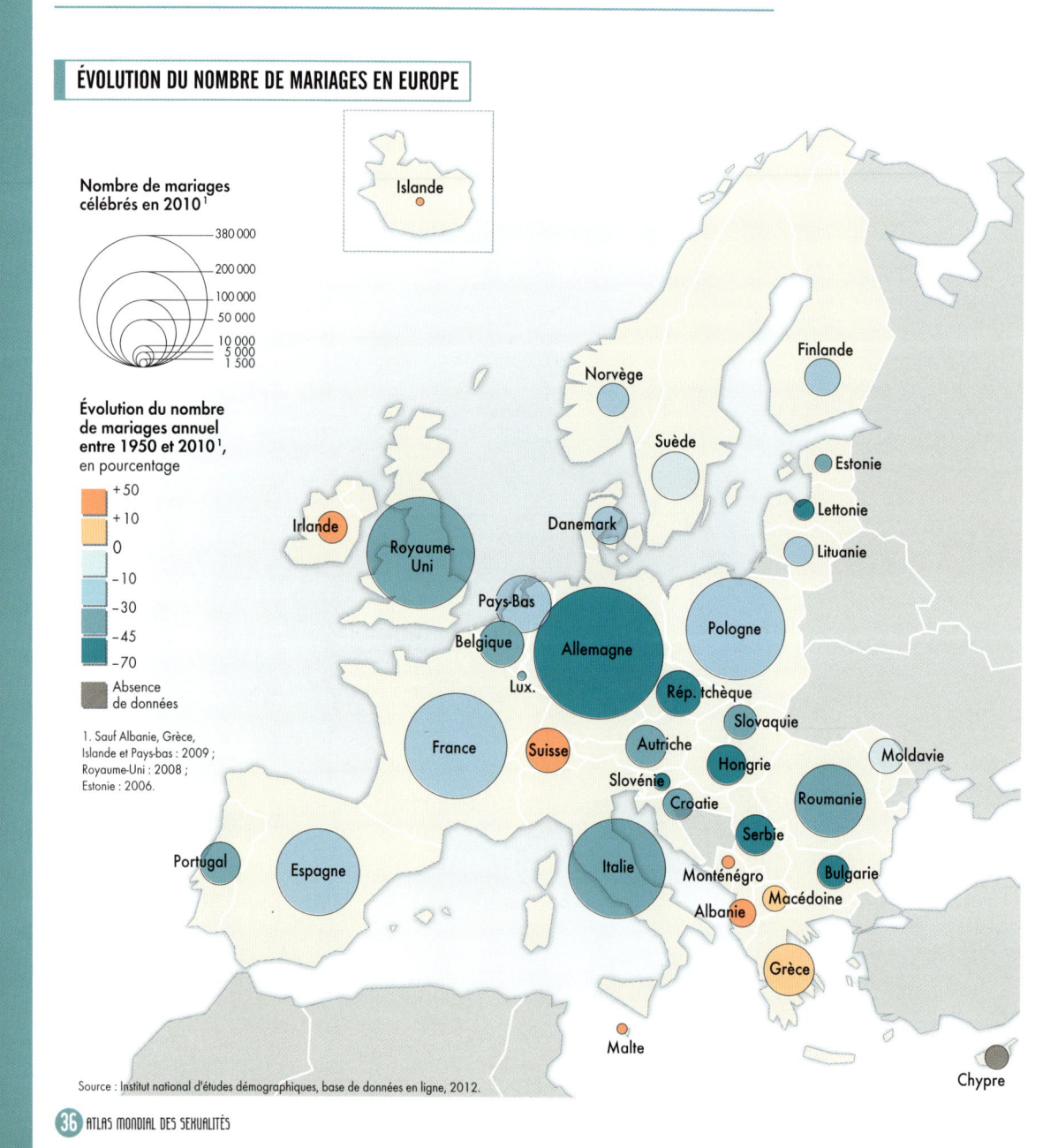

ÉVOLUTION DU NOMBRE DE MARIAGES EN EUROPE

Nombre de mariages célébrés en 2010 [1]
- 380 000
- 200 000
- 100 000
- 50 000
- 10 000
- 5 000
- 1 500

Évolution du nombre de mariages annuel entre 1950 et 2010 [1], en pourcentage
- +50
- +10
- 0
- -10
- -30
- -45
- -70
- Absence de données

1. Sauf Albanie, Grèce, Islande et Pays-bas : 2009 ; Royaume-Uni : 2008 ; Estonie : 2006.

Source : Institut national d'études démographiques, base de données en ligne, 2012.

ATLAS MONDIAL DES SEXUALITÉS

LE MARIAGE, UN RITE DE PASSAGE…

Le mariage demeure dans toutes les sociétés une tradition plurimillénaire structurante qui marque une forte discontinuité dans la vie intime des individus et un changement profond dans leur position sociale. À quelques exceptions près, il reste réservé aux seuls couples de sexe opposé. Toutes les religions l'encouragent. En Israël, le mariage religieux est même le seul à être reconnu. Historiquement, il permet de légitimer les enfants, d'assurer la transmission de l'héritage, voire du statut social. C'est pourquoi en 1968, seuls 3 % des couples français vivaient ensemble sans être mariés, et les unions étaient précoces. En Occident, la presque totalité des mariages sont monogames.

Le caractère universel de ce rite et son lien avec la filiation doivent cependant être nuancés. Par exemple, chez les Moso, ethnie du sud-ouest de la Chine, les femmes procréent avec leurs amants et elles élèvent leurs enfants sans mari ni père, l'oncle maternel faisant office de référent paternel. De même, dans certaines tribus du Togo et du Burkina Faso, la grossesse prénuptiale, signe de la bonne constitution de la future épouse, est encouragée. On doit aussi se souvenir que le mariage a pu être instrumentalisé à des fins politiques dans un passé récent. Ainsi, trente États américains bannissaient les mariages interraciaux en 1948, interdiction jugée anticonstitutionnelle seulement en 1967.

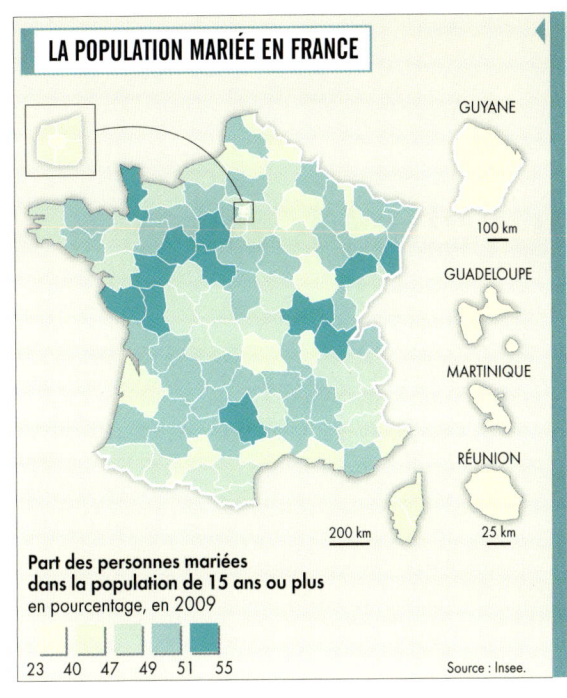

…

LA POPULATION MARIÉE EN FRANCE

Part des personnes mariées dans la population de 15 ans ou plus en pourcentage, en 2009

23 40 47 49 51 55

Source : Insee.

LES RAISONS DU RECUL

En France, on passe du nombre record de 416 000 mariages environ en 1972 à 241 000 en 2011. Cette évolution s'explique en partie par des facteurs géographiques comme l'urbanisation, socio-économiques comme l'accroissement de la durée des études et de la recherche du premier emploi ou l'émancipation des femmes par le travail (l'âge de leur premier mariage est aujourd'hui supérieur à 30 ans en France). Citons encore les facteurs culturels comme la diminution de la pratique religieuse ou la progression de l'individualisme.

… MAIS EN FORT DÉCLIN

Plus que jamais, le mariage apparaît aujourd'hui, au moins dans les pays occidentaux, comme un contrat à durée limitée, voire comme une pratique qui tend à se marginaliser, bien qu'il y ait des exceptions comme par exemple, en Europe, la Pologne et les pays baltes. Non seulement le nombre de divorces augmente, mais surtout celui des mariages diminue. En Europe, il baisse depuis le milieu des années 1970.

Aux États-Unis, le mariage résiste mieux et la baisse ne prend forme qu'à partir des années 2000. L'impact de la religion est très différent selon les pays. Par exemple, si le nombre de mariages a diminué de 38 % au Portugal entre 2000 et 2010, il a progressé durant la même période de 16 % en Irlande, autre bastion catholique d'Europe.

Dans de nombreux pays, on assiste à une déconnexion croissante entre la parenté et le mariage. En France aujourd'hui, 55 % des naissances se produisent en dehors du mariage, un taux record en Europe, partagé avec la Suède, contre 11 % en 1980. À l'inverse, l'Italie avec 25 % et surtout la Grèce avec 7 % montrent la pérennisation des schémas traditionnels dans plusieurs pays méditerranéens. Ces disparités se retrouvent à une échelle plus fine : les terres catholiques de la France de l'Ouest (Vendée, Mayenne) résistent au déclin du mariage, tandis que les espaces métropolisés le boudent de plus en plus. Ainsi, seuls 36 % des Parisiens de plus de 15 ans avaient cédé à ce rituel en 2008.

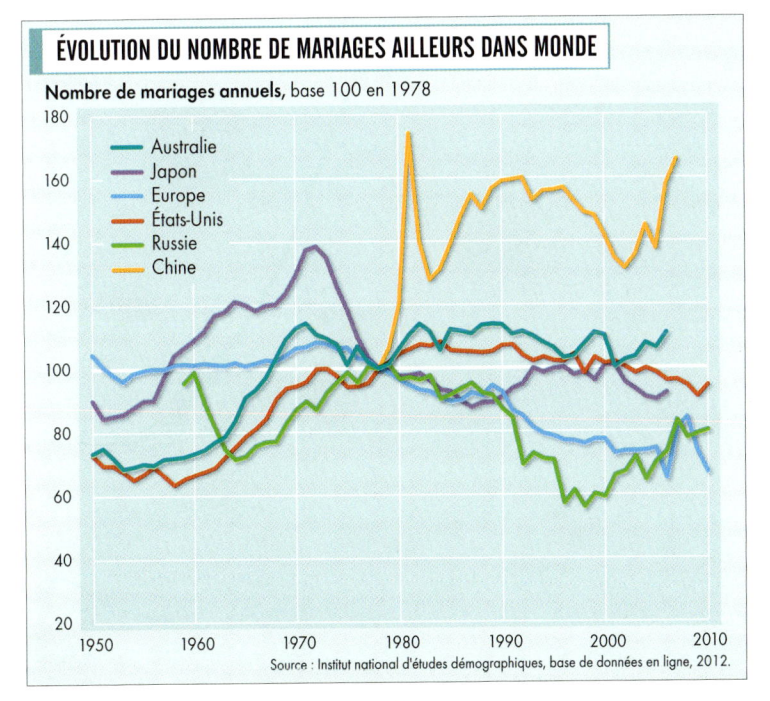

ÉVOLUTION DU NOMBRE DE MARIAGES AILLEURS DANS MONDE

Nombre de mariages annuels, base 100 en 1978

- Australie
- Japon
- Europe
- États-Unis
- Russie
- Chine

Source : Institut national d'études démographiques, base de données en ligne, 2012.

Verbatim

En Italie, le nombre de mariages a baissé de 24 % entre 2000 et 2010.

INED, 2011.

LE COUPLE DANS TOUS SES ÉTATS

Les nouvelles formes d'unions

D'autres formes d'union civile sont apparues et se sont diffusées depuis une à deux décennies, notamment dans les pays occidentaux, mais aussi au Brésil ou en Afrique du Sud. En France, le pacs est emblématique du succès rencontré partout par ces unions plus «douces», quelle que soit l'orientation sexuelle des individus. Certaines d'entre elles concernent directement la population homosexuelle, désireuse dans tous les pays occidentaux d'une reconnaissance symbolique de son existence et juridique lorsqu'elle vit en couple. La géographie des unions entre personnes de même sexe révèle des degrés de tolérance et des droits à la visibilité différents selon les territoires, avec une prime à la grande ville.

LE PACS, UNE ALTERNATIVE COMMODE AU MARIAGE

Le déclin relatif du mariage dans les sociétés occidentales a été plus ou moins compensé par d'autres formes d'union, comme le pacs en France, créé en 1999 et en essor constant depuis. Plus de 200 000 contrats ont été signés en 2010, soit dix fois plus qu'en 2000, leur nombre étant en passe de rattraper le nombre de mariages, avec environ huit pacs pour dix mariages. On peut penser qu'il séduit à la fois des couples qui ne se seraient jamais mariés, par rejet de cette institution millénaire pour des raisons idéologiques, symboliques ou pratiques, et d'autres pour qui il joue le rôle des fiançailles progressivement tombées en désuétude. Le total du nombre de mariages et de pacs ne cesse d'augmenter. Au-delà des privilèges attachés à ces unions, les avantages fiscaux notamment, cette évolution montre que les Français ont encore envie de sceller juridiquement leur relation amoureuse, même si aujourd'hui, en France, 8 % des couples ne vivent pas sous le même toit. Parallèlement, d'autres formes d'union plus marginales et non reconnues par le législateur émergent, comme les trouples, des ménages à trois, géométries complexes qui se créent, souvent à partir d'un couple, pour pimenter les relations amoureuses et sexuelles et lutter contre la lassitude. Comme pour d'autres innovations socioculturelles, les gays ont fait figure de précurseurs pour ce nouveau type d'union, bien que le modèle le plus fameux demeure le trio hétérosexuel du film *Jules et Jim* de François Truffaut.

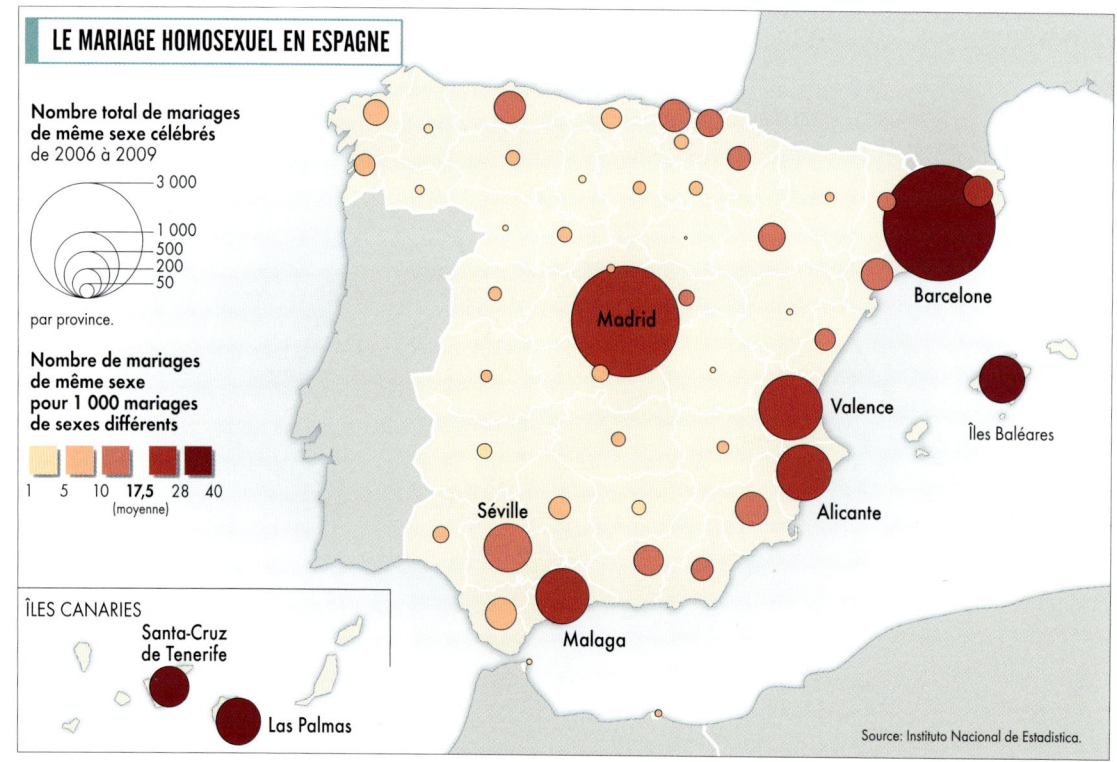

...

LE MARIAGE HOMOSEXUEL EN ESPAGNE

Nombre total de mariages de même sexe célébrés de 2006 à 2009
- 3 000
- 1 000
- 500
- 200
- 50

par province.

Nombre de mariages de même sexe pour 1 000 mariages de sexes différents
1 — 5 — 10 — 17,5 — 28 — 40
(moyenne)

Madrid, Barcelone, Valence, Îles Baléares, Séville, Alicante, Malaga

ÎLES CANARIES
Santa-Cruz de Tenerife
Las Palmas

Source: Instituto Nacional de Estadistica.

LA PLACE MINORITAIRE DES UNIONS DE MÊME SEXE

La croissance presque exponentielle des signatures de pacs est le fait presque uniquement des couples de sexe opposé. Ce n'est pas le moindre des paradoxes de cette innovation sociale, immédiatement considérée par ses partisans comme ses opposants comme un mariage homosexuel déguisé, et violement combattue pour cela, que d'être devenue une forme d'union banalisée chez les hétérosexuels. Si le nombre de signatures de pacs entre personnes de même sexe a augmenté assez régulièrement au cours de la dernière décennie, pour culminer à un peu plus de 9 000 en 2010, leur part relative dans l'ensemble des pacs n'a cessé de fondre, passant de 24 % en 2000 à 5 % en 2010. Avec l'ouverture du mariage pour les couples du même sexe, on peut s'attendre à une érosion encore plus forte.

...

DES DIFFÉRENCES SELON LES TERRITOIRES

Ces nouvelles unions ne sont pas partout acceptées avec la même rapidité et le même enthousiasme. Partout où des données sont disponibles, la géographie des couples de même sexe le démontre : les écarts entre les territoires où les nouvelles formes d'union ont été adoptées et les autres sont souvent considérables, bien plus importants que pour les couples de sexe opposé non mariés. Partout cette géographie fait ressortir la même opposition entre des espaces métropolitains généralement favorables aux couples « homosexuels » et des espaces ruraux très réfractaires. Les grandes villes, berceaux de la libération sexuelle, apparaissent comme plus tolérantes et émancipatrices. Aux États-Unis, New York et San Francisco, refuge historique pour les gays américains, dominent ; en Espagne, c'est Barcelone et Madrid ; et aux Pays-Bas, Amsterdam accueille cinq fois plus de mariés homosexuels que le reste du pays. De même, certains littoraux touristiques urbanisés apparaissent comme particulièrement attractifs pour ces nouvelles formes d'union. Aux États-Unis, ce sont les stations balnéaires appropriées par les gays qui ont les plus forts taux de couples de même sexe (*same-sex couples*, recensés sur une base déclarative). En changeant d'échelle, les phénomènes de concentration spatiale sont encore plus marqués. Tout se passe comme si les gays, et dans une moindre mesure les lesbiennes, décidaient de se regrouper dans des arrondissements ou des quartiers perçus comme plus favorables à leur orientation sexuelle et à leur mode de vie. Dans la métropole parisienne, ils rejettent les banlieues populaires comme les banlieues bourgeoises, après avoir fui la France des petites villes et des villages.

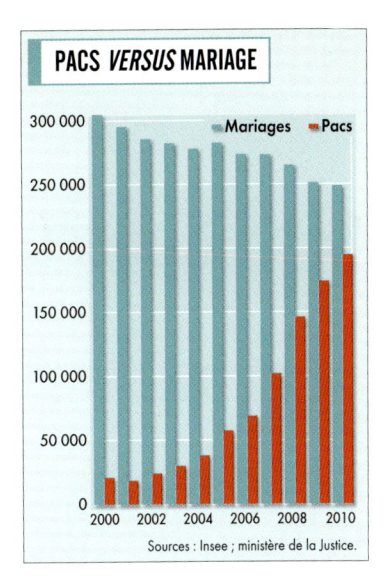

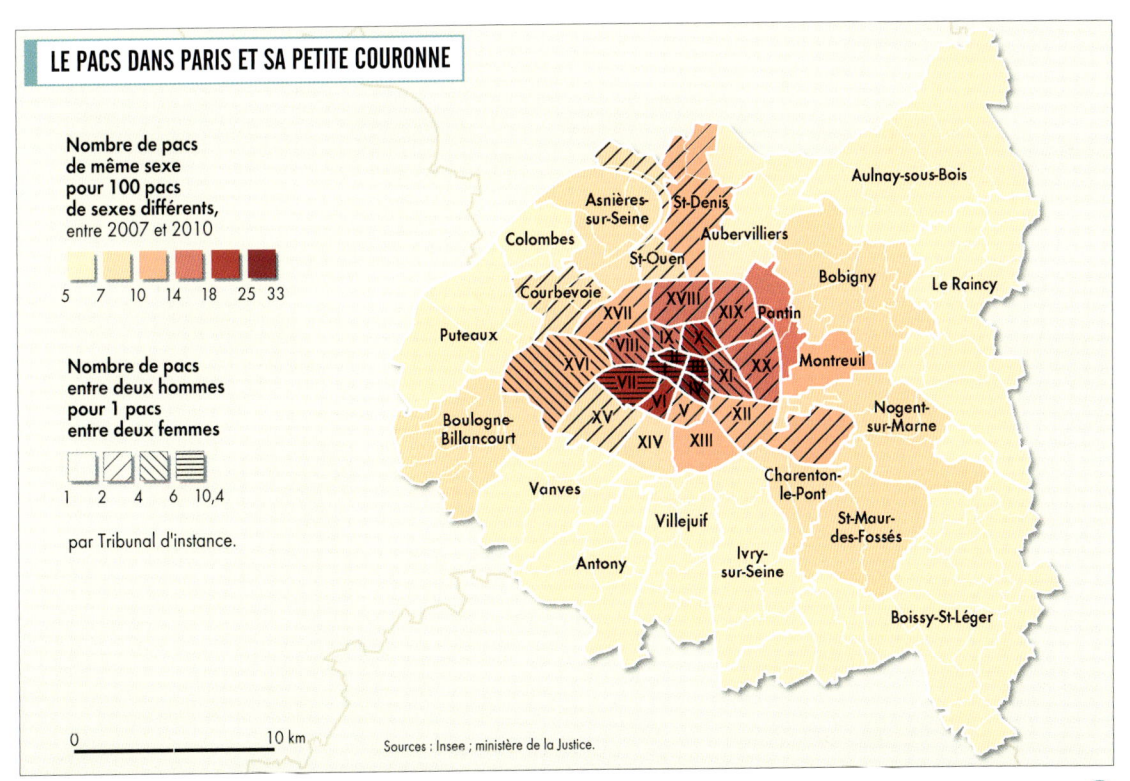

PACS *VERSUS* MARIAGE

Sources : Insee ; ministère de la Justice.

Verbatim

En 2010, 95 % des pacs signés en France l'ont été entre des personnes de sexe opposé.
Ministère de la Justice.

LE PACS DANS PARIS ET SA PETITE COURONNE

Nombre de pacs de même sexe pour 100 pacs de sexes différents, entre 2007 et 2010 : 5, 7, 10, 14, 18, 25, 33

Nombre de pacs entre deux hommes pour 1 pacs entre deux femmes : 1, 2, 4, 6, 10,4

par Tribunal d'instance.

Sources : Insee ; ministère de la Justice.

LE COUPLE DANS TOUS SES ÉTATS

Le célibat, une valeur sûre

Qui a dit que le couple était le seul modèle de vie en société ? Aujourd'hui, des célibataires vivent des aventures durables sans cohabitation, chacun chez soi. Ces couples d'abonnés fidèles plébiscitent un mode de vie qui offre plus de liberté et évite les désavantages du quotidien et la routine des couples traditionnels. Le célibat se retrouve essentiellement dans les grandes villes. Il traduit, chez les jeunes adultes, une décohabitation plus tardive du domicile parental et, chez les autres, il est un choix assumé depuis le début ou résulte d'un divorce ou d'une séparation.

■ UN NOUVEAU MODE DE VIE ?

Le célibat n'est plus perçu comme un échec personnel et l'image du célibataire a beaucoup changé de nos jours. On est loin du temps où on se moquait de la vieille fille et du vieux garçon qui auraient raté leur vie. Le constat de l'échec, dans nos sociétés modernes, du modèle unique du couple avec enfants et l'émancipation des femmes redorent le blason de la vie en solo. L'Europe compte en moyenne 18 % de célibataires. La Suède (28 %) arrive en tête, la Belgique et les Pays-Bas (15 %) en fin de peloton et la France se place dans la moyenne. Le célibat concerne autant les hommes que les femmes. Toutefois, chez les femmes, il est associé à une condition sociale élevée, à l'inverse des hommes, et cela semble une constante historique. L'image de l'agriculteur célibataire ne trouvant pas d'âme sœur a été très médiatisée depuis quelques années.

Mais si le célibat est subi à la campagne, il semble être plutôt un choix pour les urbains des grandes métropoles. New York est la capitale des célibataires, avec une personne sur deux qui vit seule. Ce phénomène de société est aujourd'hui pris en considération par les pouvoirs publics. Dans un contexte où le marché du logement est saturé et le coût d'un appartement très élevé, la mairie de New York a lancé récemment un projet de construction de micro-appartements destinés en priorité aux célibataires. Au Canada, autre cadre même constat : Montréal et Vancouver se disputent le titre de la ville qui compte le plus de célibataires (37 %). À Montréal, près d'une personne sur cinq (18,7 %) vit seule dans son logement. C'est le taux le plus élevé du Canada. Ailleurs, une personne sur dix ne partage pas son logement avec au moins une autre personne.

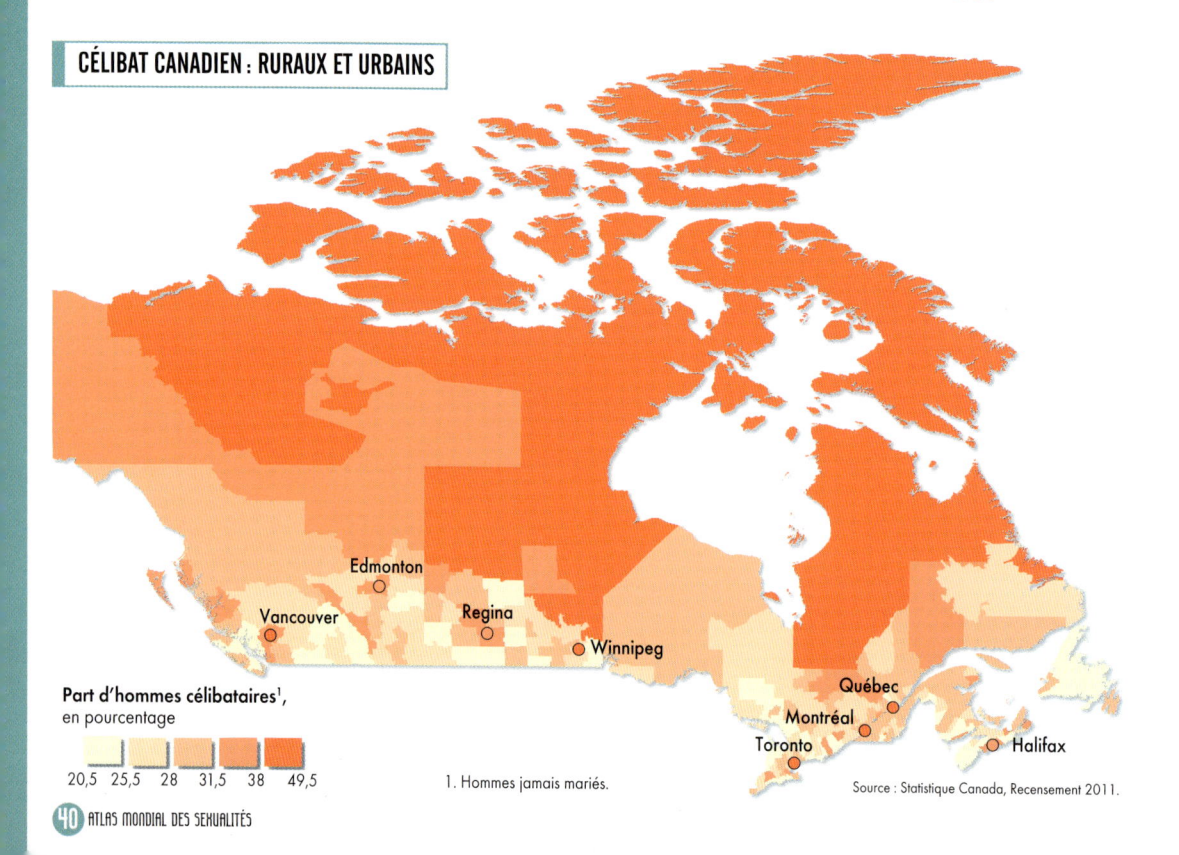

...

CÉLIBAT CANADIEN : RURAUX ET URBAINS

Part d'hommes célibataires[1], en pourcentage

20,5 25,5 28 31,5 38 49,5

1. Hommes jamais mariés.

Source : Statistique Canada, Recensement 2011.

LES HISTOIRES D'AMOUR FINISSENT MAL

Dans le cadre d'un mariage ou d'une union libre, divorces et séparations sont légion et font émerger de nouveaux célibataires et de nouveaux modèles familiaux. En 2011, en Europe, 45 % des mariages finissent en divorce et créent une population de nouveaux célibataires. En France, le nombre de divorces a plus que doublé en trente ans, passant de 64 000 à 134 000, selon le ministère de la Justice, et 25 % des divorces interviennent au bout de cinq à neuf ans de mariage. Au moment du divorce, la femme est âgée en moyenne de 41,7 ans et l'homme de 44,4 ans. C'est à Paris que l'on divorce le plus : un mariage sur deux se termine par un divorce, alors que la moyenne nationale est d'un sur trois. Mais la capitale est suivie de près par de nombreuses métropoles, notamment de la région Provence-Alpes-Côte d'Azur, Lyon, Bordeaux et Toulouse. Partout en France, les divorces par consentement mutuel sont les plus fréquents, soulignant combien ce phénomène est aujourd'hui devenu une trajectoire de vie presque classique. Mais ne divorce pas qui veut ! Dans l'Ouest et le Massif Central, les séparations sont nettement moins nombreuses et cette répartition recouvre une population plus rurale, plus conservatrice et croise celle des établissements de l'enseignement privé catholique. Le divorce reste un fait urbain et des lois pour une meilleure indemnisation des femmes lorsque les différentiels de revenus entre les deux partenaires défavorisent ces dernières leur ont donné une plus grande marge de manœuvre en leur assurant des conditions de vie décentes après la rupture. En France, le nombre de familles monoparentales a été multiplié par deux depuis le début des années 1980, pour atteindre 1,6 million en 2008, selon les statistiques de l'Insee. En 2005, on recense 2,8 millions d'enfants de moins de 25 ans vivant dans une famille monoparentale et, dans la plupart des cas, ce sont les mères qui élèvent seules leurs enfants. Plus d'un million d'enfants vivent aujourd'hui dans des familles recomposées, la plupart du temps avec un beau-père. ●

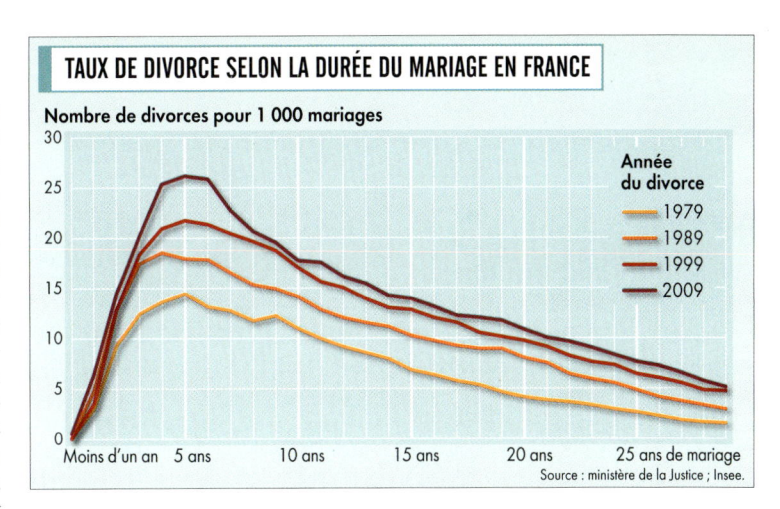

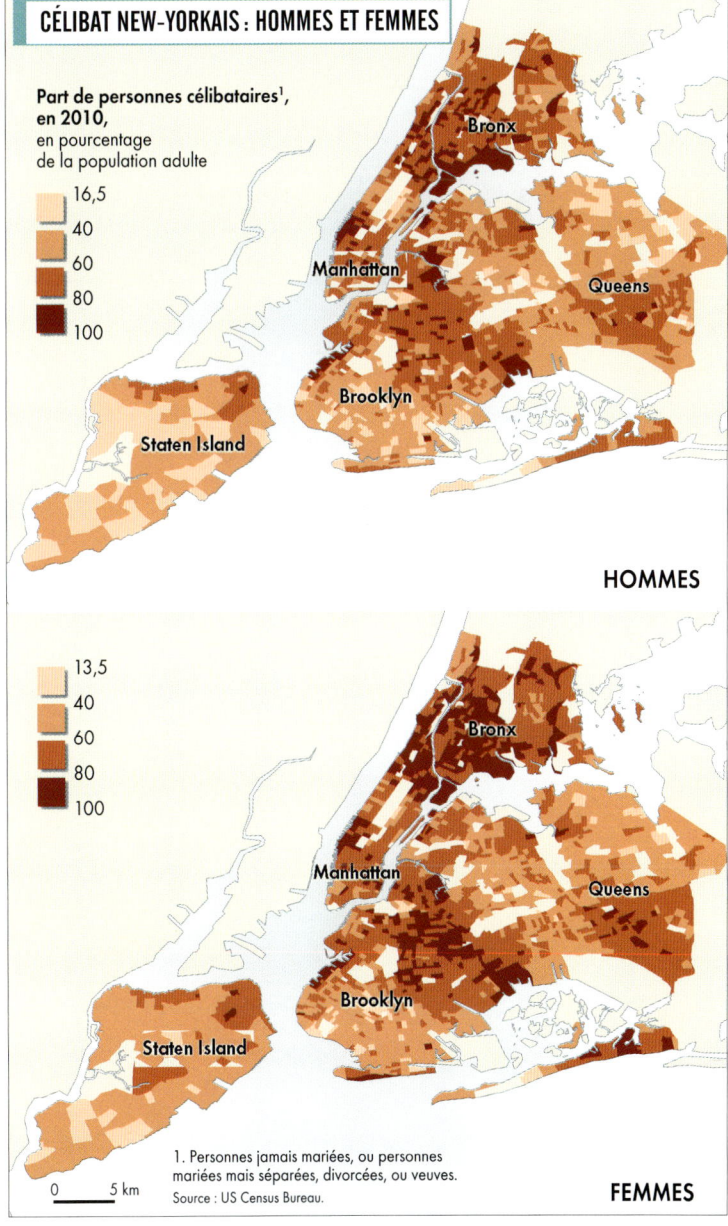

Verbatim

En France, 25 divorces pour 1 000 interviennent entre quatre et six ans de mariage.
Ministère de la Justice, 2010.

TAUX DE DIVORCE SELON LA DURÉE DU MARIAGE EN FRANCE

Nombre de divorces pour 1 000 mariages

Année du divorce : 1979, 1989, 1999, 2009

Source : ministère de la Justice ; Insee.

CÉLIBAT NEW-YORKAIS : HOMMES ET FEMMES

Part de personnes célibataires[1], en 2010, en pourcentage de la population adulte

HOMMES : 16,5 / 40 / 60 / 80 / 100

FEMMES : 13,5 / 40 / 60 / 80 / 100

1. Personnes jamais mariées, ou personnes mariées mais séparées, divorcées, ou veuves.

Source : US Census Bureau.

LE COUPLE DANS TOUS SES ÉTATS

L'infidélité

L'homme infidèle courant d'amours légitimes en relations extraconjugales a toujours rencontré plus d'indulgence, voire de faveur, que les femmes. Or, hommes et femmes sont aujourd'hui presque égaux dans ce domaine et depuis quelques années le nombre de personnes qui mènent une double vie augmente. Estimer le nombre d'infidèles reste pourtant une mission presque impossible à cause du caractère clandestin qui entoure ces pratiques. Gleeden.com, site de rencontres extraconjugal pensé par des femmes pour les femmes et les hommes mariés, a accepté de nous fournir des données qui permettent de dessiner une carte de l'infidélité en Europe.

REGARDS SUR L'INFIDÉLITÉ ET SA PERCEPTION

Est-il aujourd'hui plus facile de conjuguer son couple et ses désirs ? L'individualisme des sociétés modernes conduit à placer l'épanouissement de soi comme une priorité. Les hommes et les femmes acceptent de moins en moins de sacrifier la moindre parcelle de plaisir ou de liberté au nom de contraintes sociofamiliales. Tout va également plus vite, la mobilité est partout, on veut tout, tout de suite. Le zapping et le numérique touchent tous les aspects de la vie quotidienne, l'injonction à la performance envahit les vies professionnelles et privées, l'hybridation des sociétés en cours fait émerger une nouvelle conception du couple. Dans ce contexte de changement rapide, le regard porté sur l'infidélité se modifie.

En Europe, tous les sondages montrent que les hommes et les femmes sont de plus en plus pragmatiques en admettant qu'on ne peut pas tout trouver chez son partenaire et qu'on peut l'aimer tout en le trompant. 37 % de Français, d'Italiens et d'Espagnols ont été ou pourraient être infidèles selon une étude Ipsos/Gleeden.com. Mais qu'est-ce qu'être infidèle ? Les femmes et les hommes sont aussi nombreux à accorder une place importante à la sexualité dans la définition de l'infidélité : ainsi, être amoureux d'une autre personne sans passer à l'acte semble être moins « grave » qu'embrasser une autre personne sur la bouche ! Par ailleurs, le discours des femmes sur l'infidélité a changé, même si elles sont beaucoup plus nombreuses que les hommes, 69 % contre 57 %, à déclarer ne

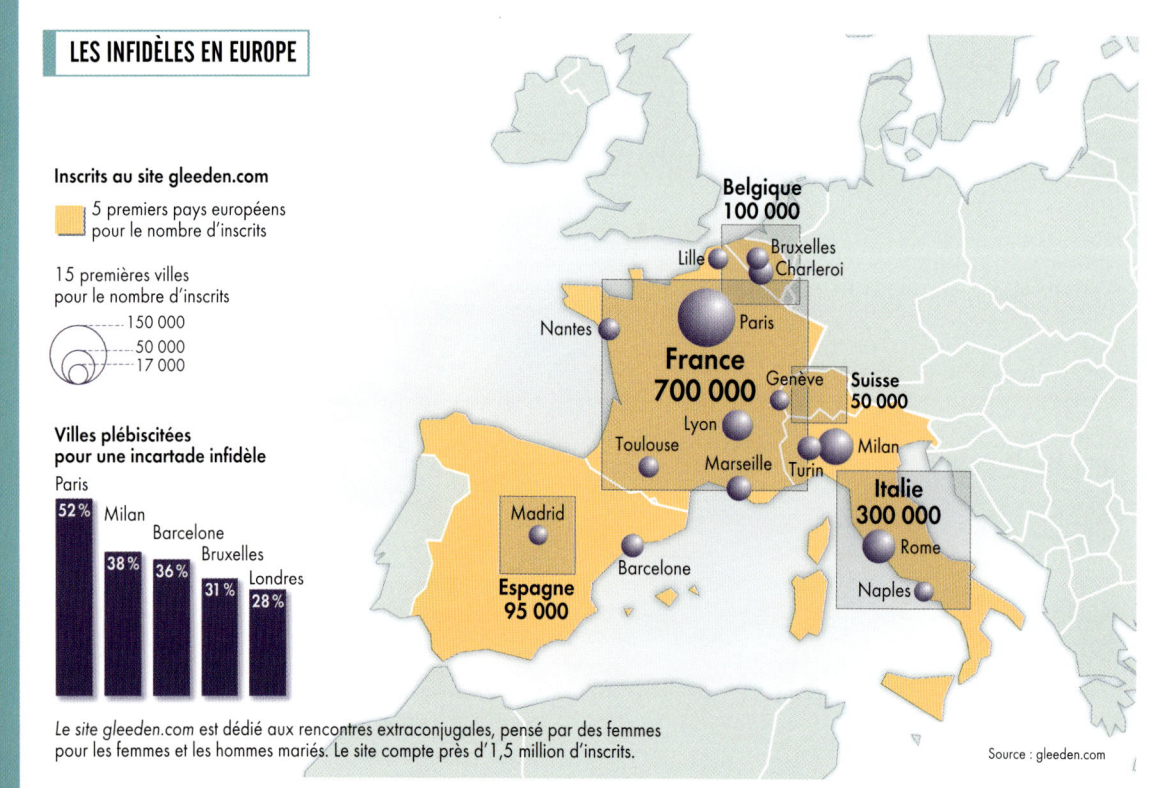

LES INFIDÈLES EN EUROPE

Inscrits au site gleeden.com

5 premiers pays européens pour le nombre d'inscrits

15 premières villes pour le nombre d'inscrits
- 150 000
- 50 000
- 17 000

Villes plébiscitées pour une incartade infidèle
- Paris 52 %
- Milan 38 %
- Barcelone 36 %
- Bruxelles 31 %
- Londres 28 %

Belgique 100 000 — Lille, Bruxelles, Charleroi
France 700 000 — Nantes, Paris, Genève
Suisse 50 000
Lyon, Toulouse, Marseille, Turin, Milan
Italie 300 000 — Rome, Naples
Madrid, Barcelone
Espagne 95 000

Le site gleeden.com est dédié aux rencontres extraconjugales, pensé par des femmes pour les femmes et les hommes mariés. Le site compte près d'1,5 million d'inscrits.

Source : gleeden.com

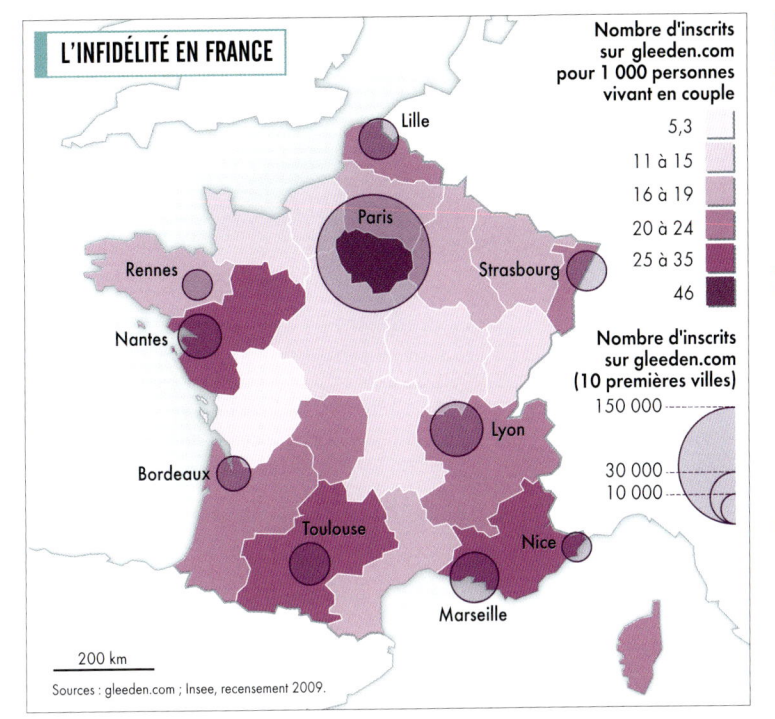

L'INFIDÉLITÉ EN FRANCE

Nombre d'inscrits sur gleeden.com pour 1 000 personnes vivant en couple :
- 5,3
- 11 à 15
- 16 à 19
- 20 à 24
- 25 à 35
- 46

Nombre d'inscrits sur gleeden.com (10 premières villes) : 150 000 / 30 000 / 10 000

Villes : Lille, Paris, Rennes, Strasbourg, Nantes, Lyon, Bordeaux, Toulouse, Nice, Marseille

Sources : gleeden.com ; Insee, recensement 2009.

LE PROFIL DES INFIDÈLES EN EUROPE

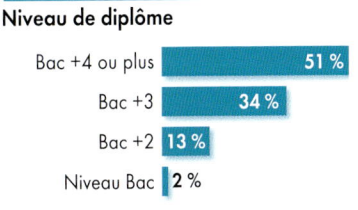

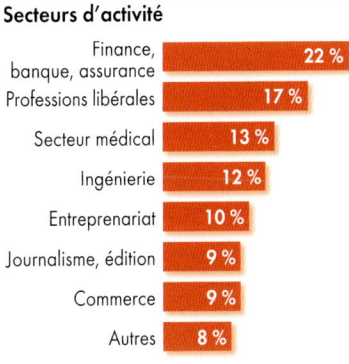

Catégorie socioprofessionnelle
- CSP inférieure : 15 %
- CSP supérieure : 48 %
- CSP très supérieure : 37 %

Niveau de diplôme
- Bac +4 ou plus : 51 %
- Bac +3 : 34 %
- Bac +2 : 13 %
- Niveau Bac : 2 %

Secteurs d'activité
- Finance, banque, assurance : 22 %
- Professions libérales : 17 %
- Secteur médical : 13 %
- Ingénierie : 12 %
- Entrepreneuriat : 10 %
- Journalisme, édition : 9 %
- Commerce : 9 %
- Autres : 8 %

Pour quelles raisons, parmi les suivantes, êtes-vous infidèle ?
- Tester mon pouvoir de séduction : 66 %
- Pour décompresser : 58 %
- Pour faire de belles rencontres : 57 %
- Assouvir mes fantasmes : 49 %
- Avoir des moments de liberté, pour sauver mon couple : 27 %
- Combler l'ennui : 25 %
- Pimenter mon quotidien : 17 %

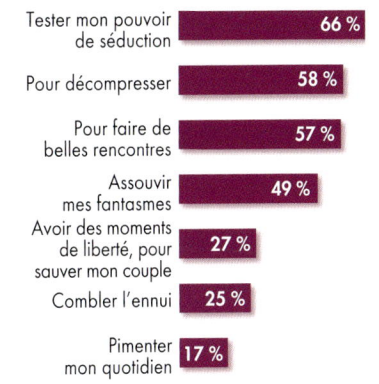

Source : gleeden.com

---

pas pouvoir être infidèles à leur partenaire et moins nombreuses que les hommes à accorder leur pardon (53 % contre 58 %).

LES VILLES DE L'INFIDÉLITÉ EN EUROPE

Paris est la ville de l'infidélité par excellence avec plus 150 000 Parisiens et Parisiennes fidèles à leurs désirs, comme les qualifie Gleeden.com. Avec un tiers d'infidèles en moins, deux villes italiennes, Milan et Rome, se distinguent ensuite dans ce palmarès suivies de Lyon en France. Ces villes sont les top 4 de l'infidélité en Europe car dans les autres, les proportions d'hommes et de femmes qui ont ou souhaitent avoir des relations extraconjugales sont nettement plus faibles.

L'infidélité s'exprime aussi lors des déplacements professionnels ou lors d'incartades clandestines. Dans ce cadre, Paris est encore la destination plébiscitée par les infidèles, confirmant ainsi son image romantique et amoureuse. C'est aussi à Milan et à Barcelone que l'on trompe, lors d'un séjour, plus facilement son conjoint. Deux capitales du nord de l'Europe, Bruxelles et Londres, ne sont pas en reste ; capitales économiques et financières certes, elles se conçoivent aujourd'hui également comme des métropoles incontournables du design, de l'art et de l'innovation apportant une touche glamour qui favorise le passage à l'acte !

QUI SONT LES INFIDÈLES ?

Les infidèles de Gleeden.com sont des urbains (75 %) qui ont, pour plus de la moitié d'entre eux, entre 35 et 49 ans. Ils travaillent dans la finance, les médias, l'ingénierie ou occupent une profession libérale. Dans tous les cas, ils sont issus des catégories socioprofessionnelles élevées et ont des postes à responsabilité. Ces cadres considèrent l'infidélité comme une bulle d'oxygène dans un quotidien rythmé par la pression, le stress et les responsabilités. Décompresser apparaît comme une raison majeure de l'infidélité, devançant de peu le désir de faire des rencontres et de trouver de nouveaux partenaires.

La sexualité pour assouvir ses fantasmes ou encore pimenter son quotidien ne figure pas parmi les tout premiers arguments avancés par les infidèles pour expliquer ce choix de vie. C'est le désir de tester son pouvoir de séduction qui apparaît comme la raison majeure de l'infidélité de cette population de jeunes cadres dynamiques. La culture de soi et l'épanouissement personnel sont donc les principaux moteurs des aventures extraconjugales, et la libéralisation des mœurs ainsi que le changement du discours sur l'infidélité permettent aujourd'hui à un grand nombre d'hommes et de femmes de concilier une vie de couple et une vie sexuelle plus libérée. ●

Verbatim

68 % des hommes et des femmes pensent que l'infidélité est le secret de la longévité de leur couple.

Gleeden.com, mai 2011.

LE COUPLE DANS TOUS SES ÉTATS

Partir faire l'amour ailleurs

Comme si l'exotisme était propice à la libido, partir faire l'amour ailleurs est une pratique largement partagée où chacun aspire à se retrouver dans une bulle, loin du quotidien, pour exalter des sentiments de liberté et de légèreté. Certains sites, le plus souvent en bord de mer, comme s'ils revêtaient les qualités du *sea, sex and sun*, sont ainsi désignés comme « destinations idéales de l'amour ». Trois exemples traduisent l'ancienneté de ces pratiques et leur ancrage dans des traditions culturellement partagées. Les *spring breaks*, les croisières gay ou les voyages de noces reflètent la volonté de retrouver, ailleurs, un entre-soi lié respectivement à l'âge, à l'orientation sexuelle et à la situation maritale.

■ LE *SPRING BREAK* DES ÉTUDIANTS

Aux États-Unis, les étudiants ont une semaine de congé à la fin de l'hiver et beaucoup d'entre eux se rendent traditionnellement dans des pays chauds en bord de mer. Fort Lauderdale en Floride est, depuis les années 1930 et jusqu'en 1985, une destination privilégiée avec, au plus fort de ces séjours, plus de 350 000 jeunes hommes et femmes venus pour faire la fête. Mais les excès notamment liés à une forte consommation d'alcool devenant de plus en plus fréquents ont conduit les autorités à interdire avant 21 ans et à dissuader, dans les médias, les étudiants de venir. Avec un nouveau lieu emblématique, Panama City Beach, la Floride demeure aujourd'hui un haut lieu du *spring break* pour les étudiants de la côte Est et du sud des États-Unis. Un grand nombre d'entre eux se dirigent également de plus en plus au sud vers le Mexique, avec Cancún et Acapulco comme spots de cette semaine de relâche. Depuis 2000, ces pratiques se sont généralisées en Europe et deux destinations balnéaires, Lloret de Mar en Catalogne et Novalja en Croatie, sont très en vogue, accueillant tous les ans plusieurs milliers d'étudiants anglais, français, belges et suisses.

•••

■ TOURISME GAY : IDENTITÉ ET SEXUALITÉ ASSUMÉE

Les croisières gay sont un autre exemple frappant. Elles permettent à une catégorie de population, les homosexuels, de se retrouver entre eux dans un mini-monde créé le temps du voyage et du séjour sur le bateau. Comme pour les *spring breaks*, le cliché du

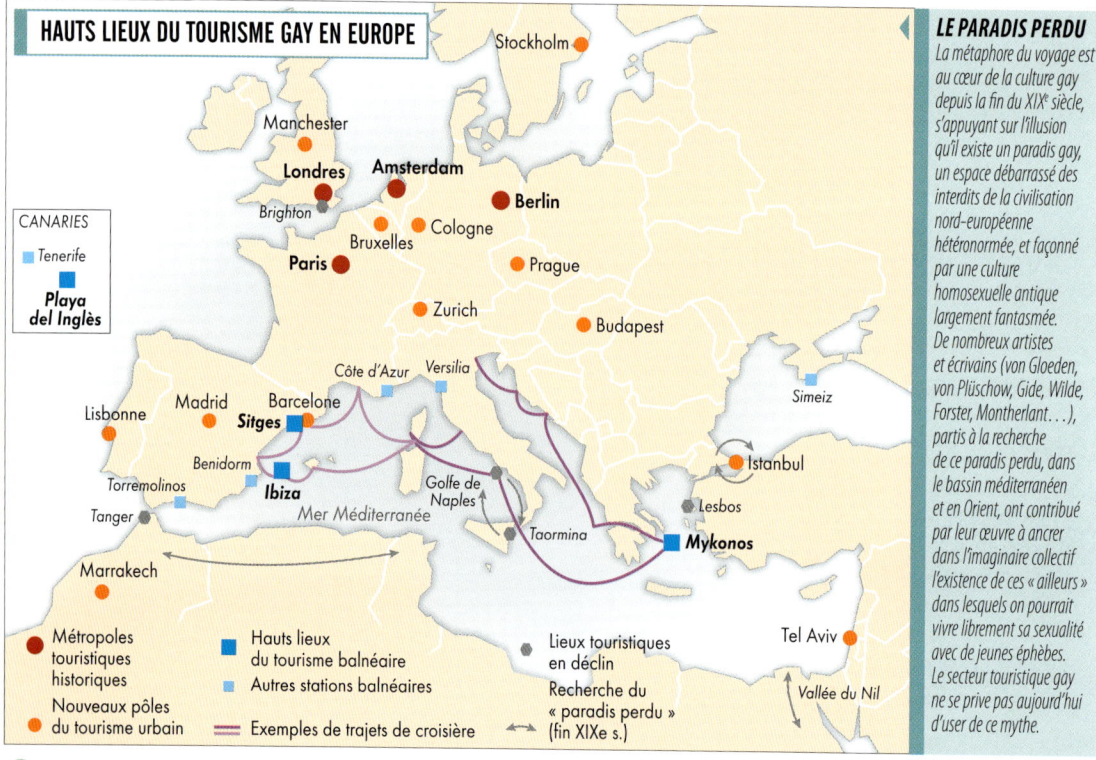

HAUTS LIEUX DU TOURISME GAY EN EUROPE

Stockholm
Manchester
Londres — Amsterdam
Brighton — Berlin
CANARIES — Bruxelles — Cologne
■ Tenerife — Prague
■ Playa del Inglès — Paris
Zurich
Budapest
Côte d'Azur — Versilia
Lisbonne — Madrid — Barcelone — Simeiz
Sitges
Benidorm — Golfe de Naples — Istanbul
Torremolinos — Ibiza — Lesbos
Tanger — Mer Méditerranée — Taormina — Mykonos
Marrakech
Tel Aviv
Vallée du Nil

● Métropoles touristiques historiques
● Nouveaux pôles du tourisme urbain
■ Hauts lieux du tourisme balnéaire
■ Autres stations balnéaires
● Lieux touristiques en déclin
Recherche du « paradis perdu » (fin XIXe s.)
═ Exemples de trajets de croisière

LE PARADIS PERDU

La métaphore du voyage est au cœur de la culture gay depuis la fin du XIXe siècle, s'appuyant sur l'illusion qu'il existe un paradis gay, un espace débarrassé des interdits de la civilisation nord-européenne hétéronormée, et façonné par une culture homosexuelle antique largement fantasmée. De nombreux artistes et écrivains (von Gloeden, von Plüschow, Gide, Wilde, Forster, Montherlant...), partis à la recherche de ce paradis perdu, dans le bassin méditerranéen et en Orient, ont contribué par leur œuvre à ancrer dans l'imaginaire collectif l'existence de ces « ailleurs » dans lesquels on pourrait vivre librement sa sexualité avec de jeunes éphèbes. Le secteur touristique gay ne se prive pas aujourd'hui d'user de ce mythe.

LES DESTINATIONS PHARE DES VOYAGES DE NOCES

Légende :
- 💙 Cocotiers : sea, sex and sun
- 💚 Safaris et grands paysages
- ❤️ Romantisme urbain

Destinations :
- États-Unis (Californie, Las Vegas) ❤️
- Mexique 💙
- Cuba 💙
- Bahamas 💙
- Rép. dominicaine 💙
- Antilles (Guadeloupe, Martinique, Sainte-Lucie, Grenadines...) 💙
- Costa Rica 💚
- Polynésie française 💙
- Pérou 💚
- Brésil 💚
- Chili 💚
- Argentine 💚
- Italie ❤️
- Maroc ❤️
- Canaries 💙
- Grèce (Crète) ❤️
- Chypre ❤️
- Égypte ❤️
- Dubaï, Abou Dhabi ❤️
- Japon ❤️
- Chine 💚
- Thaïlande 💙
- Vietnam 💙
- Maldives 💙
- Malaisie 💙
- Kenya 💚
- Tanzanie (Zanzibar) 💚
- Seychelles 💙
- Madagascar 💙
- Botswana 💚
- Namibie 💚
- Afrique du Sud 💚
- Île Maurice 💙
- Île de la Réunion 💙
- Indonésie (Bali) 💙
- Australie 💚
- Nouvelle-Calédonie 💙

Sources : Agences de voyage spécialisées (unmondeadeux.com ; voyages-noces.com ; voyageursdumonde.fr), 2013.

---

rivage paradisiaque envahit toutes les représentations des publicités gay ayant trait aux voyages. Mykonos, Playa del Inglés, Sitges, Provincetown, Palm Springs ou Key West sont pour les gays ce que Djerba, l'île Maurice, Bodrum, le Cap d'Agde, Punta Cana ou Acapulco sont pour les touristes hétérosexuels. Un des facteurs expliquant le choix de ces destinations proposant une forte sélection de lieux *gay friendly* est le besoin de sécurité. Le bateau, par ailleurs, matérialise un souhait de mise à distance du monde hétérosexuel et illustre une forme de tourisme identitaire qui permet de vivre sa sexualité. Avoir des rapports sexuels est une dimension fondamentale de la formation de l'identité gay et le temps des vacances, temps du relâchement, y est fortement propice. La sexualité comme motivation du tourisme gay est assumée par les intéressés. Si la pratique de la croisière gay est essentiellement masculine, elle rassemble des gays de tous âges et de divers horizons loin des clichés et des stéréotypes.

...

LA SEXUALITÉ DANS L'INTIMITÉ DU VOYAGE DE NOCES

Rituel d'autonomisation du couple par rapport aux familles d'origine, le voyage de noces est une tradition qui remonte, en Angleterre et en France notamment, au début du XIXe siècle. La lune de miel doit être inoubliable, car elle correspond alors aux premiers moments d'intimité sexuelle des couples. Les lieux de séjours sont donc choisis en fonction de leur charge romantique dans l'imaginaire des populations. En Europe, pendant longtemps, ce sont la Côte d'Azur et l'Italie qui furent plébiscitées, tirant aussi partie de leurs bonnes accessibilités ferroviaires. De nos jours, cette pratique perdure et le voyage de noces figure dans toutes les listes de mariage. Si les destinations sont plus exotiques et plus diversifiées, elles continuent à faire valoir un idéal type où la féerie et l'insolite se croisent pour garantir la magie du lieu et du séjour des amoureux. Parmi les lieux privilégiés qui croisent plages de sable fin, mers chaudes et soleil, la Polynésie, les Seychelles, l'île Maurice et les Caraïbes attirent de plus en plus de jeunes couples européens et américains. L'Afrique des grandes étendues avec ses lodges et ses safaris animaliers est un autre haut lieu de ces voyages. ●

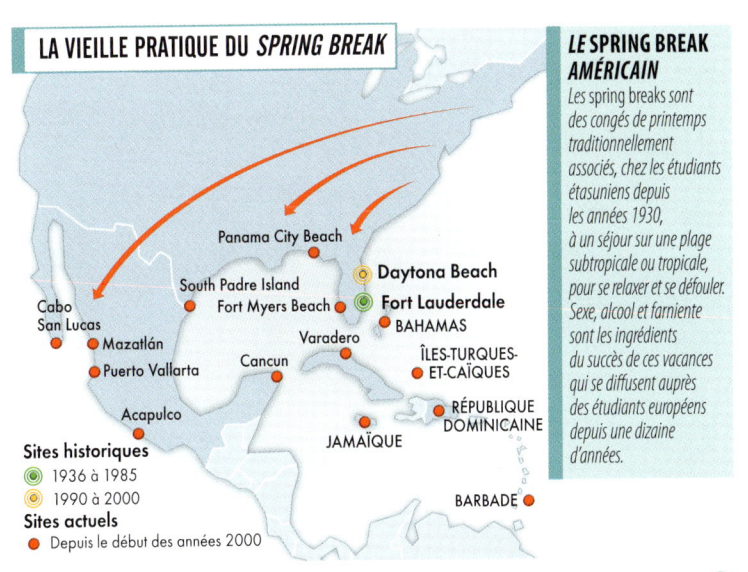

LA VIEILLE PRATIQUE DU SPRING BREAK

- Panama City Beach
- Daytona Beach
- Fort Lauderdale
- Cabo San Lucas
- South Padre Island
- Fort Myers Beach
- BAHAMAS
- Mazatlán
- Varadero
- ÎLES-TURQUES-ET-CAÏQUES
- Puerto Vallarta
- Cancun
- Acapulco
- RÉPUBLIQUE DOMINICAINE
- JAMAÏQUE
- BARBADE

Sites historiques
- 1936 à 1985
- 1990 à 2000

Sites actuels
- Depuis le début des années 2000

LE SPRING BREAK AMÉRICAIN

Les spring breaks sont des congés de printemps traditionnellement associés, chez les étudiants étasuniens depuis les années 1930, à un séjour sur une plage subtropicale ou tropicale, pour se relaxer et se défouler. Sexe, alcool et farniente sont les ingrédients du succès de ces vacances qui se diffusent auprès des étudiants européens depuis une dizaine d'années.

Verbatim

En 2013, Panama City Beach attend 500 000 étudiants pour son spring break qui s'étalera sur six semaines.
pcbeachspringbreak.com, 2013.

ATLAS MONDIAL DES SEXUALITÉS

LE COUPLE DANS TOUS SES ÉTATS

Où drague-t-on aujourd'hui ?

Ceux qui n'ont pas trouvé l'âme sœur, ne la cherchent pas ou bien l'ont perdue, sont susceptibles de devenir des dragueurs. Mais à toutes les époques, les infidèles et les volages, les drogués de la drague ont existé, quel que soit leur attachement à leur partenaire principal. Les êtres humains ont besoin de séduire et d'être séduits, de désirer et d'être désirés. Pour arriver à leurs fins, ils usent de stratégies plus ou moins subtiles… La libération des mœurs et le nombre croissant de célibataires ont entraîné l'apparition de sites de rencontre sur Internet qui, s'ils ne remplacent pas les lieux physiques classiques, multiplient le nombre de rencontres potentielles.

VERS LA FIN DE LA DOMINATION MASCULINE ?

Les vacances estivales qui constituent une courte période de relâchement durant laquelle on met le quotidien à distance sont certainement la période privilégiée du flirt (issu de l'expression française « conter fleurette »), notamment pour les jeunes filles encore souvent obligées de ne pas afficher leurs désirs ou de revendiquer une sexualité libre le reste de l'année. Car la sexualité reste genrée et chez les hétérosexuels, les sexes sont asymétriques. Hommes et femmes, garçons et filles n'ont pas le même rôle à jouer ni la même place à occuper. Alors que les hommes déploient des stratégies d'exhibition de leur force et de leur pouvoir, notamment financiers, les femmes utilisent davantage l'apparence physique. Dans les sociétés encore marquées par le patriarcat, l'attitude de la femme doit même être passive, à moins que celle-ci ne passe pour une débauchée.

Cependant, ces techniques basiques ont été remises en cause depuis plusieurs décennies en Occident par l'émancipation féminine, illustrée par l'avènement de la pilule et la légalisation de la contraception. Aujourd'hui, certaines jeunes filles n'hésitent plus à draguer de manière décomplexée, voire agressive. Dans un contexte d'accroissement du temps libre et de valorisation de l'individu par rapport au groupe, chacun peut davantage aujourd'hui multiplier les expériences sexuelles et les aventures amoureuses, en particulier grâce aux bouleversements technologiques.

...

NE RATEZ PLUS UNE OCCASION DE FAIRE UNE BELLE RENCONTRE !

Le slogan du site de rencontres Meetic prévient : avec Internet, la drague change de dimension, les espaces virtuels sont plus aisés et plus rapides à parcourir que les espaces physiques pour trouver celui ou celle avec qui on passera la nuit, ou même un peu plus de temps. Certains lieux de sorties tels que les bars et les discothèques ont toujours été des lieux propices à la drague, voire au premier échange physique. Dans les métropoles, plusieurs quartiers se sont même spécialisés dans ce type de commerces de sociabilité. Ainsi à Paris, des quartiers comme Oberkampf pour les bars de nuit, les Champs-Élysées et Saint-Germain-des-Prés pour les discothèques sont des hauts lieux de la drague hétérosexuelle, notamment pour les jeunes adultes.

Mais avec Internet, les modes de rencontre sont complètement modifiés. Le succès des sites spécialisés, versions modernes des agences matrimoniales, est considérable, profitant de l'accroissement du nombre de célibataires dans

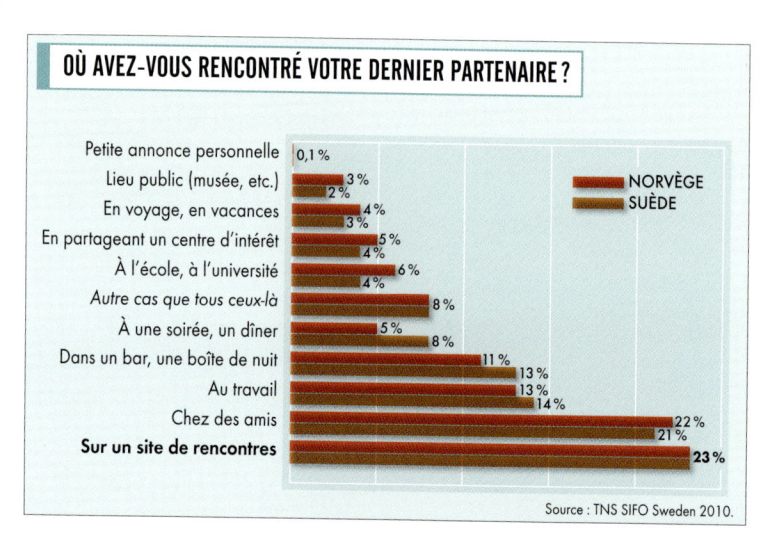

Verbatim

33 % des célibataires européens utilisent Internet pour faire des rencontres.
Meetic, 2010.

OÙ AVEZ-VOUS RENCONTRÉ VOTRE DERNIER PARTENAIRE ?

	NORVÈGE	SUÈDE
Petite annonce personnelle	0,1 %	
Lieu public (musée, etc.)	3 %	2 %
En voyage, en vacances	4 %	3 %
En partageant un centre d'intérêt	5 %	4 %
À l'école, à l'université	6 %	4 %
Autre cas que tous ceux-là	8 %	
À une soirée, un dîner	5 %	8 %
Dans un bar, une boîte de nuit	11 %	13 %
Au travail	13 %	14 %
Chez des amis	22 %	21 %
Sur un site de rencontres		23 %

Source : TNS SIFO Sweden 2010.

les pays occidentaux. 45 % des adultes européens sont célibataires et 27 % de ceux qui vivent en France ont recours à Internet pour draguer. Entre 2000 et 2006, le nombre de quadragénaires français qui se connectent pour trouver un partenaire sexuel ou amoureux a augmenté de 25 %. En Suède, il est considéré comme le meilleur moyen de faire des rencontres pour 23 % des personnes interogées, contre 21 % pour le cadre amical, 14 % pour le cadre professionnel et seulement 13 % pour les lieux de sorties. Le site Meetic témoigne de cet engouement, avec ses 872 000 abonnés en 2011, ses 30 000 nouveaux inscrits quotidiens et ses 100 000 connectés tous les soirs en Europe. Il revendique 6 % de mariages suite à une rencontre virtuelle sur son site.

...

« MEC CHO ACT CH PLAN Q NOW »

Ayant une pratique souvent décomplexée du sexe, les gays ne pouvaient constituer que des prescripteurs de ces nouveaux outils. En France, 96 % des gays de 18-25 ans considèrent qu'Internet est le meilleur moyen pour faire des rencontres. Il leur permet de draguer sans éveiller les soupçons de leur entourage quant à leur orientation sexuelle. Les professionnels du secteur ont même développé pour les gays le concept de rencontre géolocalisée, qui permet de repérer sur l'écran des smartphones en temps réel l'emplacement géographique des connectés, de voir leurs photos, de connaître leur disponibilité et leurs envies. Elle transforme l'espace en une vaste zone de chasse dans laquelle les utilisateurs sont à la fois des prédateurs et des proies.

Ces applications, qui peuvent se révéler addictives, ont pour but d'avoir une relation sexuelle facilement et rapidement, sans engagement. Leurs logiques épousent parfaitement celles de la société : anonymat, rapidité, simplicité et superficialité. La drague gay virtuelle a son langage codée : « plan direct », « pics » (pour « photographies »), « act » ou « pass » (pour « actif » ou « passif »), « ch » (pour « cherche »), etc.

Aujourd'hui, 4 millions de personnes dans le monde utilisent Grindr, l'application préférée des gays, dont 37 % vivent aux États-Unis. Sept millions de messages et deux millions de photographies y sont échangés quotidiennement. Tant est si bien que l'application s'est trouvée saturée lors de l'arrivée des athlètes aux Jeux olympiques de Londres en 2012 ! L'avènement de ces nouveaux outils n'a pas remis en cause la prime donnée à la grande ville par les gays. La distance qui sépare les dragueurs des dragués est plus faible qu'ailleurs et leur densité nettement plus forte. Paris compte ainsi 200 000 abonnés à Grindr. Il est difficile de savoir si ces pratiques débouchent sur des relations suivies et des histoires d'amour mais on peut en douter. De plus, on peut penser que, paradoxalement, l'accroissement des mises en relation virtuelles génère un certain nombre de frustrations, voire de désillusions chez les utilisateurs. La masse d'abonnés rend la sélectivité plus importante.

L'AMOUR VITE FAIT BIEN FAIT

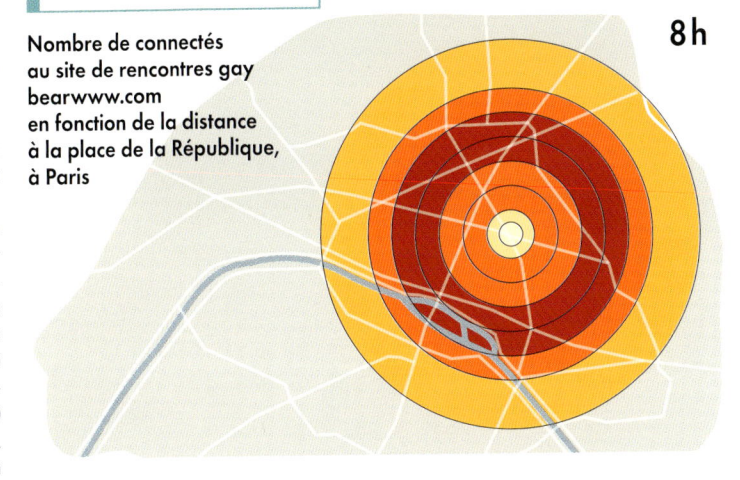

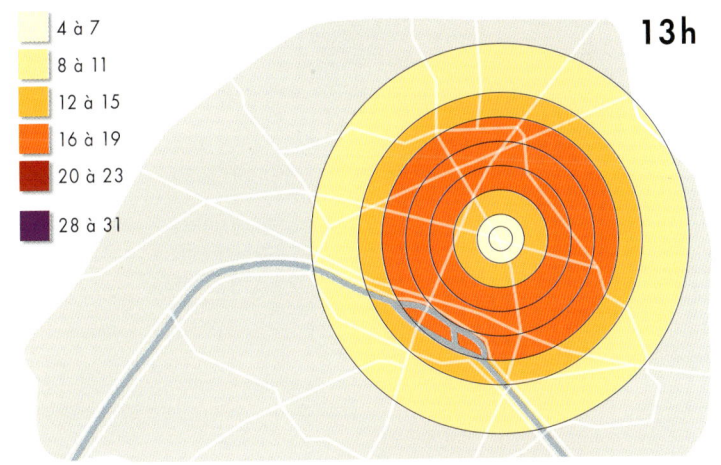

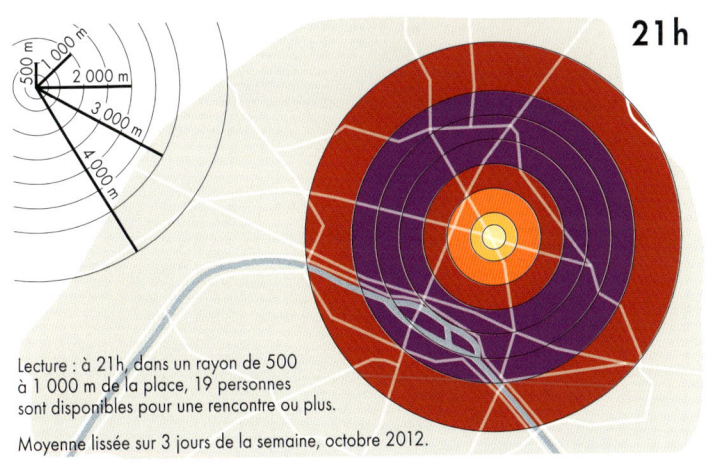

Nombre de connectés au site de rencontres gay bearwww.com en fonction de la distance à la place de la République, à Paris

8 h

13 h

21 h

- 4 à 7
- 8 à 11
- 12 à 15
- 16 à 19
- 20 à 23
- 28 à 31

Lecture : à 21h, dans un rayon de 500 à 1 000 m de la place, 19 personnes sont disponibles pour une rencontre ou plus.

Moyenne lissée sur 3 jours de la semaine, octobre 2012.

LE COUPLE DANS TOUS SES ÉTATS

Synthèse

De la fin des couples à l'amour infidèle, l'Europe vit depuis quelques années une transition sexuelle et amoureuse. Les couples d'aujourd'hui ne ressemblent plus à ceux d'hier, et les opinions contrastent selon les générations. Dans les sociétés occidentales, les mentalités ont globalement évolué avec les modes de vie. L'émergence forte des familles recomposées ou monoparentales, la diffusion de nouveaux modèles d'unions intégrant la diversité des orientations sexuelles, l'expérimentation de nouvelles pratiques sexuelles, comme l'amour à trois ou le polyamour, conduit à une plus grande acceptation des parcours amoureux, sexuels et familiaux. L'amour-toujours n'est plus l'idéal partagé. Le nombre de personnes menant plusieurs vies amoureuses et sexuelles est en nette augmentation et cette diversité des situations n'est plus clandestine, elle est aussi assumée au grand jour dans nos sociétés de consommation où la satisfaction immédiate du désir est érigée en art de vivre. L'Autre devient un produit dans la société du zapping, de l'hypermobilité, de la vitesse et de l'immédiateté.

PRESQUE PARTOUT EN EUROPE, ON SE MARIE DE MOINS en moins et les divorces sont de plus en plus fréquents. Dans trois cas sur quatre, le divorce est demandé par les femmes. Ce sont les Belges qui détiennent la palme d'or du divorce (3 pour 1 000 habitants en 2010), selon les données d'Eurostat, suivis des Tchèques, des Lituaniens et des Suisses. En Europe du Sud, notamment en Grèce, en Italie et en Croatie, les taux de divorce sont les plus bas avec un peu plus d'un divorce pour 1 000 habitants. Mais c'est l'Irlande qui est championne de la durabilité des couples avec le taux de divorce le plus bas d'Europe (0,7 pour 1 000 habitants). Le divorce n'a été légalisé dans ce pays qu'en 1995 et Malte est le dernier pays de l'Union européenne à l'avoir autorisé (juillet 2011). Aujourd'hui, en Europe, seul l'État du Vatican continue d'interdire le divorce et ailleurs dans le monde, seules les Philippines ne l'autorisent pas.

LA GÉNÉRALISATION DE LA PRATIQUE DE L'UNION LIBRE, c'est-à-dire la cohabitation hors mariage, et les nouvelles formes officielles d'unions civiles comme le pacs expliquent sans doute les taux de divorce relativement moyen (2 pour 1 000 habitants) de pays comme la France, l'Allemagne et les Pays-Bas. De plus en plus répandues, des alternatives légales au mariage accordent toujours plus de droits aux couples non mariés. Mais les décalages dans le temps et la différence des schémas et des statuts légaux rendent difficile la mesure de ces pratiques et surtout le suivi de leurs évolutions dans le temps. Dans ce contexte, la proportion des naissances hors mariage est une donnée pertinente qui donne la mesure des changements qui s'opèrent en Europe par rapport au modèle traditionnel de parentalité. Au cours des deux dernières décennies, cette proportion a plus que doublé, passant de 17,4 % en 1990 à 37,4 % en 2010. Selon Eurostat, la part de ces naissances est en hausse dans pratiquement tous les pays européens. Les naissances hors mariage sont majoritaires en Estonie, en Slovénie, en Bulgarie, en Suède et en France. C'est en Grèce (6,9 % en 2010) et à Chypre (11,7 % en 2009) que le nombre de naissances hors mariage est le plus bas.

LA FAMILLE «RECOMPOSÉE»

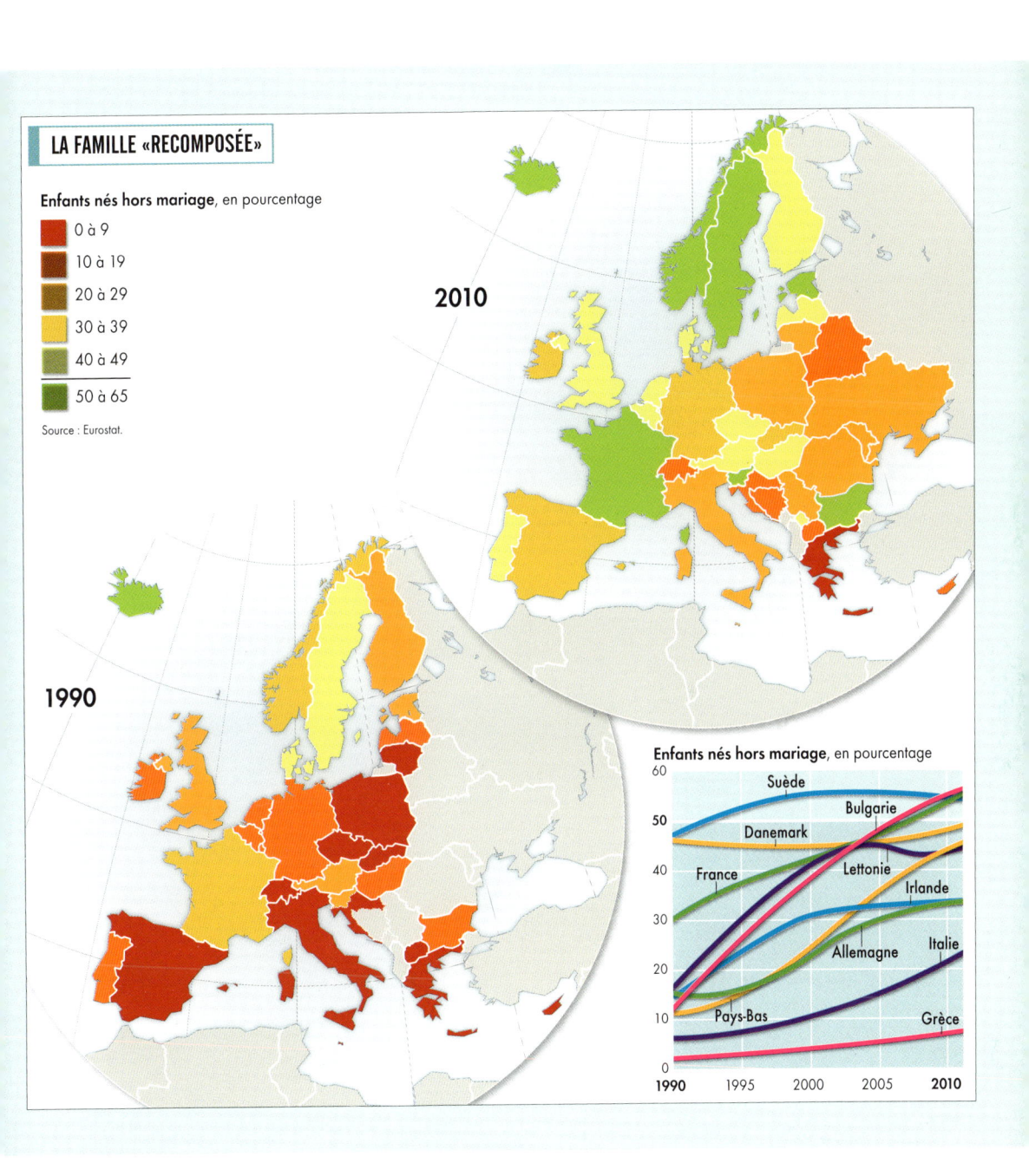

Enfants nés hors mariage, en pourcentage
- 0 à 9
- 10 à 19
- 20 à 29
- 30 à 39
- 40 à 49
- 50 à 65

Source : Eurostat.

2010

1990

Enfants nés hors mariage, en pourcentage (Suède, Bulgarie, Danemark, France, Lettonie, Irlande, Allemagne, Italie, Pays-Bas, Grèce) — 1990–2010

ATLAS MONDIAL DES SEXUALITÉS 49

ATLAS MONDIAL DES SEXUALITÉS

L'INDUSTRIE L'ARGENT ET LE SEXE

La sexualité est un commerce lucratif qui participe à une mondialisation souterraine des sociétés. Cette industrialisation du sexe est organisée par des réseaux criminels et mafieux qui exploitent la misère du monde pour construire des empires financiers dont les profits arrivent juste derrière ceux générés par les trafics de la drogue et des armes. La prostitution, la pornographie et la traite d'êtres humains constituent les principaux ingrédients de cette industrie et produisent des flux mondiaux en croissance continuelle. Si cette marchandisation de la sexualité est très difficile à quantifier et à cerner, toutes les statistiques existantes disent la même chose : elle se fait au détriment des femmes et des jeunes filles. « L'industrie, l'argent et le sexe » donnent aussi à voir un aspect plus ludique de la commercialisation des sexualités, avec notamment le renouvellement des sextoys et de leurs usages. S'adressant à une clientèle plus urbaine, plus éduquée et plus féminine, les sextoys d'aujourd'hui sont de beaux objets qui ont pignon sur rue et sur Internet.

L'INDUSTRIE, L'ARGENT ET LE SEXE

La prostitution : des lois et des pratiques

La prostitution est en pleine expansion au niveau mondial et ses revenus annuels sont estimés à plusieurs dizaines de milliards de dollars. Cet échange de services sexuels contre de l'argent est majoritairement exercé par les femmes et consommé par les hommes. Les législations varient d'un pays à un autre. Les principaux courants qui s'affrontent dans les pays européens sont d'une part, ceux qui soutiennent la légalisation de cette activité, d'autre part les abolitionnistes qui, se fondant sur les chiffres de la traite d'être humains, considèrent que la prostitution est dominée par des réseaux criminels et porte atteinte à l'intégrité de l'être humain.

■ QUE DISENT LES CHIFFRES ?

D'après le premier rapport mondial sur l'exploitation sexuelle réalisé par la Fondation Scelles, 40 à 42 millions de personnes se prostituent dans le monde et 90 % dépendent d'un proxénète. Les femmes et les fillettes constituent le plus grand nombre (80 %) : 75 % des prostituées ont entre 13 et 25 ans et l'âge moyen de l'entrée en prostitution est de 13 à 14 ans. Le phénomène ne fait que s'accentuer puisqu'on estime aujourd'hui que la moitié des prostituées ont commencé en étant mineures. En Europe occidentale, 1 à 2 millions de personnes se livrent à la prostitution et dans la majorité des cas, ce sont des femmes migrantes qui ont été victimes de la traite des êtres humains.

On assiste depuis une dizaine d'années à l'explosion marchande de la prostitution. Des réseaux organisés de proxénètes font de la traite d'êtres humains leur activité en achetant, revendant ou kidnappant les femmes. Ils les font se déplacer d'un pays à un autre après un passage dans des circuits de « dressage » où les femmes sont violées et droguées avant d'être mises sur le marché. Ce crime organisé rapporte, selon la Fondation Scelles, des profits annuels estimés à près de 28 milliards de dollars. L'essentiel de la prostitution est une prostitution de contrainte, comme en témoigne le nombre de proxénètes poursuivis en justice et de réseaux démantelés en France : en 2010, 475 personnes ont été condamnées pour proxénétisme et une trentaine de réseaux criminels ont été démantelés, essentiellement d'origine étrangère et dont les victimes sont originaires des Balkans, d'Afrique centrale et du Nord et d'Amérique du Sud.

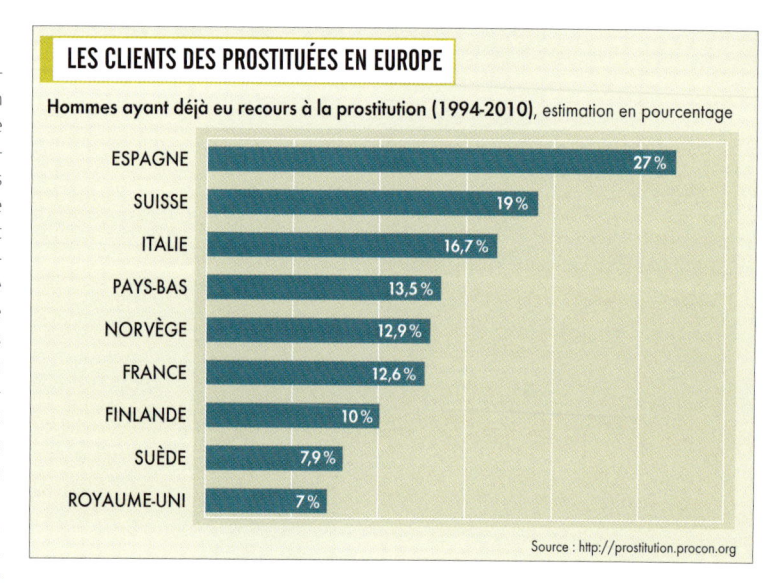

LES CLIENTS DES PROSTITUÉES EN EUROPE

Hommes ayant déjà eu recours à la prostitution (1994-2010), estimation en pourcentage

Pays	%
ESPAGNE	27 %
SUISSE	19 %
ITALIE	16,7 %
PAYS-BAS	13,5 %
NORVÈGE	12,9 %
FRANCE	12,6 %
FINLANDE	10 %
SUÈDE	7,9 %
ROYAUME-UNI	7 %

Source : http://prostitution.procon.org

D'après les statistiques du ministère de la Justice, 30 % des personnes condamnées sont des femmes. Anciennes prostituées, elles sont pour la plupart nigérianes et recrutent personnellement leurs prostituées lors de voyages fréquents entre la France et le Nigeria. Qualifiées de « madam » ou « mamas », elles sont indépendantes ou travaillent pour de petits réseaux criminels.

...

■ QUE DISENT LES LOIS ?

Dans la plupart des pays, la prostitution est illégale mais la réalité du terrain est bien plus complexe. Les juristes distinguent trois grandes tendances.

Le réglementarisme consiste à légaliser la prostitution comme toute autre activité professionnelle. En Europe, c'est dans les pays où le protestantisme domine, comme aux Pays-Bas, en Allemagne et en Suisse, mais aussi en Autriche, que la prostitution est régulée et encadrée, souvent dans des maisons closes.

L'abolitionnisme refuse toute réglementation, la prostitution étant considérée comme une atteinte à la dignité humaine puisque, dans l'écrasante majorité des cas, on a affaire à des réseaux de traite d'êtres humains. La Suède, la Norvège et l'Islande, trois autres pays de culture protestante, sont les premiers à avoir aboli la prostitution en Europe. Ce système sanctionne le client car les prostitué(e)s sont perçu(e)s comme des victimes non punissables. La prostitution n'existerait pas sans les proxénètes et leurs clients, et

LÉGISLATIONS SUR LA PROSTITUTION DANS LE MONDE

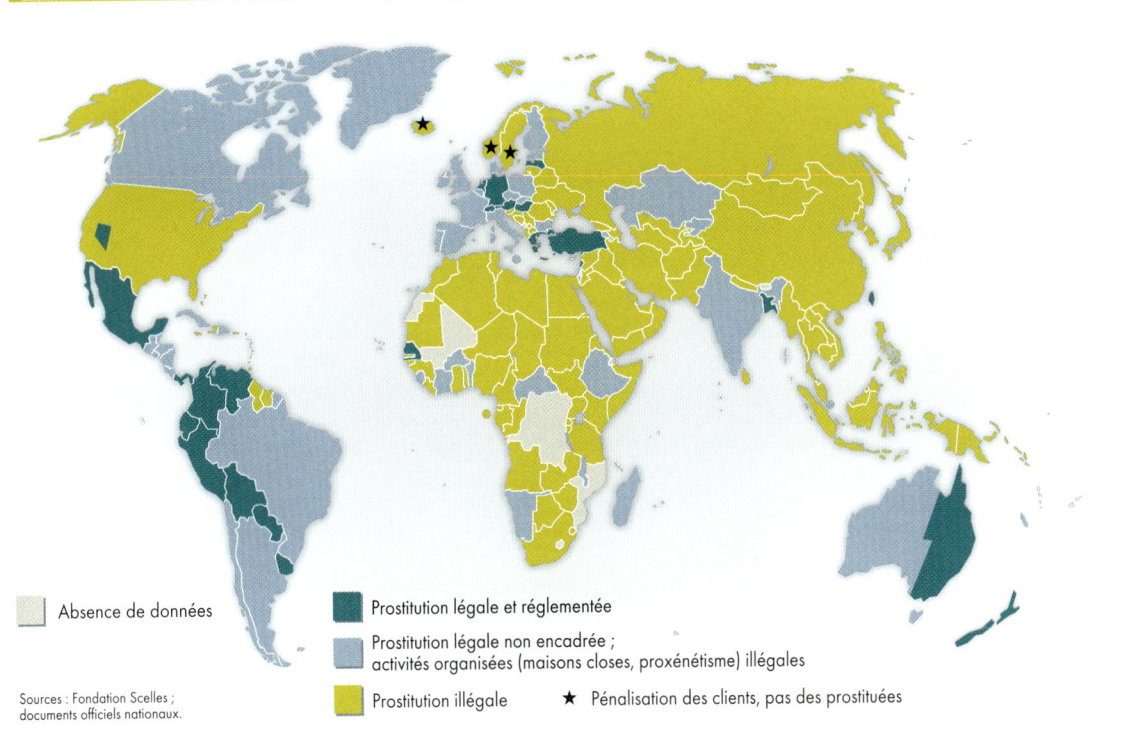

Légende :
- Absence de données
- Prostitution légale et réglementée
- Prostitution légale non encadrée ; activités organisées (maisons closes, proxénétisme) illégales
- Prostitution illégale
- ★ Pénalisation des clients, pas des prostituées

Sources : Fondation Scelles ; documents officiels nationaux.

---

depuis 1999, la loi suédoise criminalise la demande et non l'offre de prostitution. Les amendes sont proportionnelles au salaire du client et les peines de prison peuvent dépasser six mois.

Le prohibitionnisme interdit toutes formes de prostitution et de publicité autour de cette activité. Aux États-Unis, ce système est en vigueur dans nombre d'États. Beaucoup de pays asiatiques comme le Laos, la Mongolie, le Népal et la Chine, et des pays arabes comme l'Égypte, le Maroc, l'Arabie saoudite et le Yémen sanctionnent également clients et prostitués.

•••

QUE DISENT LES LIEUX DU DIVERTISSEMENT SEXUEL MASCULIN ?

C'est dans les villes, et en particulier les quartiers centraux des plus grandes, que la prostitution et le commerce sexuel sont visibles. Ces quartiers sont internationalement connus sous le terme de « *red light districts* » en référence aux lanternes rouges qui signalaient les maisons closes. Dans ces quartiers, les services sexuels sont fournis en toute légalité dans les pays où la législation le permet ; dans d'autres, où le commerce sexuel et la prostitution sont punis par la loi, clients et prostitués s'exposent à des sanctions. Wallen à Amsterdam et Pigalle à Paris sont les plus emblématiques en Europe et ont acquis une réputation internationale, faisant partie des circuits touristiques.

Avec l'explosion d'Internet, la prostitution se développe dans des endroits de plus en plus variés, déplaçant l'activité de la rue vers le domicile ou vers d'autres lieux de rendez-vous. Ce changement va de pair avec une modification du rapport entre les clients et les prostituées et pourrait donner l'impression d'une valorisation de cet achat-vente de services sexuels avec des activités d'*escort girl* ou de *call girl*. Ce déplacement en dehors de l'espace public est aussi une conséquence des stratégies foncières et politiques des élus qui, en réponse aux plaintes des résidents, interdisent ces activités et favorisent une revalorisation des quartiers touchés. Le déplacement de la prostitution de rue se fait alors en direction des marges urbaines, avec une forte concentration autour des zones d'activités commerciales où les femmes prostituées stationnent dans des camionnettes et attendent le client. Ces nouveaux territoires de la prostitution et leur dissémination permettent d'échapper plus facilement au contrôle de la police et au fisc, et dans le même temps aux associations susceptibles de venir en aide aux prostitués. ●

Verbatim

40 à 42 millions de personnes se prostituent dans le monde et neuf prostitués sur dix dépendent d'un proxénète.

Fondation Scelles, 2012.

LES RÉSEAUX DE PROSTITUTION DÉMANTELÉS EN FRANCE

Origine géographique des réseaux en 2010

- 3 % Asie (Chine)
- 10 % Amérique latine (Brésil)
- 23 % Afrique
- 64 % Europe de l'Est et Balkans

Source : Fondations Scelles.

ATLAS MONDIAL DES SEXUALITÉS 53

L'INDUSTRIE, L'ARGENT ET LE SEXE

Prostitution et traite des femmes : la face sombre des migrations

Le trafic d'êtres humains est le commerce illégal de femmes, d'hommes et d'enfants à des fins d'exploitation sexuelle et de travail forcé. Dans la société mondialisée d'aujourd'hui, il est impossible de parler de prostitution sans parler de traite d'êtres humains car la majorité des personnes prostituées sont exploitées par des réseaux criminels. L'ouverture des frontières et l'explosion d'Internet d'un côté, les guerres et la pauvreté de l'autre facilitent la mise en relation des proxénètes avec leurs futures victimes. En Europe, la prostitution est un marché très lucratif dominé par des réseaux criminels dont le nombre a explosé depuis la chute du mur de Berlin.

■ LES FAITS

La traite des êtres humains est un phénomène ancien et constant qui a connu, durant les vingt dernières années, une ampleur sans précédent, suite aux nouvelles réglementations des mobilités internationales. Presque tous les pays sont touchés par ce trafic, comme pays d'origine (127 pays), de transit ou de destination (137 pays). 79 % des victimes sont soumises à une exploitation sexuelle et 98 % d'entre elles sont des femmes et des jeunes filles. Au total près de deux millions de femmes dans le monde sont vendues et achetées par les réseaux de prostitution, 46 % des recruteurs étant des familiers de la victime.

...

■ L'EXPLOSION DU TRAFIC EN EUROPE

Depuis 1990, le trafic des femmes organisé par des réseaux criminels internationaux ne cesse d'augmenter : les flux vont d'est en ouest avec la Bulgarie, la Roumanie et la Russie comme principaux pays exportateurs et la Belgique, l'Allemagne, l'Italie, les Pays-Bas et la France comme destinations majeures. Les femmes d'Europe centrale et orientale représentent 70 % des prostituées migrantes en Europe et depuis l'entrée de la Roumanie et de la Bulgarie dans l'Union européenne en 2007, la migration des femmes à des fins d'exploitation sexuelle a presque quadruplé. Malgré les nouvelles lois migratoires de 2005, le nombre de prostitués venant d'Amérique latine a augmenté, représentant 11 % des migrants sexuels en Europe, tandis que la proportion de prostitués venant d'Afrique ou d'Asie a diminué, passant respectivement de 14 % à 12 % et de 5 à 3 %.

...

■ PROSTITUTION DES RUES, PROSTITUTION DU NET

Les modes de communication modernes contribuent à banaliser une image hypersexualisée des sociétés. Le recrutement sur Internet est en pleine croissance et on parle de supermarché de la prostitution en ligne, où les annonces font miroiter des carrières de mannequins et présentent la prostitution

POURQUOI MIGRER POUR SE PROSTITUER ?

Facteurs qui sous-tendent la migration, en pourcentage

Migrants nationaux / Migrants internationaux

- Besoin d'argent (personnes à charge)
- Mobilité des clients
- Meilleure protection sociale
- Soutien d'un réseau familial ou d'amis
- Aspiration au changement social
- À la demande d'un « supérieur »
- Meilleures conditions de vie
- Criminalisation de la prostitution
- Meilleures conditions de travail
- Protection de l'anonymat
- Mesures de répression
- Contrainte (proxénétisme, trafic)
- Nécessité économique

Source : Tampep (European Network for HIV/STI Prevention and Health Promotion among Migrant Sex Workers), Sex Work in Europe, décembre 2009.

Verbatim

Les profits des 2,5 millions de personnes victimes de la traite dont 79 % à des fins d'exploitation sexuelle sont estimés à plus de 28 milliards de dollars par an.

Organisation Internationale du Travail, 2006.

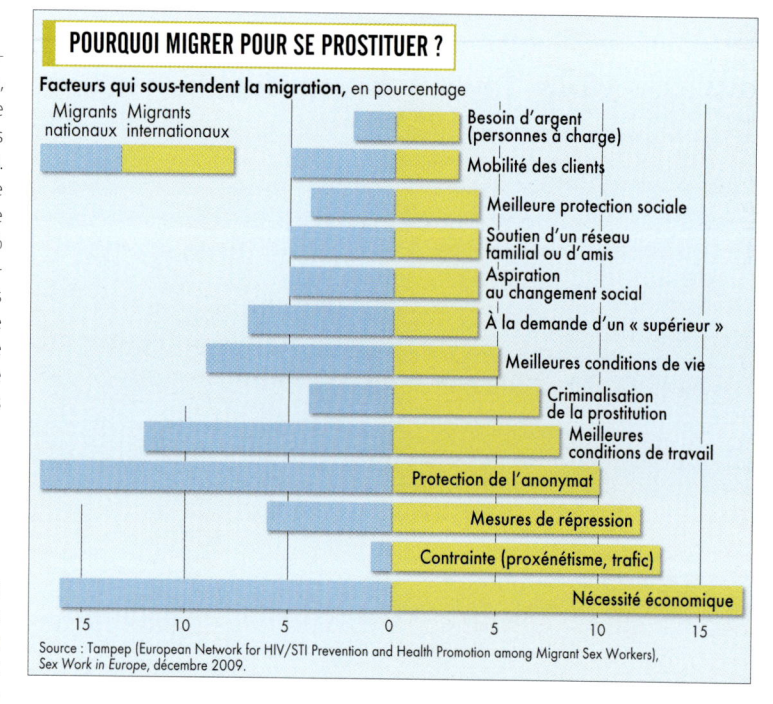

LES TRENTE NATIONALITÉS LES PLUS PRÉSENTES EN EUROPE

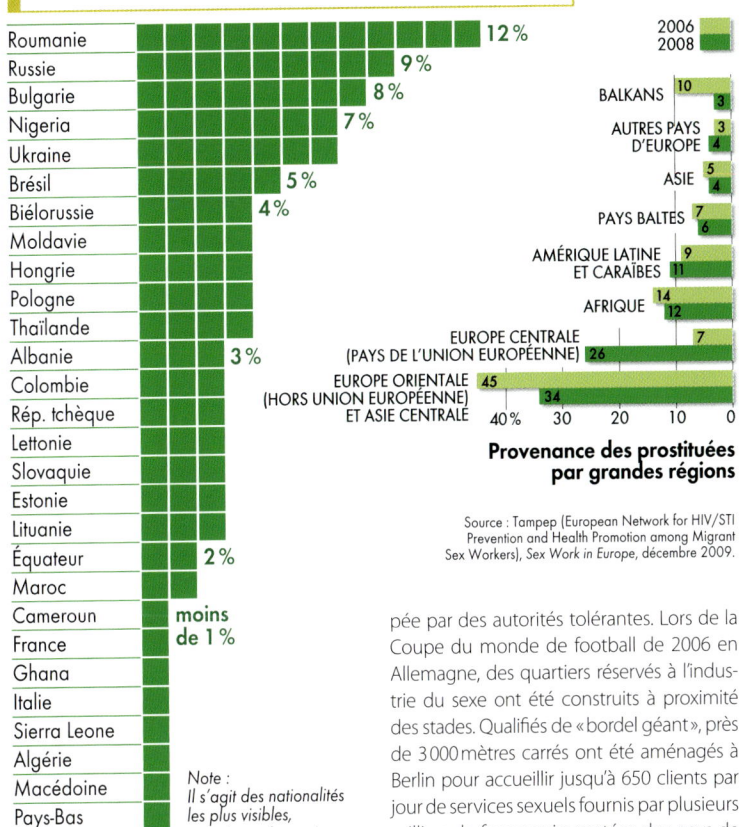

Pays	%
Roumanie	12 %
Russie	9 %
Bulgarie	8 %
Nigeria	7 %
Ukraine	7 %
Brésil	5 %
Biélorussie	4 %
Moldavie	4 %
Hongrie	4 %
Pologne	4 %
Thaïlande	4 %
Albanie	3 %
Colombie	3 %
Rép. tchèque	3 %
Lettonie	3 %
Slovaquie	3 %
Estonie	3 %
Lituanie	3 %
Équateur	2 %
Maroc	2 %
Cameroun	moins de 1 %
France	moins de 1 %
Ghana	moins de 1 %
Italie	moins de 1 %
Sierra Leone	moins de 1 %
Algérie	moins de 1 %
Macédoine	moins de 1 %
Pays-Bas	moins de 1 %
Turquie	moins de 1 %

Note : Il s'agit des nationalités les plus visibles, pas nécessairement les plus nombreuses.

Provenance des prostituées par grandes régions

(2006 / 2008, en %)

- BALKANS : 10 / 3
- AUTRES PAYS D'EUROPE : 3 / 4
- ASIE : 5 / 4
- PAYS BALTES : 7 / 6
- AMÉRIQUE LATINE ET CARAÏBES : 9 / 11
- AFRIQUE : 14 / 12
- EUROPE CENTRALE (PAYS DE L'UNION EUROPÉENNE) : 26 / 7
- EUROPE ORIENTALE (HORS UNION EUROPÉENNE) ET ASIE CENTRALE : 45 / 34

Source : Tampep (European Network for HIV/STI Prevention and Health Promotion among Migrant Sex Workers), *Sex Work in Europe*, décembre 2009.

---

pée par des autorités tolérantes. Lors de la Coupe du monde de football de 2006 en Allemagne, des quartiers réservés à l'industrie du sexe ont été construits à proximité des stades. Qualifiés de « bordel géant », près de 3 000 mètres carrés ont été aménagés à Berlin pour accueillir jusqu'à 650 clients par jour de services sexuels fournis par plusieurs milliers de femmes importées des pays de l'Europe centrale et des Balkans. Même scénario en Afrique du Sud en 2010, pour la Coupe du monde de football : les organisateurs ont estimé que 20 % des supporters allaient se livrer au tourisme sexuel et ont demandé l'envoi de près d'un milliard de préservatifs. 40 000 prostituées supplémentaires sont venues se rajouter aux 100 000 habituellement recensées.

LA TRAITE DES FEMMES NIGÉRIANES : QUAND LE VAUDOU S'EN MÊLE

La traite des femmes nigérianes vers l'Europe se fait essentiellement vers l'Italie, la France, l'Espagne et la Grèce. Il se fonde sur une stratégie qui rend les femmes victimes totalement dépendantes de leurs trafiquants et, plus tard, de leurs propriétaires. Le prix de leur voyage est une dette à rembourser et peut s'élever jusqu'à 50 000 euros. Les victimes de ce trafic, souvent originaires des régions rurales, sont confrontées à la violence familiale et à des contextes économiques difficiles. Elles sont recrutées en général par des proches, majoritairement des femmes anciennement prostituées qui exercent des pressions sur la famille et la victime comme en témoigne la pratique du vaudou, un rituel qui engage et assujettit la personne au réseau auquel elle appartient désormais. Dénoncer ou ne pas respecter ce pacte, c'est se mettre en danger.

---

sous un angle plus attractif, loin du quotidien souvent sordide de la prostitution ordinaire. L'escorting, qui propose un service de luxe où sécurité et anonymat sont garantis, se diffuse sur Internet et les réseaux sociaux en jouant sur cette différence. En France, l'Ocreth estime que 80 % des prostituées sont étrangères, roumaines, bulgares et nigérianes dans la rue, plutôt ukrainiennes et brésiliennes sur Internet. La prostitution d'étudiantes, dans les pays européens par exemple, offrant leurs services sur Internet pour subvenir à leurs besoins est emblématique de ce marché en pleine expansion. Mais le démantèlement récent de plusieurs réseaux de proxénétisme surfant sur ce nouveau marché du luxe montre que cette activité n'échappe pas non plus à l'industrie mondiale et criminelle de la prostitution.

SEXE ET FOOTBALL : L'ENVERS DU DÉCOR

Les grands événements sportifs mondiaux, dont la clientèle est majoritairement masculine, favorisent le développement de la prostitution. On peut multiplier les exemples de prostitution organisée et antici-

---

LES MIGRATIONS DES TRAVAILLEUSES DU SEXE EN EUROPE

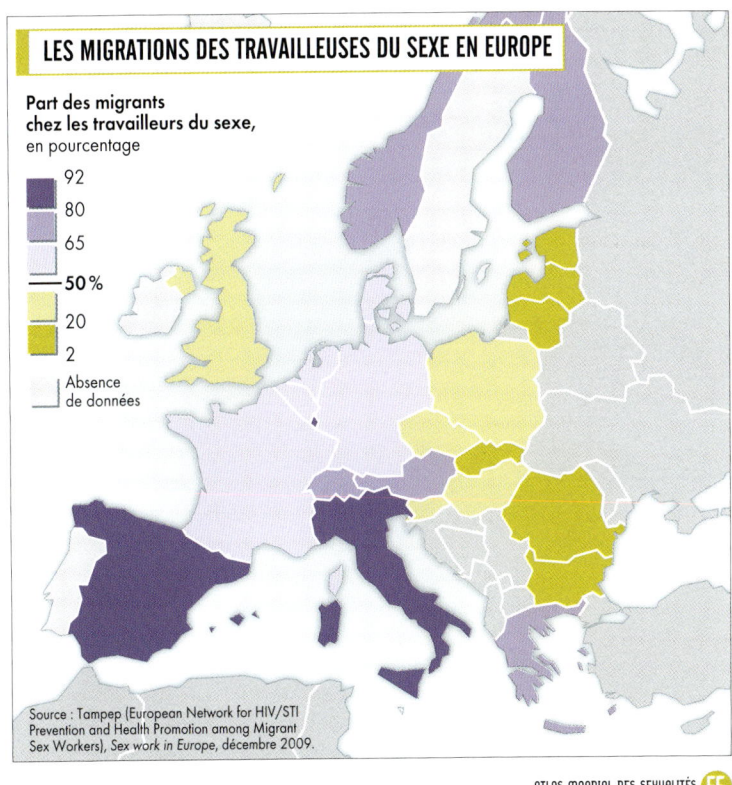

Part des migrants chez les travailleurs du sexe, en pourcentage :
- 92
- 80
- 65
- 50 %
- 20
- 2
- Absence de données

Source : Tampep (European Network for HIV/STI Prevention and Health Promotion among Migrant Sex Workers), *Sex work in Europe*, décembre 2009.

ATLAS MONDIAL DES SEXUALITÉS

L'INDUSTRIE, L'ARGENT ET LE SEXE

Sexualités et artifices

Si l'hédonisme et l'épanouissement sexuel sont de plus en plus encouragés et valorisés dans les sociétés occidentales depuis une trentaine d'années, les sex-shops traditionnels ne se sont pas débarrassés de leur mauvaise réputation. Aujourd'hui, des sites Web et de nouveaux commerces nettement plus engageants les ont ringardisés, en proposant à une clientèle curieuse de nouveaux accessoires ludiques pour tous les sexes. Ce phénomène témoigne de l'indépendance croissante des femmes et renvoie à l'histoire ancienne les pin-up en petite tenue sur papier glacé.

■ DES BOUTIQUES POUR LA MISÈRE SEXUELLE…

Au XXIe siècle, les sex-shops ne sont plus vraiment dans l'air du temps. Le terme est originaire du nord de l'Europe et il s'impose lorsque les anciennes boutiques de revues libertines se transforment pour s'adapter à une nouvelle clientèle émancipée par la libération sexuelle de la fin des années 1960. Désormais, les magasins proposent, en plus des revues érotiques « classiques », divers accessoires et gadgets (poupées gonflables, godemichés, vibromasseurs, etc.), élixirs et pilules « magiques », matériaux pornographiques comme les films classés X, à une clientèle très majoritairement masculine.

Le sociologue Baptiste Coulmont, qui a mené une enquête sur les sex-shops à Paris, montre que cette transformation s'accompagne d'une massification. D'une seule boutique en 1970, on passe à trente un an plus tard. Dans les pays occidentaux, toutes les grandes villes et beaucoup de villes moyennes ont désormais leur(s) sex-shop(s), souvent situé(s) dans les quartiers des gares, où erre historiquement une faune interlope… À Paris, ces établissements se développent essentiellement dans les quartiers de Pigalle et de la rue Saint-Denis, hauts lieux traditionnels de la prostitution. Dès lors, s'engage un combat sans fin entre les propriétaires de sex-shops et les pouvoirs publics, garants des « bonnes mœurs » et de la santé psychique des mineurs. Une jurisprudence à géométrie variable, au gré des changements politiques et des pressions de différents groupes, se met en place. En 1973, en France, on contraint les propriétaires de sex-shops à opacifier leurs vitrines, les obligeant à utiliser des inscriptions larges et peu esthétiques et des lumières criardes pour attirer le chaland, ce qui contribue à détériorer un peu plus l'image de ce type de commerce. Avec la disparition progressive des salles de cinéma pornographique, les sex-shops se spécialisent dans la vente de films X et surtout dans leur projection, dans de petites cabines individuelles.

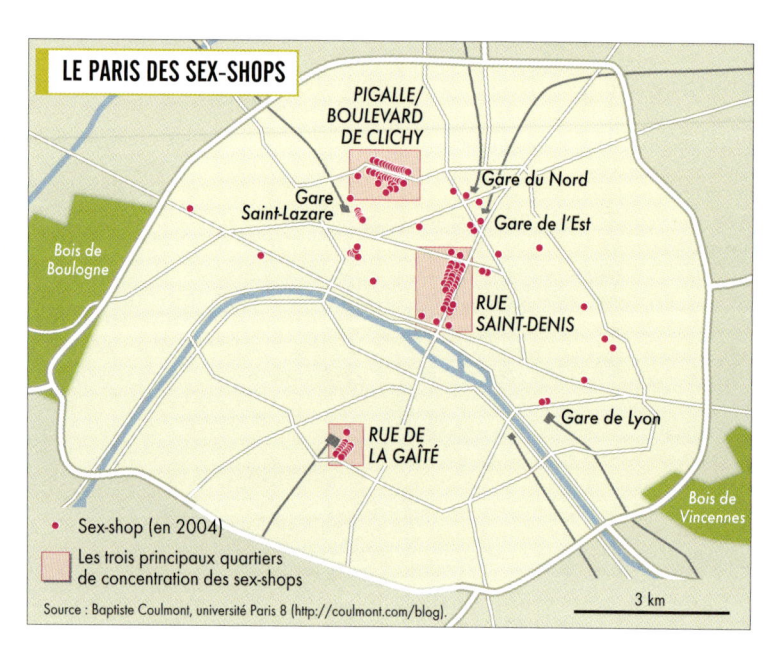

LE PARIS DES SEX-SHOPS

- Sex-shop (en 2004)
- Les trois principaux quartiers de concentration des sex-shops

PIGALLE/BOULEVARD DE CLICHY · Gare Saint-Lazare · Gare du Nord · Gare de l'Est · RUE SAINT-DENIS · Bois de Boulogne · RUE DE LA GAÎTÉ · Gare de Lyon · Bois de Vincennes

Source : Baptiste Coulmont, université Paris 8 (http://coulmont.com/blog).

3 km

Verbatim

Un joaillier parisien spécialisé dans les « bijoux intimes » propose un sextoy en or et serti de 117 diamants pour 40 000 euros.

Le Figaro, 2012.

Si un premier sex-shop a ouvert à Casablanca, au Maroc, en 2012, il n'est pas autorisé à vendre d'accessoires érotiques ! Ces boutiques demeurent donc des marqueurs spatiaux de la sexualité décomplexée dans les pays du Nord, mais leur image dégradée, leur esthétique vieillotte, la mauvaise réputation de leur clientèle, que l'on se représente comme composée d'hommes célibataires libidineux, en font aujourd'hui des symboles de l'exploitation de la misère sexuelle occidentale.

…

■ … ET D'AUTRES POUR CÉLÉBRER LE SEXE RÉCRÉATIF

Au début des années 2010, deux associations familiales catholiques ont remporté la bataille juridique qui les opposait à une boutique

LE COMMERCE DE SEXTOYS EN EUROPE

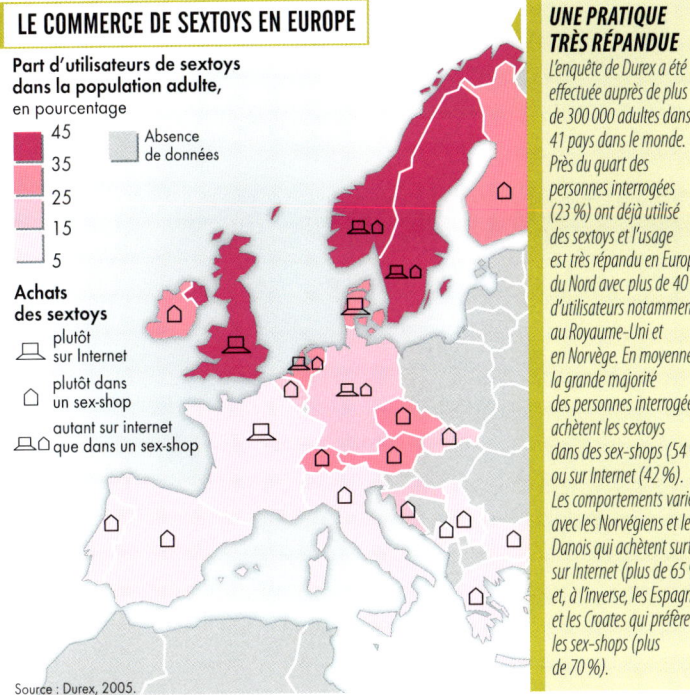

Part d'utilisateurs de sextoys dans la population adulte, en pourcentage
- 45
- 35
- 25
- 15
- 5
- Absence de données

Achats des sextoys
- plutôt sur Internet
- plutôt dans un sex-shop
- autant sur internet que dans un sex-shop

Source : Durex, 2005.

UNE PRATIQUE TRÈS RÉPANDUE

L'enquête de Durex a été effectuée auprès de plus de 300 000 adultes dans 41 pays dans le monde. Près du quart des personnes interrogées (23 %) ont déjà utilisé des sextoys et l'usage est très répandu en Europe du Nord avec plus de 40 % d'utilisateurs notamment au Royaume-Uni et en Norvège. En moyenne, la grande majorité des personnes interrogées achètent les sextoys dans des sex-shops (54 %) ou sur Internet (42 %). Les comportements varient, avec les Norvégiens et les Danois qui achètent surtout sur Internet (plus de 65 %) et, à l'inverse, les Espagnols et les Croates qui préfèrent les sex-shops (plus de 70 %).

joue avec un sextoy est aujourd'hui considérée comme indépendante et ludique…

•••

■ CES OBSCURS OBJETS DU PLAISIR

De nombreux créateurs se sont emparés de ce phénomène en proposant des objets stylisés et raffinés, et donc souvent chers, comme les godemichés par exemple. Ces accessoires aux formes, tailles et couleurs variées sont utilisés pour caresser les zones érogènes du corps. La mode des sextoys est alimentée par la presse féminine et des séries télévisées comme Sex and the City. Elle illustre le nouveau rapport à la sexualité décomplexé des femmes des classes moyennes et supérieures urbaines. En 2012, deux Suédois blessés dans leur orgueil de mâles dominants ont porté plainte contre une pharmacie qui vendait des vibromasseurs et des boules de geisha pour… discrimination sexuelle !

Aujourd'hui, le préservatif a pris des couleurs, acidulées ou vives, et il est parfumé à la fraise ou à la banane. D'autres objets et vêtements utilisés pour des pratiques fétichistes ou des relations SM sont en vogue. Le cuir a la cote et la vente de fouets et de menottes explose. Le milieu gay a ses artifices et ses accessoires « sacrés » et la subculture adepte du cuir ou du latex est très dynamique et de plus en plus visible. Ainsi Berlin, à côté de ses dix sex-shops gays, abrite dix autres boutiques pour satisfaire les goûts de cette communauté.

•••

■ QUI SERA LA PLAYMATE DU MOIS ?

Le magazine américain Playboy, créé en 1953 et dont la version française date de 1973, est mondialement connu pour ses photographies érotiques. Il est même édité en braille. Pendant longtemps, de très nombreux hommes partout dans le monde occidental attendaient avec excitation de découvrir qui serait la playmate du mois. La première fut Marilyn Monroe et de nombreuses autres célébrités se sont prêtées au jeu, devant l'objectif de quelques-uns des plus grands photographes. Avec la concurrence de revues au registre plus hard, comme Penthouse ou Hustler, et surtout la banalisation des corps féminins dénudés sur Internet, les ventes de Playboy, qui culminaient à plus de 9 millions d'exemplaires chaque mois durant les années 1970, ont considérablement chuté au cours des années 1990. Il s'en écoule quand même encore 3 millions chaque mois aux États-Unis, mais le magazine n'est plus publié en France depuis début 2011.●

de sextoys. Cette affaire pourrait ralentir l'accroissement du nombre de ces commerces. Les plaignants ont invoqué la loi de 2007 qui interdit le commerce d'« objets pornographiques » à moins de 200 mètres d'une école. Dans le cas de Paris, l'application de cette loi provoquerait la quasi-disparition de ces magasins, du fait du maillage serré des écoles, ce qui apparaît comme contraire au principe de la liberté du commerce. Surtout, cette affaire pose la question de la définition du caractère pornographique d'un accessoire, définition sur laquelle le législateur a omis de se pencher.

Les boutiques dont il est question ne sont pas des sex-shops. Parfois qualifiées de love shops, elles se sont même développées selon un modèle opposé à ces anciens commerces peu engageants, s'adressant à une clientèle plus jeune, plus éduquée, plus libérée et surtout plus féminine. Le temps où l'on se cachait pour passer commande d'un vibromasseur sur un catalogue de vente par correspondance est désormais révolu. La sexualité ludique a pignon sur rue, à côté des boutiques en ligne, avec ces nouveaux lieux de récréation où l'on vient seul, en couple ou en groupe pour fantasmer, chercher des idées, s'amuser et discuter sans gêne de ses pratiques sexuelles. Les hommes n'ont plus le monopole du besoin d'artifices pour accéder au plaisir sexuel. Une femme qui

LA REVUE PLAYBOY, UN CLASSIQUE UNIVERSEL

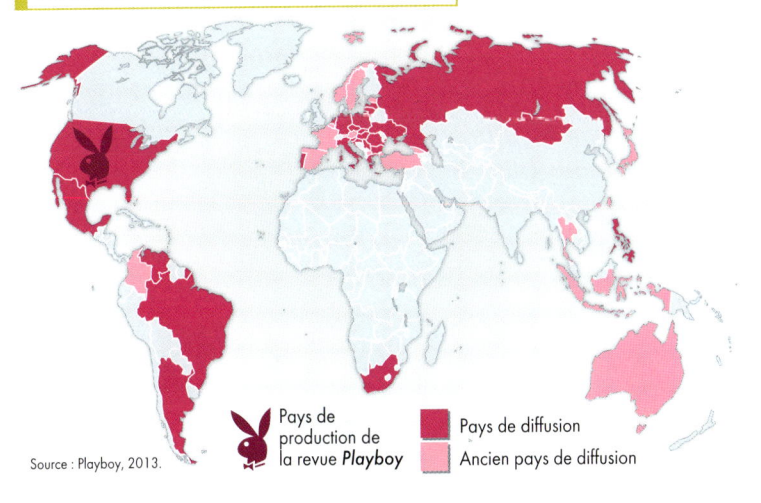

- Pays de production de la revue Playboy
- Pays de diffusion
- Ancien pays de diffusion

Source : Playboy, 2013.

L'INDUSTRIE, L'ARGENT ET LE SEXE

Le culte de la performance nuit à la biodiversité

Le culte de la performance sexuelle est omniprésent et, selon des idées reçues ancrées dans les mémoires collectives depuis l'Antiquité, la virilité des hommes se mesurerait à la taille de leur pénis. Ces croyances ont des effets dévastateurs sur l'environnement et la préservation de la biodiversité ! En témoigne le cours de la corne de rhinocéros qui atteint des records. Certaines sociétés, en particulier en Asie du Sud-Est, lui attribuent des vertus aphrodisiaques et thérapeutiques. Broyée et bue en infusion, elle viendrait renforcer la vigueur sexuelle masculine. Ce trafic est emblématique de la collusion entre industrie, argent et sexualité.

UNE ÉVALUATION DE L'IMPACT ÉCOLOGIQUE DE LA VIRILITÉ MASCULINE

Durant les cinq dernières années, une nouvelle activité criminelle, en pleine expansion en Europe, fait régulièrement la une des journaux. Il s'agit de vols de cornes de rhinocéros dans les musées. Très prisées en Asie pour leurs vertus aphrodisiaques et médicales, les cornes se négocient entre 25 000 et 200 000 euros selon Europol. L'once d'or, qui atteint déjà des valeurs records, se fait dépasser par ce produit inattendu et pour le moins improbable. Plus d'une quarantaine de musées ont été attaqués, depuis 2009, dans une dizaine de pays européens.
Les grands musées des capitales ne sont pas la seule cible. Des musées de villes moyennes et plus isolés comme celui de l'île d'Aix, en France, ont également été victimes de ces vols. En réaction, beaucoup de musées ont décidé de scier les cornes de leurs rhinocéros et de les remplacer par des fausses pour protéger leurs personnels contre les agressions des malfaiteurs et aussi pour sauvegarder ce patrimoine naturel.
Cette alerte médiatique est salutaire, car elle donne à voir au monde le grand danger encouru à nouveau par les rhinocéros et les grands mammifères en voie d'extinction. Car si la situation est préoccupante en Europe, elle est très grave en Afrique où le nombre de braconnages a explosé durant la même période. L'organisation internationale Traffic recense 448 cas de braconnage en 2011 en Afrique du Sud, contre 13 cas en 2007.

Verbatim

Certains vont jusqu'à 200 000 euros pour une corne de rhinocéros.
Traffic, WWF et IUCN, 2012.

60 % des rhinocéros tués illégalement dans ce pays proviennent du grand parc national Kruger. D'autres pays où la présence de rhinocéros est importante sont également concernés par cette menace, notamment la Namibie, le Zimbabwe et le Kenya.

LES RÉSEAUX DU TRAFIC

Plus de 27 kilos de cornes de rhinocéros, d'une valeur de plus d'un million d'euros, ont été saisis en Thaïlande et au Vietnam au début de l'année 2013. En provenance du Mozambique, des morceaux de cornes ont été transportés par la route vers l'Éthiopie avant d'être acheminés par les trafiquants via les principaux aéroports asiatiques vers les marchés chinois et vietnamiens.
Les Chinois et les Japonais ont de tout temps conféré aux cornes de rhinocéros des propriétés aphrodisiaques. Cette croyance s'est diffusée en Corée et au Vietnam qui deviennent un des principaux marchés consommateurs mondiaux. Le trafic de rhinocéros d'Afrique du Sud vers le Vietnam a fait l'objet d'une étude très documentée par l'organisation Traffic-Cités. C'est un réseau très structuré d'Irlandais issus du crime organisé qui serait à l'origine de ce trafic.

DU NATUREL EN ASIE, DU CHIMIQUE EN OCCIDENT ?

La consommation d'aphrodisiaques, en particulier masculins, est une pratique ancienne tant la recherche de la performance sexuelle chez les hommes est une valeur partagée partout dans le monde. La peur de la panne effraie et selon les projections de l'American College of Physicians, en 2020, plus de 300 millions d'hommes dans le monde pourraient avoir des troubles de l'érection.
L'arrivé du Viagra sur le marché, à la fin du XXe siècle, a modifié les pratiques et les mentalités. L'exigence des femmes serait plus grande et les hommes trouvent grand intérêt à recourir à cet aphrodisiaque miracle. Les Américains seraient les plus fervents consommateurs, avec plus de 50 % de la production mondiale ; en 2010, ces traitements auraient généré un chiffre d'affaires de plus de 1,5 milliard d'euros.
Le recours aux aphrodisiaques naturels, essentiellement des plantes, est également présent dans le monde occidental : les plus connus sont le gingembre, le safran, le ginseng et le ginkgo biloba.

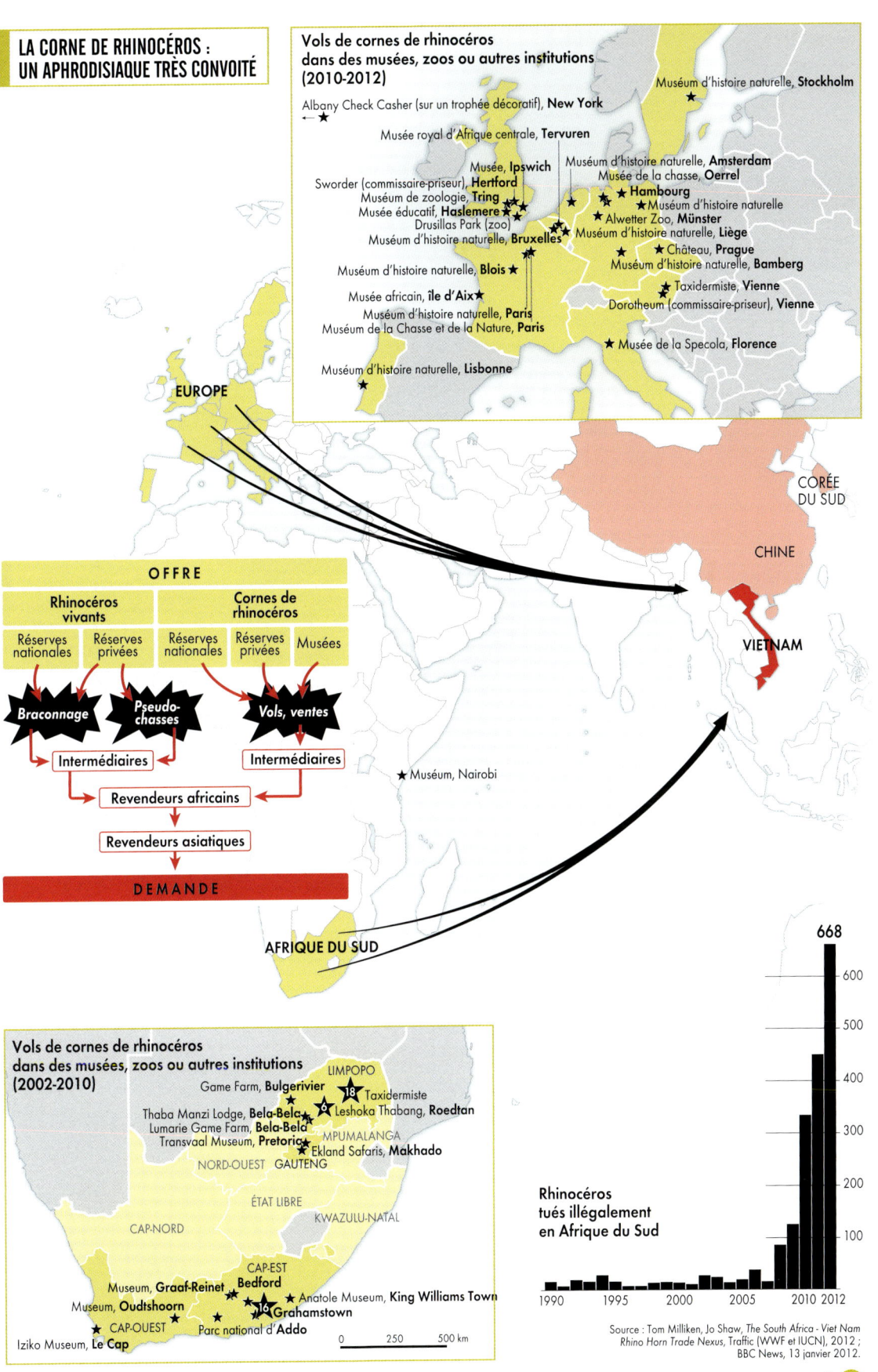

LA CORNE DE RHINOCÉROS : UN APHRODISIAQUE TRÈS CONVOITÉ

Vols de cornes de rhinocéros dans des musées, zoos ou autres institutions (2010-2012)

- Albany Check Casher (sur un trophée décoratif), **New York**
- Muséum d'histoire naturelle, **Stockholm**
- Musée royal d'Afrique centrale, **Tervuren**
- Musée, **Ipswich**
- Muséum d'histoire naturelle, **Amsterdam**
- Musée de la chasse, **Oerrel**
- Sworder (commissaire-priseur), **Hertford**
- **Hambourg**
- Muséum de zoologie, **Tring**
- Muséum d'histoire naturelle, **Münster**
- Musée éducatif, **Haslemere**
- Alwetter Zoo, **Münster**
- Drusillas Park (zoo)
- Muséum d'histoire naturelle, **Liège**
- Muséum d'histoire naturelle, **Bruxelles**
- Château, **Prague**
- Muséum d'histoire naturelle, **Bamberg**
- Muséum d'histoire naturelle, **Blois**
- Taxidermiste, **Vienne**
- Musée africain, **île d'Aix**
- Dorotheum (commissaire-priseur), **Vienne**
- Muséum d'histoire naturelle, **Paris**
- Musée de la Chasse et de la Nature, **Paris**
- Musée de la Specola, **Florence**
- Muséum d'histoire naturelle, **Lisbonne**

EUROPE

CORÉE DU SUD
CHINE
VIETNAM

OFFRE

Rhinocéros vivants
- Réserves nationales
- Réserves privées

Cornes de rhinocéros
- Réserves nationales
- Réserves privées
- Musées

→ Braconnage / Pseudo-chasses / Vols, ventes
→ Intermédiaires
→ Revendeurs africains
→ Revendeurs asiatiques

DEMANDE

★ Muséum, Nairobi

AFRIQUE DU SUD

Vols de cornes de rhinocéros dans des musées, zoos ou autres institutions (2002-2010)

- LIMPOPO
- Game Farm, **Bulgerivier**
- Taxidermiste, Leshoka Thabang, **Roedtan**
- Thaba Manzi Lodge, **Bela-Bela**
- Lumarie Game Farm, **Bela-Bela**
- Transvaal Museum, **Pretoria**
- Ekland Safaris, **Makhado**
- MPUMALANGA
- NORD-OUEST
- GAUTENG
- ÉTAT LIBRE
- KWAZULU-NATAL
- CAP-NORD
- CAP-EST
- Museum, **Graaf-Reinet**
- **Bedford**
- Museum, **Oudtshoorn**
- Anatole Museum, **King Williams Town**
- **Grahamstown**
- Iziko Museum, **Le Cap**
- CAP-OUEST
- Parc national d'**Addo**

0 — 250 — 500 km

Rhinocéros tués illégalement en Afrique du Sud

668 (2012)

1990 — 1995 — 2000 — 2005 — 2010 — 2012

Source : Tom Milliken, Jo Shaw, *The South Africa - Viet Nam Rhino Horn Trade Nexus*, Traffic (WWF et IUCN), 2012 ; BBC News, 13 janvier 2012.

ATLAS MONDIAL DES SEXUALITÉS

L'INDUSTRIE, L'ARGENT ET LE SEXE

Le grand marché de la pornographie

L'accès à la pornographie est aujourd'hui de plus en plus aisé avec les nouvelles technologies. Son rôle éminemment transgressif induit une rupture et indique le passage à l'âge adulte, en particulier pour les garçons. Car la pornographie est largement le domaine des hommes et on peut affirmer qu'elle constitue un outil efficace de socialisation masculine. Davantage banalisée que diabolisée, la sexualité pornographique est une sexualité de dominants dont les femmes sont les premières victimes, surtout dans un contexte d'industrialisation croissante de ce secteur d'activité.

« CHAQUE FOIS QUE QUELQU'UN REGARDE CE FILM, IL ME REGARDE EN TRAIN DE ME FAIRE VIOLER »

Ainsi s'exprimait l'une des stars du genre, Linda Lovelace, à propos du film *Gorge profonde* sorti en 1972, un des grands succès du cinéma pornographique. Le genre pornographique est massivement fait de violences physiques dont les femmes, souvent considérées comme de simples objets sexuels, sont les premières victimes, même s'il existe des sous-genres alternatifs (gays ou lesbiens, féministes, artistiques…).

Dans la plupart des sociétés africaines, aujourd'hui de plus en plus poreuses aux modes de vie et pratiques occidentales, du fait de leur urbanisation et de leur entrée dans la mondialisation économique et culturelle, la pornographie est considérée comme une invention diabolique des pays du Nord qui doit être combattue. Pourtant, elle a toujours existé, partout dans le monde, et l'industrie pornographique se charge de nous le rappeler en véhiculant des stéréotypes historiques comme ceux de la Rome antique décadente, avec ses gigantesques orgies organisées par des empereurs dépravés, tels Tibère et Caligula. Le lien entre politique et sexualité est avéré. Des auteurs comme le marquis de Sade ou le cinéaste Pier Paolo Pasolini ont montré celui qui unissait la barbarie politique et la barbarie sexuelle.

...

DE L'ARTISANAT À L'INDUSTRIE

Les premiers balbutiements du cinéma pornographique coïncident avec l'invention du cinéma, parallèlement à la massification de la diffusion d'images sur des supports en papier. Suite à l'accroissement exponentiel dans les années 1970 (plus de la moitié des salles parisiennes diffusent ce type de films en 1975), la création de la catégorie de films X marque un coup d'ar-

LA DISPARITION DES SALLES DE CINÉ X À PARIS

Situation actuelle (2013) des 28 cinémas porno qui existaient en 1985
- Ouvert
- Reconverti pour tout public
- Fermé

Source : www.salles-cinema.com/actualites/j-ai-frequente-les-salles-de-cinema-porno

Verbatim

Banalisées notamment par les mangas, les images pornographiques envahissent le Japon : il s'y produit 5 000 films chaque année.
Di Folco, 2005

rêt brutal. Mais le genre, que l'on croyait en crise, connaît un nouveau souffle depuis une vingtaine d'années et l'apparition d'Internet, pour lequel le Minitel français, avec ses sites « 3615 », a fait figure de précurseur. Il existe aujourd'hui plusieurs centaines de millions de sites commerciaux, contre 22 000 en 1997, et il s'en crée 200 chaque jour. Si Internet n'a pas créé le désir de pornographie, il en a facilité la diffusion. Cette activité est passée à l'étape de la consommation de masse, dans l'espace privé.

...

LÉGISLATIONS SUR LA PORNOGRAPHIE DANS LE MONDE

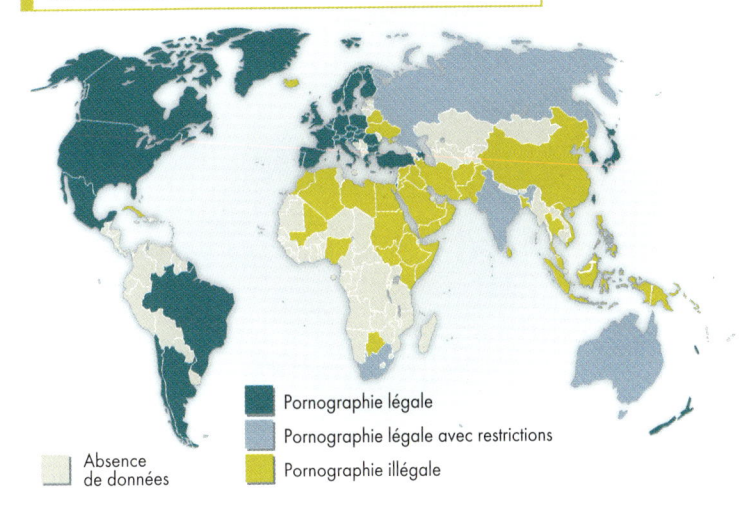

- Pornographie légale
- Pornographie légale avec restrictions
- Pornographie illégale
- Absence de données

■ UNE INDUSTRIE EN PLEIN ESSOR

Avec un ordinateur et une webcam, tout le monde peut se prendre pour un acteur ou une actrice de film pornographique. Le X amateur a explosé, illustrant le besoin hédoniste et même narcissique de se montrer au plus grand nombre. Au Canada, une émission de téléréalité, *Pornstar Academy*, a même été créée. En exposant son corps, généralement dénudé, sur la Toile, on se démultiplie, on se délocalise, sans sortir de chez soi.

Mais, à une autre échelle, la mondialisation de la pornographie a surtout fait le jeu de grands groupes industriels, dont certains sont liés au crime organisé international. Actuellement, l'industrie de la pornographie, au travers de différents supports (télévision, vidéo, magazines, Internet, réseaux téléphoniques, etc.), rapporte 50 milliards d'euros environ chaque année, dont 1,5 milliard en France. Les États-Unis sont leaders sur ce marché : le public y dépense de 1 à 2 milliards de dollars par an pour regarder des vidéos et images pornographiques sur Internet, et 11 000 films y sont produits chaque année, faisant travailler quelque 20 000 personnes dans le seul État de Californie. Cette industrie est une véritable manne pour les grandes chaînes hôtelières qui perçoivent 20 % sur la location de vidéos X dans leurs établissements.

En Europe, une entreprise de production pornographique est cotée à la Bourse de Francfort, et Budapest est devenue la capitale européenne de la pornographie, qui lui rapporte quelque 100 millions d'euros par an. Dans ce pays, comme en Russie et en Ukraine, les liens entre industrie pornographique et prostitution sont très étroits. La pornographie, « un art prolétaire » pour le romancier Martin Amis, a toujours davantage besoin de jeunes femmes, recrutées dans les pays les plus pauvres et exploitées par des entrepreneurs peu scrupuleux. ●

LA PORNOGRAPHIE DANS LE MONDE : SITES, FOIRES, PRODUCTION

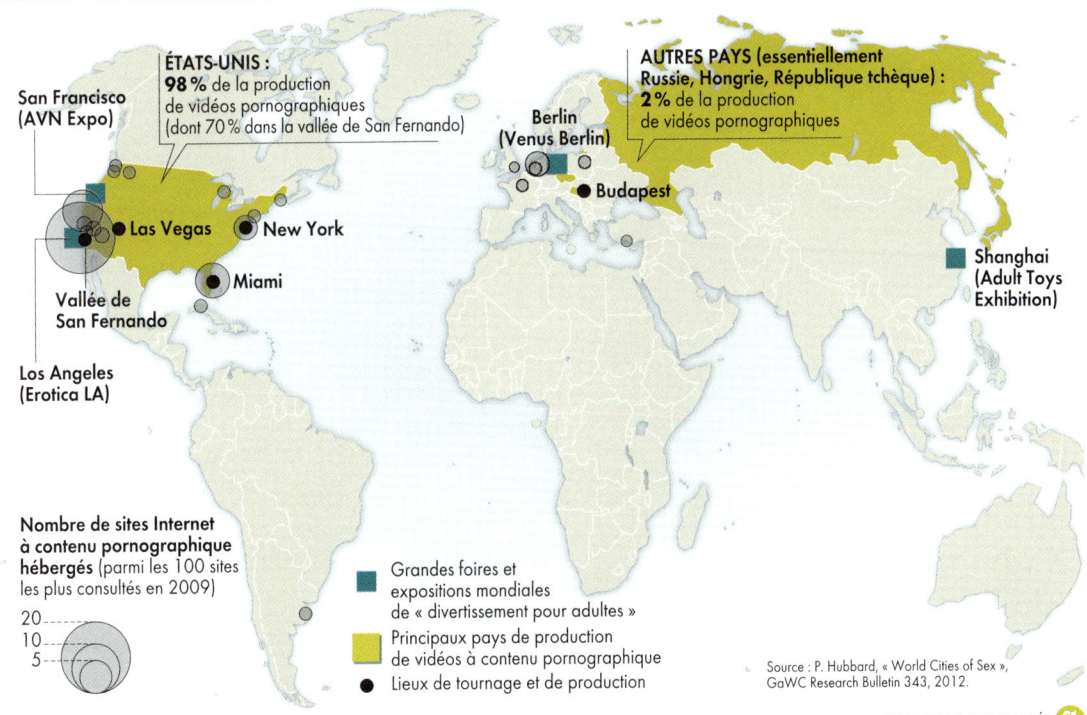

- San Francisco (AVN Expo)
- **ÉTATS-UNIS :** 98 % de la production de vidéos pornographiques (dont 70 % dans la vallée de San Fernando)
- Las Vegas
- New York
- Miami
- Vallée de San Fernando
- Los Angeles (Erotica LA)
- Berlin (Venus Berlin)
- Budapest
- **AUTRES PAYS (essentiellement Russie, Hongrie, République tchèque) :** 2 % de la production de vidéos pornographiques
- Shanghai (Adult Toys Exhibition)

Nombre de sites Internet à contenu pornographique hébergés (parmi les 100 sites les plus consultés en 2009) : 20, 10, 5

- Grandes foires et expositions mondiales de « divertissement pour adultes »
- Principaux pays de production de vidéos à contenu pornographique
- Lieux de tournage et de production

Source : P. Hubbard, « World Cities of Sex », GaWC Research Bulletin 343, 2012.

L'INDUSTRIE, L'ARGENT ET LE SEXE

Synthèse

La perpétuation et même l'accentuation des rapports de domination des pays du Nord sur ceux du Sud et des hommes sur les femmes, les deux se recoupant souvent, constituent les effets les plus néfastes de l'industrialisation de la sexualité, conséquence de la mondialisation néolibérale. Le sexe se mêle au monde des affaires et de l'entreprise qui glorifie lui aussi l'esprit de compétition, la performance, la masculinité et la virilité. Le film *Shame*, de Steve McQueen, en apportait une brillante illustration. Ici, on affiche le total de ses ventes ; là, on donne la taille de son pénis en érection, comme sur la plupart des sites de rencontre gays.

Les métropoles qui organisent l'économie et la finance mondiales sont aussi des villes de l'érotisme ; l'industrie du sexe s'y inscrit des centres-ville à leurs marges. Elles contrôlent également les puissants réseaux du crime organisé qui transforment les femmes les plus fragiles ou les plus démunies en simples objets de plaisir. Aujourd'hui, 40 millions de femmes se prostituent dans le monde, et la grande majorité le fait sous la contrainte. Le cinéma pornographique paye ses actrices à la journée, souvent avec des cachets de misère, et les oblige parfois à avoir des relations sexuelles sans préservatif.

LE TOURISME SEXUEL EST UN AUTRE EXEMPLE TRÈS EMBLÉMATIQUE de l'imbrication entre industrie, argent et sexualité, superposée et renforcée par des rapports de domination Nord-Sud, hommes-femmes. Pendant longtemps, l'expression a désigné les déplacements de touristes étrangers à la recherche de rapports avec des prostituées d'Asie du Sud-Est, notamment de Thaïlande, destination aujourd'hui encore classique. Mais la prostitution ne se limite plus à la clientèle occidentale et la pratique s'est aujourd'hui étendue. Certains des clients sont originaires d'autres pays des Suds, comme des Émirats arabes unis. De même, il existe des flux entre les pays du Nord, en Europe notamment ou aux États-Unis. La ville de Las Vegas abrite aujourd'hui 3 500 prostituées illégales.

Parallèlement, une forme de tourisme appelée parfois « tourisme de romance », qui concerne le déplacement de femmes occidentales en quête d'un *beach boy* exotique, est en plein essor, jusqu'à devenir essentielle au Sénégal ou en République dominicaine, par exemple.

AVEC INTERNET, LA SEXUALITÉ ET LA NUDITÉ SE SONT BANALISÉES. Les images pornographiques, réalisées pour accroître l'excitation sexuelle et le plaisir, sont devenues des produits de consommation de masse et il n'est même plus besoin de sortir de chez soi pour en disposer. De plus en plus, les adolescents découvrent la sexualité avec la pornographie. Sa consommation, allant parfois jusqu'à l'addiction, peut témoigner de la misère affective et sexuelle occidentale décrite par le romancier Michel Houellebecq.

Toutefois, la banalisation de la sexualité et la diversification des pratiques sexuelles ont d'incontestables effets positifs. En passant de la sexualité honteuse à la sexualité récréative, l'individu gagne en épanouissement de soi.

LE TOURISME SEXUEL

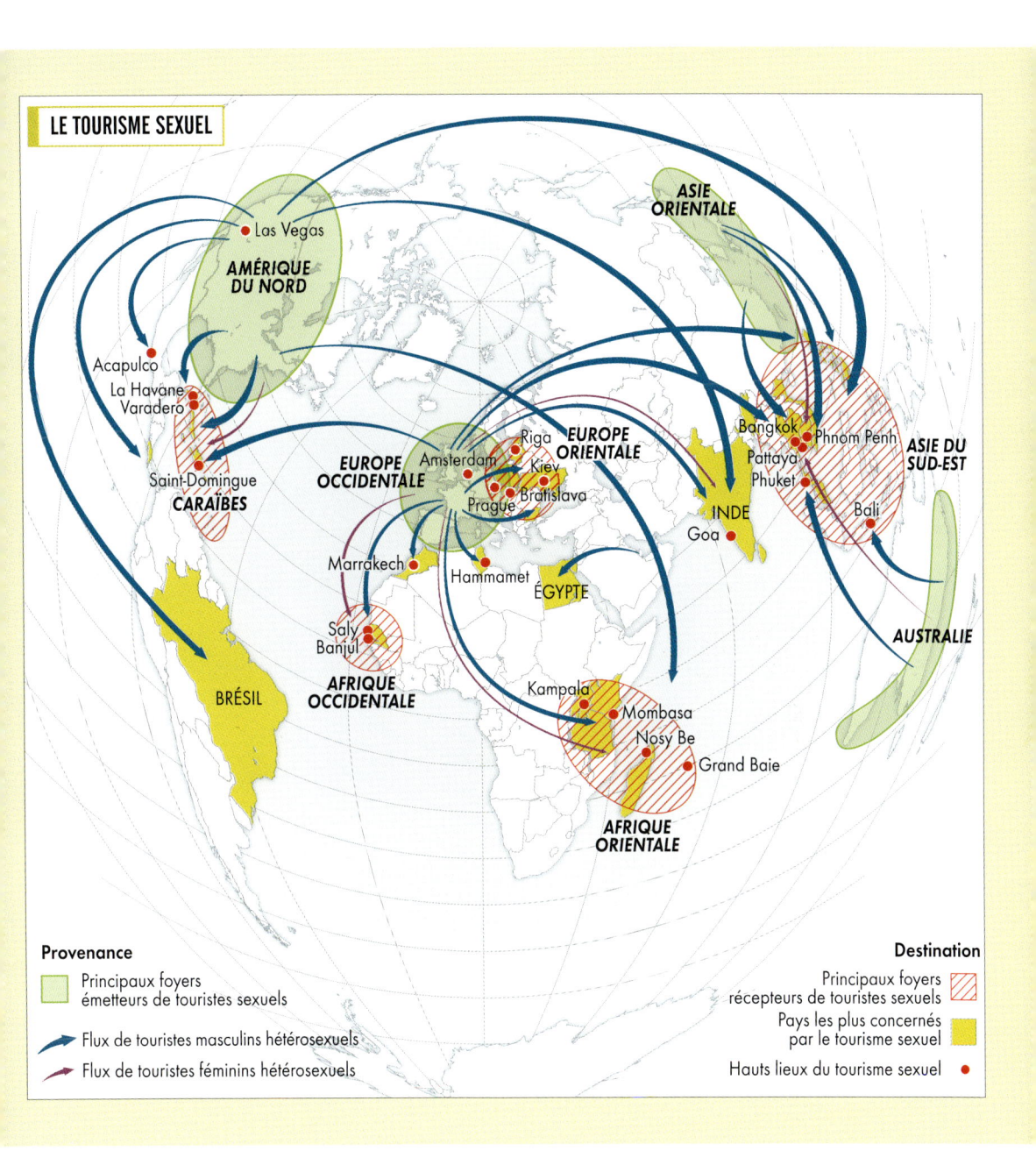

Provenance
- Principaux foyers émetteurs de touristes sexuels
- Flux de touristes masculins hétérosexuels
- Flux de touristes féminins hétérosexuels

Destination
- Principaux foyers récepteurs de touristes sexuels
- Pays les plus concernés par le tourisme sexuel
- Hauts lieux du tourisme sexuel

ATLAS MONDIAL DES SEXUALITÉS

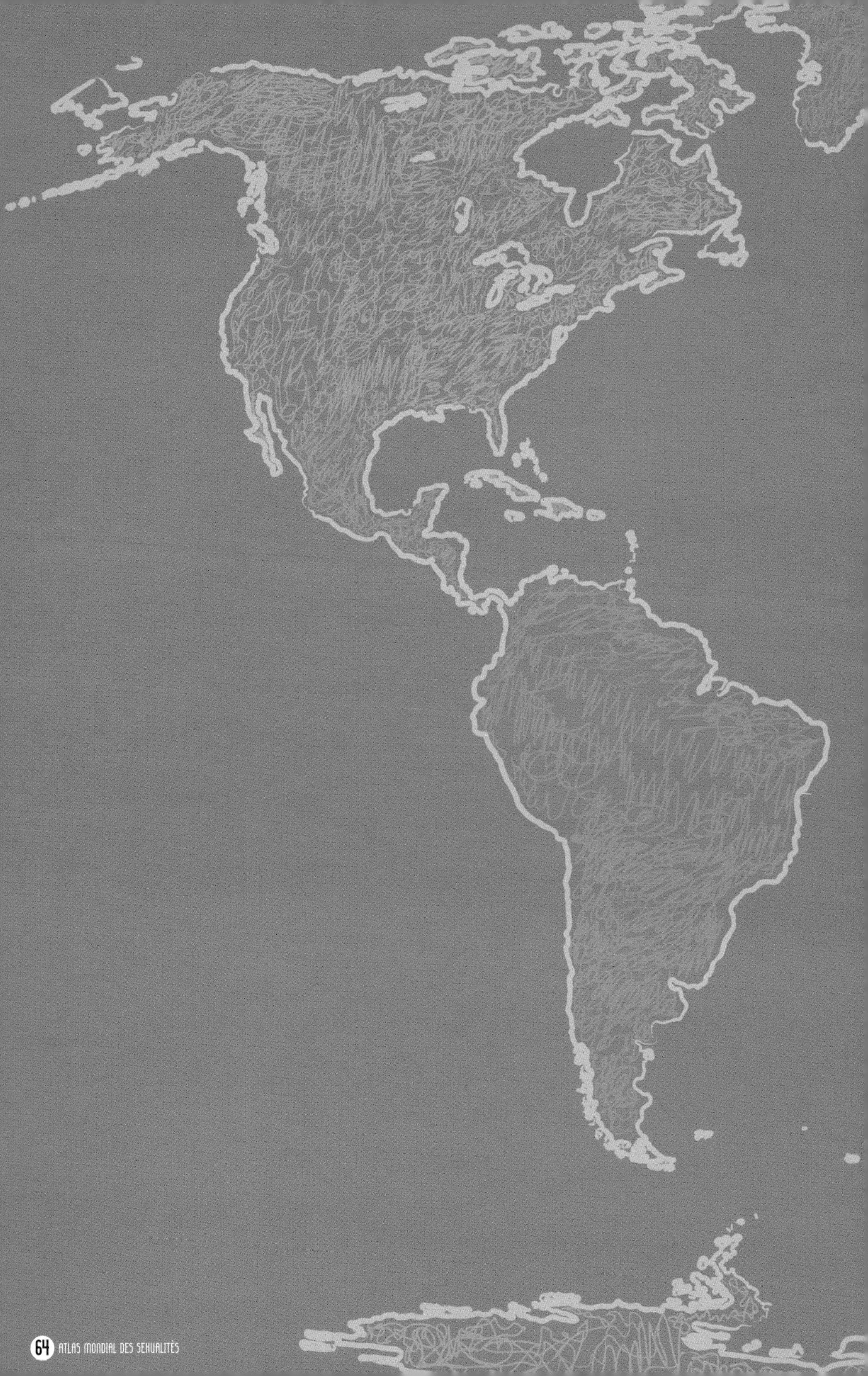

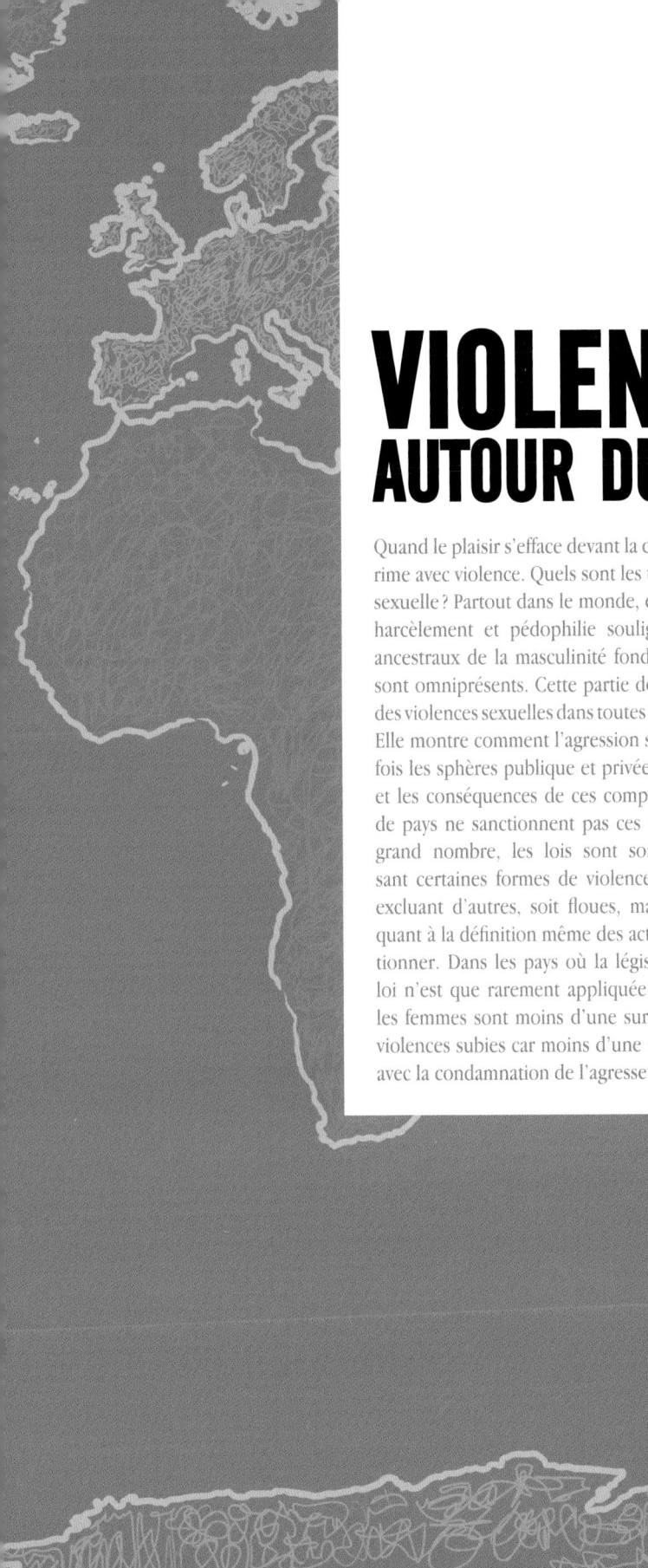

VIOLENCES
AUTOUR DU SEXE

Quand le plaisir s'efface devant la contrainte, la sexualité rime avec violence. Quels sont les terrains de la violence sexuelle ? Partout dans le monde, et de tout temps, viol, harcèlement et pédophilie soulignent que les codes ancestraux de la masculinité fondés sur la domination sont omniprésents. Cette partie donne à voir l'ampleur des violences sexuelles dans toutes les régions du monde. Elle montre comment l'agression sexuelle concerne à la fois les sphères publique et privée et décrypte les effets et les conséquences de ces comportements. Beaucoup de pays ne sanctionnent pas ces violences et, dans un grand nombre, les lois sont soit imparfaites, punissant certaines formes de violence sexuelle tout en en excluant d'autres, soit floues, manquant de précision quant à la définition même des actes de violence à sanctionner. Dans les pays où la législation est adaptée, la loi n'est que rarement appliquée. Principales victimes, les femmes sont moins d'une sur quatre à déclarer les violences subies car moins d'une sur dix obtient justice avec la condamnation de l'agresseur.

VIOLENCES AUTOUR DU SEXE

Le viol : un rapport de domination masculine

Le viol est un rapport sexuel imposé à quelqu'un par la violence. Il y a peu de statistiques fiables concernant le viol dans le monde et ces agressions demeurent souvent tues. Mais dans les pays où des enquêtes ont été menées pour évaluer ce phénomène, une constante demeure : l'écrasante majorité des victimes de viols sont des femmes (plus de 90 % des cas) et tous les agresseurs sont des hommes (plus de 95 % des cas), très souvent connus de la victime. Une étude du Fonds de développement pour les femmes des Nations unies estime qu'une femme sur cinq dans le monde est victime d'un viol ou d'une tentative de viol au cours de sa vie.

■ NE SORS PAS SEULE LA NUIT

La peur du viol contraint les femmes à adapter leurs pratiques de l'espace public et à intérioriser des normes spatiales de genre, comme éviter certains lieux réputés peu sûrs, ne pas être seules la nuit dans la rue et les transports publics et adopter une tenue vestimentaire « convenable ». Le déni ou la justification du viol par le comportement même des femmes restent très répandus dans l'inconscient collectif.

Le viol peut être considéré comme une violence masculine dirigée contre les femmes pour les maintenir dans une position d'infériorité et d'intimidation. L'aménagement et la pratique des espaces publics en donne un excellent témoignage : en théorie accessible et ouverte à tous et toutes, la ville est un terrain de jeu pour les hommes, pensé majoritairement par les hommes. Une étude pour l'agence d'urbanisme de Bor-

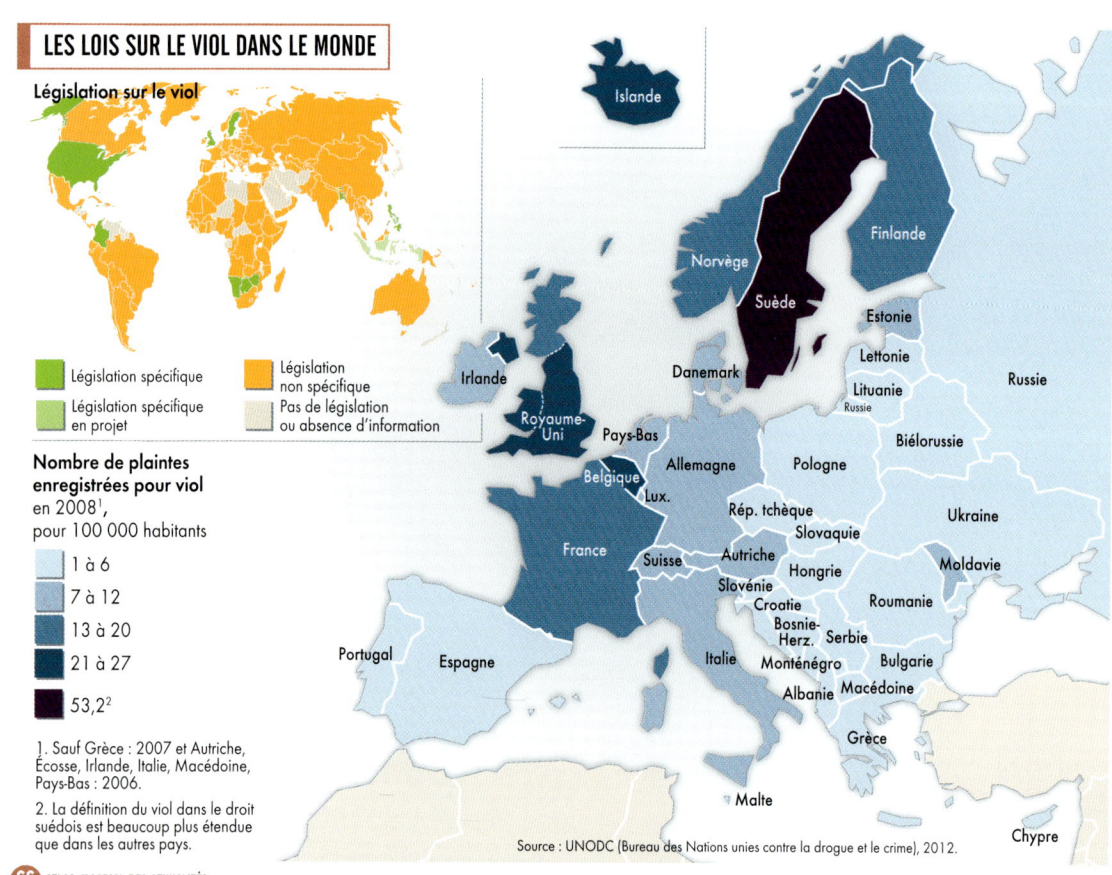

LES LOIS SUR LE VIOL DANS LE MONDE

Législation sur le viol
- Législation spécifique
- Législation spécifique en projet
- Législation non spécifique
- Pas de législation ou absence d'information

Nombre de plaintes enregistrées pour viol en 2008[1], pour 100 000 habitants
- 1 à 6
- 7 à 12
- 13 à 20
- 21 à 27
- 53,2[2]

1. Sauf Grèce : 2007 et Autriche, Écosse, Irlande, Italie, Macédoine, Pays-Bas : 2006.
2. La définition du viol dans le droit suédois est beaucoup plus étendue que dans les autres pays.

Source : UNODC (Bureau des Nations unies contre la drogue et le crime), 2012.

deux montre comment les équipements sportifs et de loisirs aménagés en façade des quais pour canaliser l'énergie des jeunes garçons soulignent de façon ostentatoire que les garçons sont les usagers majoritaires de l'espace public puisque, dans le même temps, une recommandation du ministère de l'Intérieur conseille aux filles d'éviter de faire du jogging seules dans les endroits isolés et de sortir le soir dans certains quartiers.

...

Verbatim

14% seulement des plaintes pour viol aboutissent à une condamnation en Europe.
UNODC, 2010.

■ ÇA SE PASSE PRÈS DE CHEZ VOUS

Chaque jour, en Suède, une quinzaine de personnes portent plainte pour viol. Les victimes sont de plus en plus jeunes et la majorité d'entre elles n'avaient jamais rencontré leur agresseur. D'après une étude européenne, la Suède arrive en tête des pays européens pour le nombre de viols déclarés, avant la Grande-Bretagne et la Belgique, où les taux de déclaration sont deux fois plus faibles. Ces chiffres sont à prendre avec beaucoup de précaution, car la définition du viol est parfois plus restrictive d'un pays à un autre et, surtout, le recours à la déclaration n'est pas le même, ni dans tous les pays, ni dans tous les milieux sociaux. En Suède, depuis une dizaine d'années, grâce à de nouvelles législations et de nouveaux centres de soutien, on ose plus souvent porter plainte et il devient moins stigmatisant qu'ailleurs d'être victime d'un viol. Mais si la Suède affiche un taux record de plaintes déposées, 10% seulement ont donné lieu à une condamnation. Ce taux est de 14% en Europe (de 18% en Autriche à 4% en Belgique). Le harcèlement sexuel est quant à lui absent des législations de la plupart des pays à l'exclusion des pays européens.

...

■ AUX SOURCES DE LA VIOLENCE SEXUELLE CONTRE LES FEMMES

Des approches intégrées, qui replacent l'agresseur dans les différents contextes de son vécu, sont proposées pour expliquer les facteurs qui continuent de sous-tendre les abus sexuels perpétrés contre les femmes dans toutes les sociétés modernes. Tout d'abord l'histoire personnelle de l'agresseur, le fait d'avoir vécu dans un milieu où l'usage de l'alcool était fréquent et d'avoir assisté à de la violence conjugale étant enfant. Viennent ensuite, d'une part, les contextes familiaux avec un modèle patriarcal des ménages où l'homme contrôle les finances et prend les décisions et, d'autre part, la structure socioprofessionnelle dans laquelle évoluent les femmes (pauvreté et isolement), et enfin l'environnement économico-culturel plus global, qui montre que le concept de masculinité reste fondé presque partout sur la domination. ●

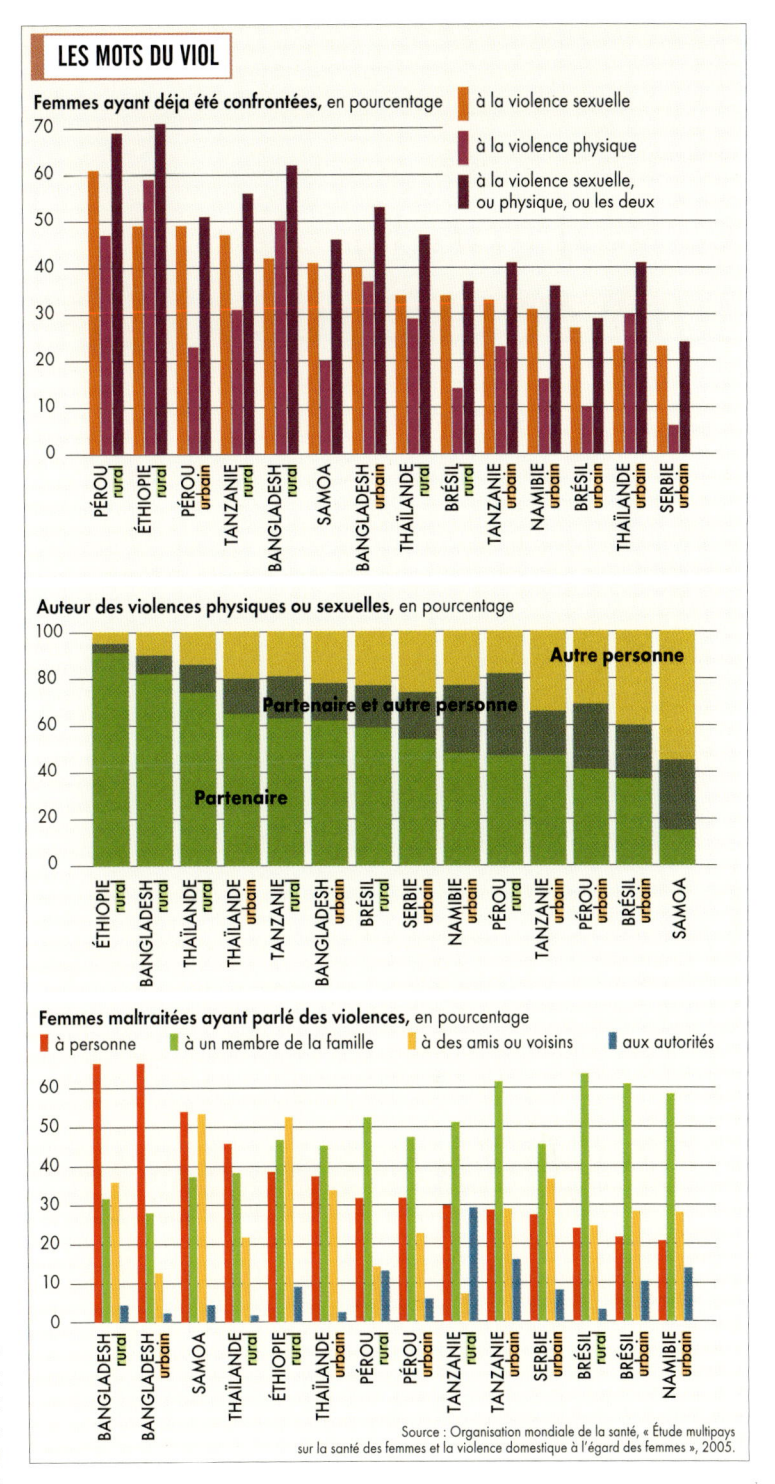

LES MOTS DU VIOL

Source : Organisation mondiale de la santé, « Étude multipays sur la santé des femmes et la violence domestique à l'égard des femmes », 2005.

ATLAS MONDIAL DES SEXUALITÉS 67

VIOLENCES AUTOUR DU SEXE

Le viol comme arme de guerre

Aucune région du monde n'est épargnée par le viol lors de conflits armés, aucune période de l'histoire non plus. Les victimes, en majorité des femmes, ont été considérées pendant longtemps comme faisant partie du butin de guerre ou comme une conséquence inhérente aux conflits. Le recours, plus systématique et massif, au viol comme stratégie guerrière durant les conflits qui ont envahi plusieurs régions du monde, au cours des dernières décennies, a créé un électrochoc à l'échelle mondiale. Pour la première fois, les conséquences sociales et politiques de ces pratiques sont prises en compte.

VIOLS ET VIOLENCES SEXUELLES EN TEMPS DE GUERRE

Bosnie-Herzégovine (1992-1995) : 20 000 à 50 000 femmes violées

Guatemala 1966-1996
Nicaragua 1979-1990
Salvador 1972-1992
Colombie 1985-2004
Pérou 1980-1990
Chili 1980-1990

Sources : Vincent Moriniaux, carte « Le viol comme tactique de guerre », 2005 ; Anne Dupierreux, « Quand le viol devient arme de guerre », 2009 ; Agnès Stienne, « Viols en temps de guerre, le silence et l'impunité », 2011 (http://blog.mondediplo.net) ; ONU.

LE VIOL DE GUERRE, UN CRIME CONTRE L'HUMANITÉ

Ce n'est que depuis les conflits de l'ex-Yougoslavie et du Rwanda que les tribunaux et les instances juridiques internationales ont reconnu le viol comme crime de guerre et crime contre l'humanité. Le Statut de Rome de la Cour pénale internationale définit ainsi par violences sexuelles dans un conflit armé le viol, l'esclavage sexuel, les prostitutions, les grossesses et les stérilisations forcées, et toute autre forme de violence sexuelle de gravité comparable. Mais si l'opinion et les mentalités changent, il est très difficile d'accéder à l'information et d'établir des statistiques qui rendent compte du phénomène et de son ampleur, en raison notamment du silence des victimes, mais aussi des difficultés d'enquêter sur le terrain. Plusieurs auteurs évoquent la « double peine » des femmes agressées qui ne témoignent pas des violences infligées, par peur des représailles et surtout de la honte d'être stigmatisées.

...

LE CORPS DES FEMMES COMME TERRITOIRE À CONQUÉRIR

En temps de guerre, la violence contre les femmes atteint des proportions « épidémiques », selon les termes d'Amnesty International, tant le recours aux viols de masse est fréquemment et systématiquement utilisé comme arme de guerre. De plus, au cours des conflits, de nombreuses femmes sont contraintes de se prostituer.

Cette pratique n'est pas nouvelle, mais elle n'est sérieusement documentée que depuis les deux guerres mondiales. De multiples exemples témoignent de l'usage du corps des femmes comme récompense aux guerriers : durant la Seconde Guerre mondiale, parfois avec la complicité des gouvernements et des autorités militaires, des milliers de femmes et de jeunes filles ont fait l'objet de viols, de prostitution forcée et de trafic pour satisfaire les besoins sexuels des forces armées occupantes.

Les historiens estiment que plus de 50 000 femmes ont servi dans les bordels du IIIe Reich et qu'en Asie du Sud-Est, plus de 200 000 « femmes de réconfort » ont été asservies pour les soldats de l'armée japonaise. Durant ce conflit mondial, le recours systématique et à grande échelle du viol pour semer la terreur, punir et se venger s'est également généralisé : par exemple, l'armée soviétique aurait violé à Berlin plus de 120 000 femmes. Les armées de libération auraient également abusé de milliers de femmes, en Italie et en France notamment.

...

LA SEULE PARTIE ÉMERGÉE DE L'ICEBERG ET SES CHIFFRES ASTRONOMIQUES

Si le viol fait partie des pratiques guerrières, son usage comme arme de guerre a pris, ces dernières décennies, une ampleur inquiétante. L'Unicef explique que la nature des conflits dans le monde a changé et pourquoi les femmes et les enfants sont les premières victimes de ces changements. Au cours des vingt dernières années, une soixantaine de grands conflits armés se sont déroulés dans une cinquantaine de régions. Dans quatre cas seulement, il s'agissait d'une guerre entre États. Les combats se rapprochent des

Verbatim

400 000 femmes ont été victimes de viol dans la République démocratique du Congo entre 2006 à 2007, soit 48 femmes par heure.
Johns Hopkins Bloomberg School, 2011.

Carte : Viols et violences sexuelles dans les conflits armés

Prise de Berlin par les Soviétiques (1945) : 95 000 à 130 000 femmes violées

Bangladesh, guerre d'indépendance (1971) : 200 000 femmes violées en 9 mois

Asie de l'Est et du Sud-Est (1937-1945) plus de 200 000 femmes violées par les forces japonaises

R.D. du Congo (depuis 1996) : plus de 20 000 viols par an

Rwanda (avril-juin 1994) : 250 000 à 500 000 femmes violées

Localisations indiquées sur la carte :
- Europe 1942-1945
- Espagne 1936-1939
- Ex-Yougoslavie 1991-1995
- Afghanistan 1992-2004
- Chypre 1967-1974
- Tchétchénie (Russie) 1999-2001
- Inde-Pakistan 1947
- Japon 1945-1950
- Algérie 1954-1962 / 1992-1997
- Soudan (Darfour) 2003-2005
- Koweït 1990-1991
- Birmanie 1988-2001
- Asie de l'Est 1937-1945
- Nankin 1937
- Hong Kong 1941
- Vietnam 1957-1975
- Rép. centrafricaine 2001-2003
- Gujarat 2002
- Bangladesh 1971 / 2001
- Indochine 1946-1954
- Sierra Leone 1991-2000
- Nigeria (Biafra) 1967-1970
- Sud-Soudan 1984-2004
- Somalie depuis 2008
- Aceh 2003-2004
- Cambodge 1967-1978
- Philippines 1999-2000
- Liberia 2002-2003
- R.D. du Congo depuis 1998
- Ouganda 1987-1997
- Singapour 1942
- Îles Salomon 1998-200[?]
- Congo 1998-2000
- Rwanda 1994
- Indonésie / Jakarta 1965 / 1998
- Timor-Oriental 1975-2000
- Angola 1998-2002
- Burundi 2003

Viols et violences sexuelles
- ○ 1937-1980
- ● après 1980

Nombre de cas rapportés : moins de 100 / de 100 à 1 000 / de 1 000 à 10 000 / de 10 000 à 100 000 / plus de 100 000

Contexte :
- Guerre internationale
- Guerre civile, sécession
- Violences intercommunautaires

Birmanie : États non signataires du Traité de Rome parmi ceux dans lesquels des viols ont été commis

---

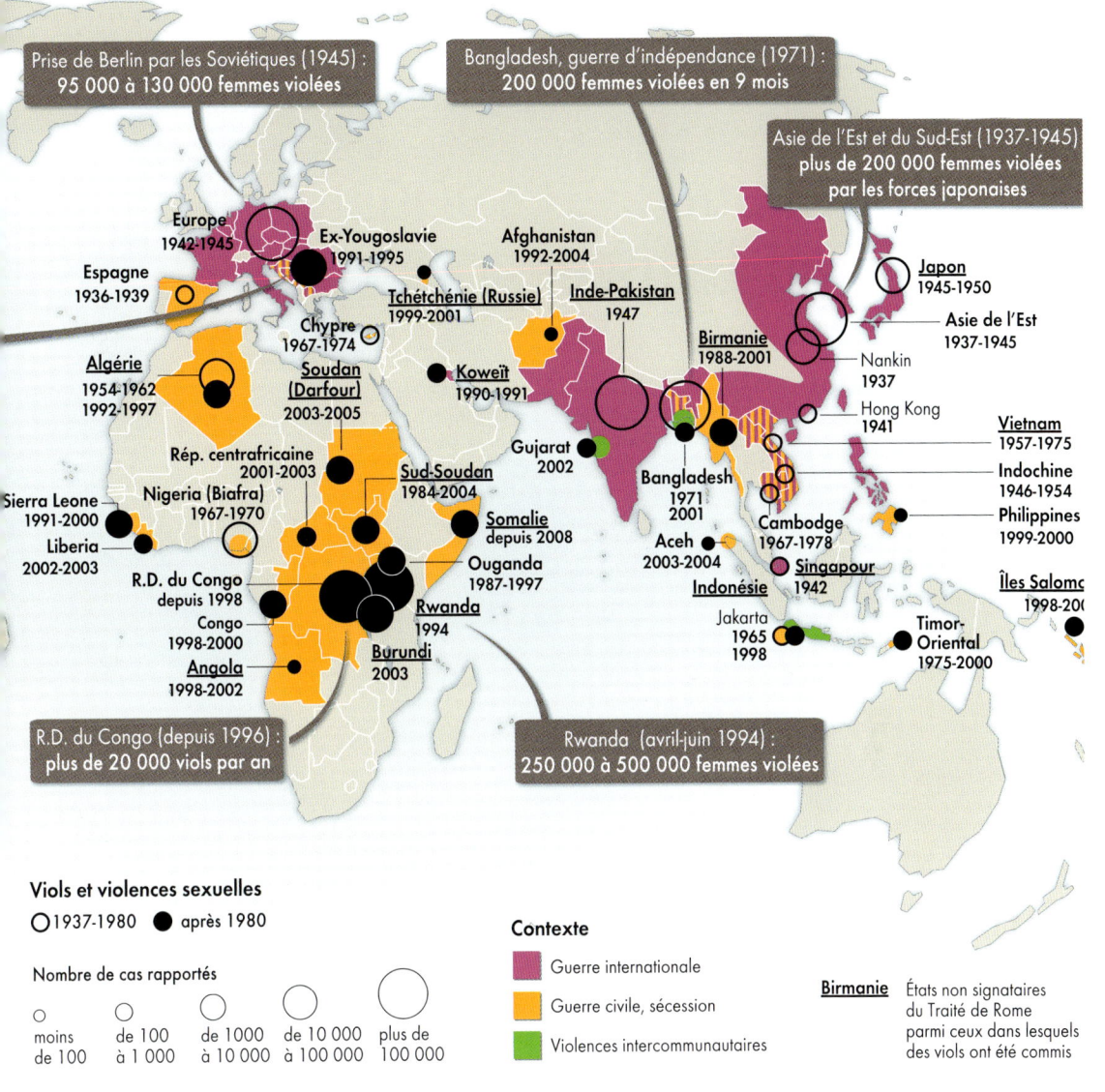

zones d'habitation et les civils courent plus de risques, en particulier les femmes. Dans leur village, au cours de leur fuite ou dans les camps de réfugiés, les femmes et les filles deviennent très facilement victimes d'abus et d'exploitation sexuels.

Durant les conflits armés de la deuxième moitié du XXe siècle et ceux qui ont émergé depuis le début du XXIe, des trafics de femmes et de jeunes filles ont été signalés dans 85 % des zones de guerre. Les chiffres se succèdent et s'alignent pour témoigner de l'ampleur de ce fléau et de l'incapacité ou du laxisme des autorités locales ou internationales à y remédier.

Les Nations unies rapportent que 40 000 cas de viols ont été signalés en République démocratique du Congo au début des années 2000 et une étude récente de l'école de santé Johns Hopkins Bloomberg estime à dix fois plus, soit plus de 400 000, le nombre de viols effectués en une année seulement, entre 2006 et 2007. Au Rwanda, entre 250 000 et 500 000 femmes, soit environ 20 % de la population féminine, ont été violées durant le conflit de 1994, selon la Croix-Rouge internationale. En Bosnie-Herzégovine, au cours de cinq mois de guerre en 1992, 20 000 à 50 000 femmes ont subi des abus sexuels, incluant des emprisonnements dans des camps de viols et des centres de grossesses forcées. Dans certains villages du Kosovo, selon Amnesty International, 30 % à 50 % des femmes en âge d'avoir des enfants ont été violées par des hommes des forces serbes. Au Darfour, les milices armées continuent à violer les femmes et les jeunes filles, semant la terreur dans les camps de réfugiés et aux alentours.

LES LOURDES CONSÉQUENCES DE CETTE CRIMINALITÉ

Le viol dans les conflits armés devient ainsi une stratégie de guerre, une tactique pour soumettre et avilir l'adversaire. L'Observatoire international des violences sexuelles dans les conflits armés le décrit comme une arme utilisée dans le but d'une destruction individuelle de la victime, mais aussi d'une destruction collective de la communauté. Pratiqué de façon massive, le viol bouleverse l'organisation de la société et anéantit les liens sociaux et familiaux. La violence sexuelle envers les femmes atteint les fondements moraux et sociaux de communautés entières, ce qu'aucune arme n'est capable de faire. Les filles violées sont souvent rejetées par leur famille, stigmatisées par la communauté ; enceintes, elles sont contraintes à l'exil dans un contexte qui culpabilise plus les victimes que les criminels. ●

VIOLENCES AUTOUR DU SEXE

Sociologie de l'agression sexuelle en France

La violence à l'égard des femmes est un phénomène universel qui persiste dans tous les pays du monde. La violence domestique en est la forme la plus répandue. Elle se traduit par des sévices physiques ou psychologiques et des abus sexuels, et permet aux hommes d'exercer un pouvoir et une emprise sur leurs conjointes. Peu de données existent à l'échelle mondiale mais une constante se confirme au travers des différentes enquêtes : les agresseurs sont souvent des proches de la victime, conjoint ou ex-conjoint, mais également des membres de la famille recomposée ou des amis. Ce constat a toujours été un prétexte pour que ces violences sexuelles allant très souvent jusqu'au viol soient considérée comme relevant de la sphère privée.

UNE VIOLENCE OCCULTÉE JUSQU'À RÉCEMMENT

Jusqu'à tout récemment, la plupart des gouvernements considéraient la violence à l'égard des femmes comme un problème mineur, « limité » à la sphère domestique. Des études internationales ont pu montrer que 10% à 30% de femmes dans 35 pays sont victimes de violences sexuelles de la part de leur conjoint ou de leur ex-conjoint, et que 10% à 27% de femmes et de jeunes filles dans le monde faisaient état d'abus sexuels subis pendant l'enfance ou l'âge adulte. Depuis une vingtaine d'années, grâce à l'action des organisations internationales et en particulier de l'OMS, les violences envers les femmes sont reconnues comme un problème de santé publique et de droits fondamentaux qui concerne la société dans son ensemble. La prise de conscience est mondiale et l'opinion publique évolue face à ce problème.

LES FEMMES COMME PRINCIPALES VICTIMES

En France, une femme meurt tous les trois jours du fait de violences conjugales. Ces violences varient fortement d'un département à l'autre avec, dans la Creuse, 6,1 faits rapportés pour 10 000 femmes, contre 50,1 en Seine-Saint-Denis. De manière générale, les femmes sont trois fois plus souvent victimes d'attouchements ou de rapports sexuels forcés que les hommes. Selon une enquête menée par l'Observatoire national de la délinquance et l'Insee, près de 500 000 femmes ont été agressées sexuellement en 2006 et les trois quarts des violences ont été subies à l'extérieur du domicile. En Île-de-France, selon une enquête de l'IAU IDF, cette proportion est plus faible, avec deux agressions sexuelles sur trois hors du domicile conjugal. Les violences sexuelles envers les femmes se rencontrent dans tous les milieux sociaux, mais les femmes sans diplôme sont agressées en dehors du domicile cinq fois plus que les femmes diplômées. Quant à l'âge, les jeunes femmes (18 à 29 ans) sont très touchées, avec une sur cinq qui subit des gestes non désirés et 2,2% victimes d'un viol (contre 0,7% en moyenne). Les viols au domicile touchent en particulier les femmes de 30 à 39 ans.

Dans environ une affaire sur trois (36%), la victime déclare que l'agression a eu des conséquences durables sur sa santé. Outre ce coût humain, les recherches de l'OMS montrent que cette violence a un coût économique considérable (services sanitaires, juridiques, policiers, etc.). Selon l'Observatoire de la parité, le coût financier global des violences conjugales en France se chiffrerait, pour l'année 2006, à 1 milliard d'euros.

UN AGRESSEUR SOUVENT CONNU PAR LA VICTIME

Dans deux cas sur trois, les victimes connaissent leur agresseur, qui est leur ex-conjoint plus d'une fois sur cinq. Le viol commis par un inconnu concerne un tiers des victimes. L'agresseur agit la plupart du temps seul. Les caresses, baisers et autres gestes déplacés non désirés, qui sont les agressions sexuelles les plus fréquentes, se sont déroulés pour une victime sur quatre sur le lieu de travail et pour 15% à son domicile ou dans le logement de quelqu'un d'autre.

LA PEUR ET LA HONTE D'EN PARLER

Quand les femmes parlent de l'agression qu'elles ont subie, c'est plus souvent à un proche ou à un professionnel qu'à la police. Mais les violences sexuelles subies au sein du ménage sont tues par un tiers des victimes. Les agressions sexuelles à l'extérieur font plus fréquemment (17,5%) l'objet de plaintes déposées auprès de la police et seulement 12% des victimes n'en ont parlé à personne. En Île-de-France, moins d'une femme sur quatre (22%) dépose une plainte pour agression sexuelle.

En outre, les femmes se sentent moins en sécurité que les hommes : 71% des Franciliennes contre 42% des Franciliens. Cette peur est susceptible d'influencer le mode de vie et notamment l'usage des transports et des espaces publics.

Verbatim

475 000 personnes sont victimes en France de violences sexuelles et moins de 10% portent plainte.
OND, Insee 2010.

LES AGRESSEURS ET LEURS VICTIMES

Violences sexuelles selon l'âge, en pourcentage

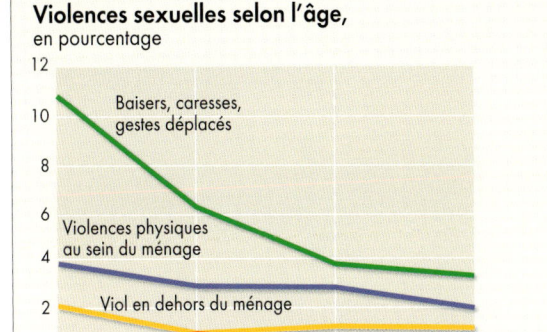

- Baisers, caresses, gestes déplacés
- Violences physiques au sein du ménage
- Viol en dehors du ménage
- Viol au sein du ménage

(18-29, 30-39, 40-49, 50-59 ans)

Auteurs des viols commis sur des femmes en dehors du domicile, en pourcentage

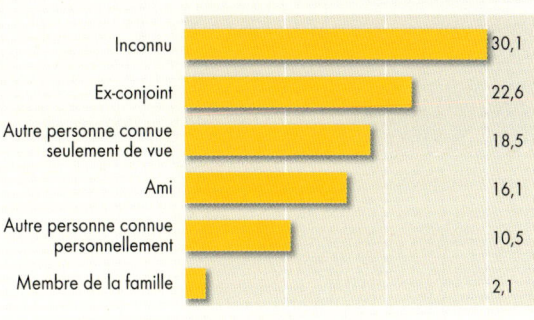

Auteur	%
Inconnu	30,1
Ex-conjoint	22,6
Autre personne connue seulement de vue	18,5
Ami	16,1
Autre personne connue personnellement	10,5
Membre de la famille	2,1

Nombre de personnes de 18 à 60 ans victimes de violences physiques ou sexuelles, en 2005-2006, en milliers

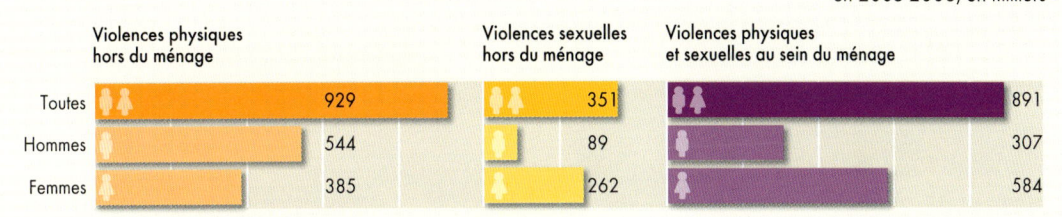

	Violences physiques hors du ménage	Violences sexuelles hors du ménage	Violences physiques et sexuelles au sein du ménage
Toutes	929	351	891
Hommes	544	89	307
Femmes	385	262	584

Proportion de femmes victimes selon le niveau de diplôme, en 2005-2006, en pourcentage

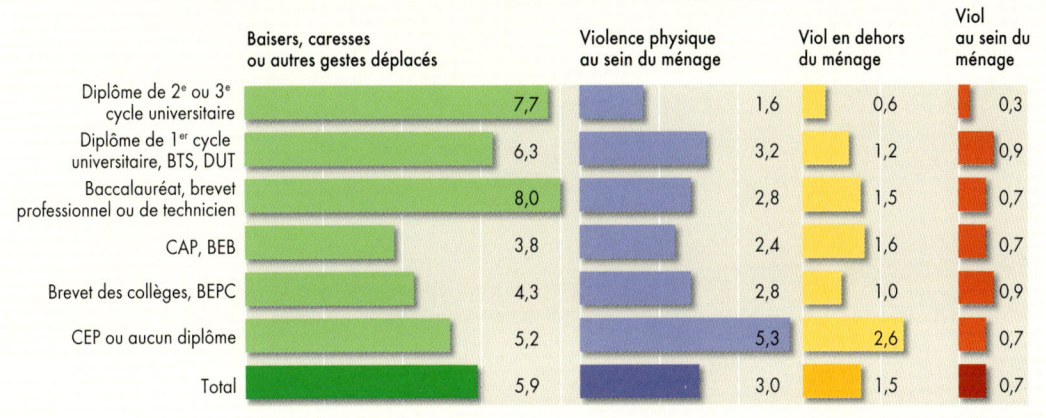

Diplôme	Baisers, caresses ou autres gestes déplacés	Violence physique au sein du ménage	Viol en dehors du ménage	Viol au sein du ménage
Diplôme de 2e ou 3e cycle universitaire	7,7	1,6	0,6	0,3
Diplôme de 1er cycle universitaire, BTS, DUT	6,3	3,2	1,2	0,9
Baccalauréat, brevet professionnel ou de technicien	8,0	2,8	1,5	0,7
CAP, BEB	3,8	2,4	1,6	0,7
Brevet des collèges, BEPC	4,3	2,8	1,0	0,9
CEP ou aucun diplôme	5,2	5,3	2,6	0,7
Total	5,9	3,0	1,5	0,7

Recours des femmes victimes de violences en dehors ou au sein du ménage, en pourcentage

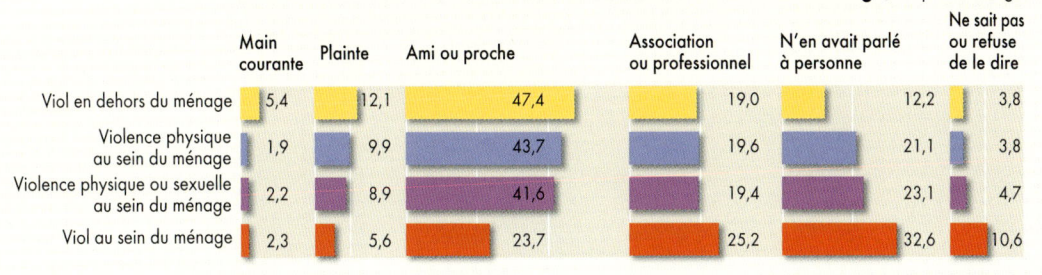

	Main courante	Plainte	Ami ou proche	Association ou professionnel	N'en avait parlé à personne	Ne sait pas ou refuse de le dire
Viol en dehors du ménage	5,4	12,1	47,4	19,0	12,2	3,8
Violence physique au sein du ménage	1,9	9,9	43,7	19,6	21,1	3,8
Violence physique ou sexuelle au sein du ménage	2,2	8,9	41,6	19,4	23,1	4,7
Viol au sein du ménage	2,3	5,6	23,7	25,2	32,6	10,6

Champ : femme âgées de 18 à 59 ans, en 2005-2006. Les résultats de ce tableau ne concernent que les femmes comprenant le français.

Sources : Insee, enquête « Cadre de vie et sécurité 2007 » ; Insee première, n° 1180, 2008.

VIOLENCES AUTOUR DU SEXE

Santé et sexualités

La sexualité n'est pas une maladie : faire l'amour est essentiel à la santé et contribue à l'épanouissement personnel. Mais elle peut néanmoins se révéler dangereuse. Malgré les progrès ininterrompus de la recherche médicale, les maladies sexuellement transmissibles continuent d'exister. Le sida en est la principale, affectant des millions d'individus, pour l'essentiel dans les pays du Sud. Si le taux annuel de nouvelles infections a diminué de 21 % entre 1997 et 2010, le sida tue encore 8 000 personnes chaque jour. En France, elles sont environ 6 000 à découvrir leur séropositivité chaque année.

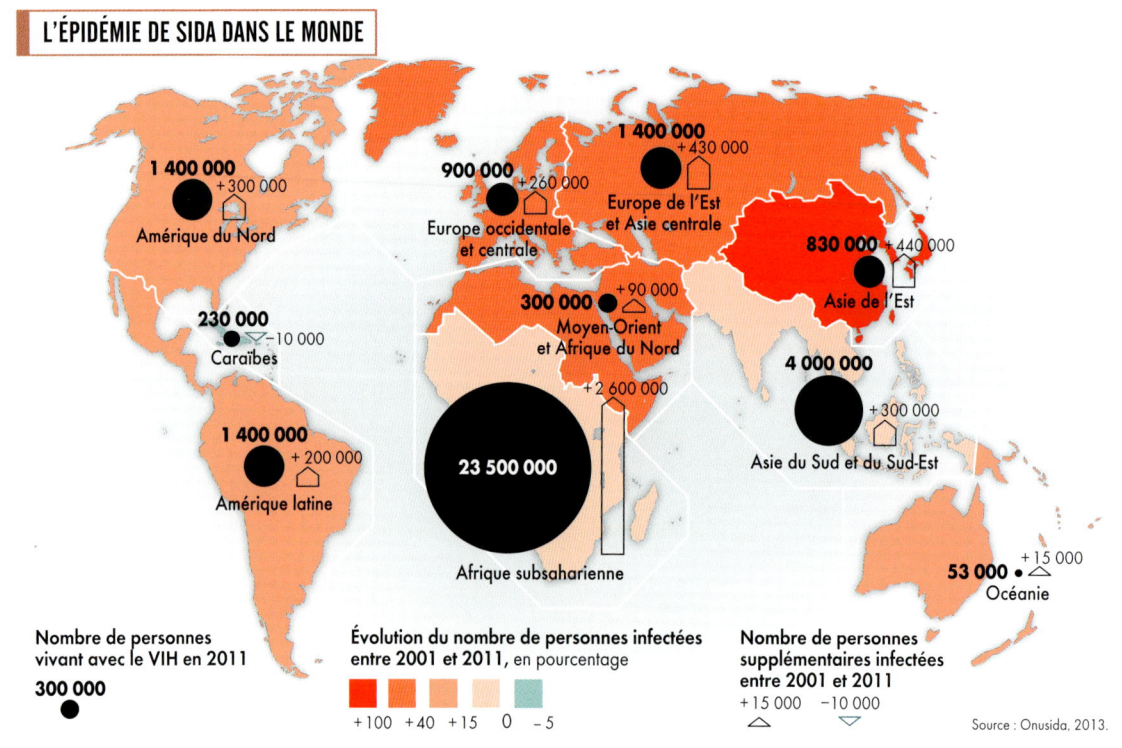

L'ÉPIDÉMIE DE SIDA DANS LE MONDE

- Amérique du Nord : 1 400 000 (+300 000)
- Europe occidentale et centrale : 900 000 (+260 000)
- Europe de l'Est et Asie centrale : 1 400 000 (+430 000)
- Asie de l'Est : 830 000 (+440 000)
- Caraïbes : 230 000 (-10 000)
- Moyen-Orient et Afrique du Nord : 300 000 (+90 000)
- Amérique latine : 1 400 000 (+200 000)
- Afrique subsaharienne : 23 500 000 (+2 600 000)
- Asie du Sud et du Sud-Est : 4 000 000 (+300 000)
- Océanie : 53 000 (+15 000)

Nombre de personnes vivant avec le VIH en 2011 : 300 000

Évolution du nombre de personnes infectées entre 2001 et 2011, en pourcentage : +100 +40 +15 0 -5

Nombre de personnes supplémentaires infectées entre 2001 et 2011 : +15 000 -10 000

Source : Onusida, 2013.

■ LE SEXE, C'EST BON POUR LA SANTÉ !

Selon les médecins de la Chine ancienne, faire l'amour préserve notre santé, aussi bien physique que mentale. En provoquant un état de bien-être et de relaxation, l'acte sexuel est le plus naturel des remèdes antistress et des somnifères. Il améliore la confiance en soi. Ces dernières années, plusieurs études ont été menées sur l'impact de l'activité sexuelle sur notre santé, montrant que les risques de maladies cardio-vasculaires diminuent avec l'augmentation de l'activité sexuelle. Mais faire l'amour n'est pas sans risques.

■ SEXUALITÉ = DANGER

Les troubles de la sexualité, qui restent encore un sujet tabou, sont fréquents, en particulier chez les individus ayant des problèmes psychologiques, passagers ou récurrents. Il n'est pas aisé pour un homme d'évoquer ses problèmes d'érection ou d'éjaculation précoce, par exemple, surtout dans un contexte sociétal de culte de la performance. Avec l'âge, le risque d'impuissance augmente.

Mais les principaux dangers inhérents à la relation sexuelle concernent les maladies sexuellement transmissibles, ou MST. En France, 2 millions de personnes seraient atteintes d'herpès génital, qu'aucun traitement médical ne permet aujourd'hui d'éradiquer. D'autres infections qui se transmettent par voie sexuelle, comme la syphilis, qui avait sensiblement régressé dans les pays développés durant les années 1980 et 1990, sont réapparues ces dernières années, en particulier dans la population homosexuelle masculine. Pour la plupart de ces maladies, le préservatif reste encore aujourd'hui le seul moyen d'éviter une contamination. Il y a une corrélation très forte entre le niveau de développement d'un pays et sa capacité à protéger et soigner sa population atteinte d'une MST. Le fléau du sida qui s'est abattu sur le monde depuis une trentaine d'années en est le meilleur exemple.

•••

Verbatim

En 2011, environ 1,7 million de personnes sont mortes du sida dans le monde.
Onusida, 2012.

■ L'AMOUR AU TEMPS DU SIDA

Si la relation sexuelle n'est pas la seule cause de transmission du sida, elle en est largement la principale. Cette maladie entraîne une diminution des capacités de l'organisme à se prémunir contre les infections. Elle est apparue chez des patients homosexuels aux États-Unis à la fin des années 1970 et constitue depuis l'un des principaux problèmes sanitaires dans le monde. On estime que 25 à 28 millions de personnes sont mortes du sida depuis 1981.

Bien que la recherche médicale ait fait des progrès considérables, la prévention par l'usage du préservatif demeure le seul moyen véritablement efficace pour éviter une contamination. Si la propagation de l'épidémie s'est ralentie ces dernières années, 2,5 millions de personnes, majoritairement hétérosexuelles, ont été nouvellement infectées en 2011 selon Onusida. Les jeunes de 15 à 24 ans représentent 40 % de ces nouvelles contaminations. La population homosexuelle demeure surreprésentée par rapport à son poids démographique estimé. Le fait que certaines croyances traditionnelles et certains discours religieux déconseillent ou interdisent l'usage du préservatif constitue un frein important pour endiguer cette maladie, en particulier en Afrique subsaharienne, région aujourd'hui la plus touchée par l'épidémie avec plus de 23 des 34 millions de personnes vivant avec le VIH dans le monde en 2011.

Si des traitements thérapeutiques existent et sont de plus en plus efficaces, leur coût sont un obstacle à leur diffusion aux pays en voie de développement. Toutefois, des progrès spectaculaires ont été réalisés ces dernières années, et en 2011, 56 % des malades de l'Afrique subsaharienne ont bénéficié d'un traitement. La circoncision des hommes constitue également un moyen efficace pour prévenir l'infection. Des initiatives sont prises pour la faire accepter dans cette région du monde.

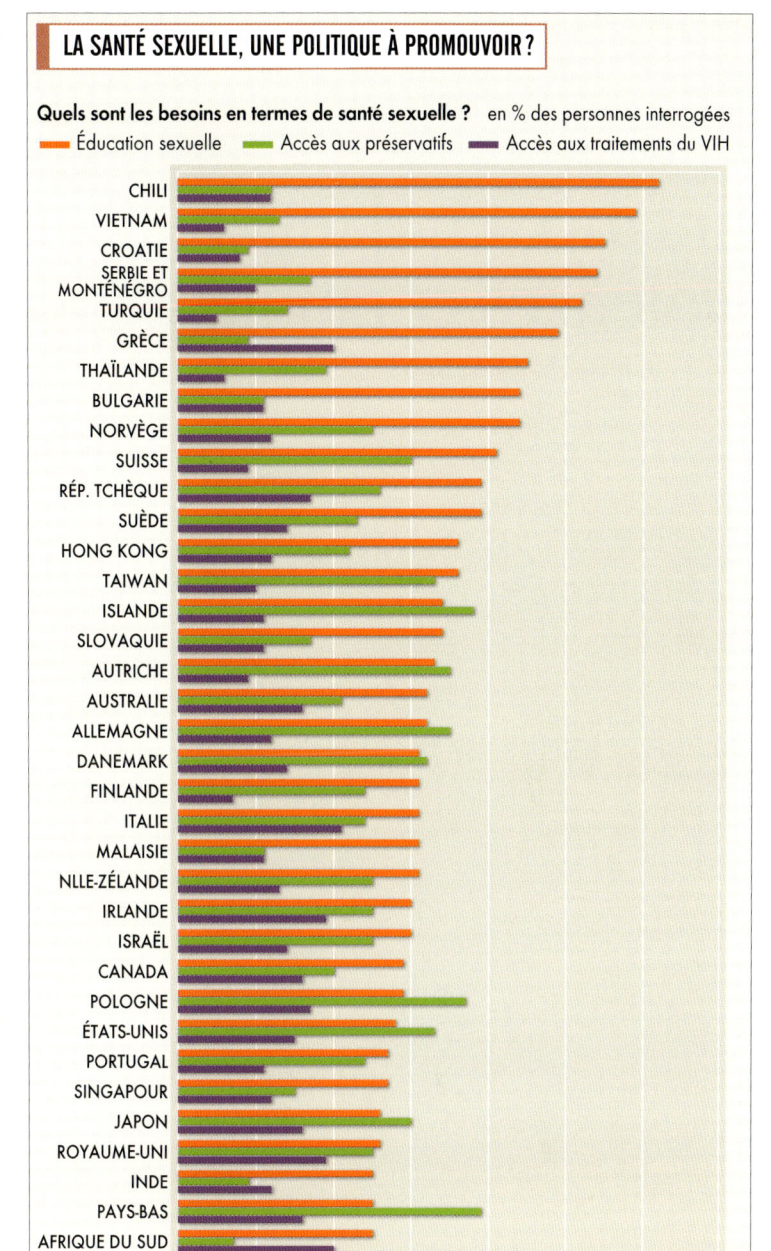

En Afrique du Sud, pays le plus touché par l'épidémie, l'espérance de vie a progressé de six ans entre 2005 et 2011, notamment grâce à la généralisation de la distribution de traitements antirétroviraux génériques. Dans d'autres pays qui attirent moins l'attention, le sida est en pleine progression. Ainsi, en Europe de l'Est, le nombre de personnes infectées a augmenté de 250 % au cours des années 2000. ●

LA SANTÉ SEXUELLE, UNE POLITIQUE À PROMOUVOIR ?

Quels sont les besoins en termes de santé sexuelle ? en % des personnes interrogées
— Éducation sexuelle   — Accès aux préservatifs   — Accès aux traitements du VIH

Source : 2005 Global Sex Survey Durex, sondage réalisé auprès de 317 000 personnes dans 41 pays.

VIOLENCES AUTOUR DU SEXE

TRAFIC ET PROSTITUTION D'ENFANTS

Enfance en danger : violences et tabous

Un enfant est abusé, torturé ou tué toute les trente secondes dans le monde. L'évaluation de la maltraitance enfantine est très difficile : les organisations internationales estiment que plus de 300 millions d'enfants de 5 à 17 ans exercent une activité contre une rémunération, soit un enfant sur cinq dans le monde. Ils sont sur le marché du travail forcé ou dans les réseaux criminels mondiaux. Le nombre d'enfants qui subissent des violences sexuelles est estimé à près de 75 millions. L'exploitation sexuelle des enfants recouvre la prostitution, le trafic, le tourisme sexuel et la pornographie.

États-Unis
245 à 325 000

Amérique du Nord

Amérique centrale

Trafic d'enfants
→ Principaux axes du trafic d'enfants
↻ Trafic intérieur (des régions rurales vers les villes)

Prostitution

Vietnam 12 000   Nombre d'enfants prostitués

Sources : Terre des hommes ; Unicef, 2004-2012.

LA PÉDOPHILIE, UNE INSTRUMENTALISATION DU SEXE DES ENFANTS

La pédophilie est la première forme de maltraitance sexuelle à laquelle on pense, tant la médiatisation de cette forme de violence est importante. Pourtant l'évaluation de son ampleur reste impossible, car la maltraitance s'effectue dans la sphère privée par des proches (père, parrain, tuteur, précepteur ou enseignant) qui terrorisent ou séquestrent les enfants pour en abuser. La pédophilie renvoie au tabou de l'inceste, valeur aujourd'hui partagée dans le monde moderne, contrairement au monde antique où monarques et pharaons avaient pour coutume d'épouser leur descendance pour conserver la pureté des lignées royales. Contrairement à la pornographie mettant en scène des enfants, elle n'entre pas dans les définitions internationales de l'exploitation sexuelle des enfants, car l'abus sexuel ne donne pas lieu à une rémunération.

...

LES ENFANTS COMME MARCHANDISE SEXUELLE

L'exploitation sexuelle des enfants fait partie des violences qui connaissent le plus fort accroissement dans le monde. C'est un commerce lucratif structuré en réseau par des organisations criminelles mondiales, et le tourisme sexuel impliquant des enfants est en pleine expansion, notamment en Asie. Divers facteurs expliquent cette intensification : des facteurs politiques comme la transition libérale et capitaliste des économies des pays de l'Europe de l'Est, du Vietnam, de la Thaïlande et de Cuba par exemple, la crise économique qui touche beaucoup de pays et fragilise les populations les plus pauvres et les plus vulnérables, les nouvelles technologies de communication qui banalisent l'image de l'exploitation sexuelle des enfants puisque, selon l'Unicef, plus d'un million d'images d'enfants abusés sont diffusées sur Internet, des lois laxistes et des sanctions insuffisantes.

...

LES TOURISTES SEXUELS CONSOMMATEURS D'ENFANTS

Le tourisme sexuel tient une place de plus en plus importante dans la prostitution enfantine. Le portrait-robot du touriste sexuel est celui d'un homme résidant aux États-Unis, au Canada, en Europe, en Australie, au Japon ou en Chine, qui voyage en Asie et en Amérique latine et du Sud essentiellement.
La carte du tourisme sexuel peut toutefois évoluer rapidement selon les efforts déployés par les autorités des pays récepteurs pour combattre ces pratiques. La Fondation Scelles explique comment les touristes sexuels qui venaient aux Philippines, où pas moins de 100 000 enfants prostitués sont recensés, se sont réorientés vers Goa, en Inde, suite aux nouvelles législations mises en place par Manille. Après le Brésil et Cuba où le phénomène a pris une ampleur considérable, le Costa Rica avec pas moins de 250 établissements de prostitués mineurs est un nouveau terrain. Avec 2 millions de touristes sexuels, dont 30 % d'Américains, 60 % d'Allemands... et 96 % d'hommes, la République dominicaine compte 25 000 enfants prostitués, dont 30 % ont entre 12 et 15 ans.

...

LES CHEMINS DES ENFANTS ABUSÉS

L'évaluation du nombre d'enfants victimes des réseaux criminels est très difficile. En 2006, l'Unicef estime ce chiffre à plus de 2 millions. Les flux du trafic d'enfants sont soit domestiques, s'effectuant à l'intérieur d'un même pays, des zones rurales vers les grandes villes, soit transfrontaliers, entre plusieurs pays voisins. Ces réseaux de proximité œuvrent en Asie du Sud, où l'exemple de l'Inde est emblématique, avec des jeunes filles recrutées dans les zones

> **Verbatim**
>
> *Chaque année, un million d'enfants entre dans la filière de l'industrie du sexe.*
> **Fondation Scelles, 2010.**

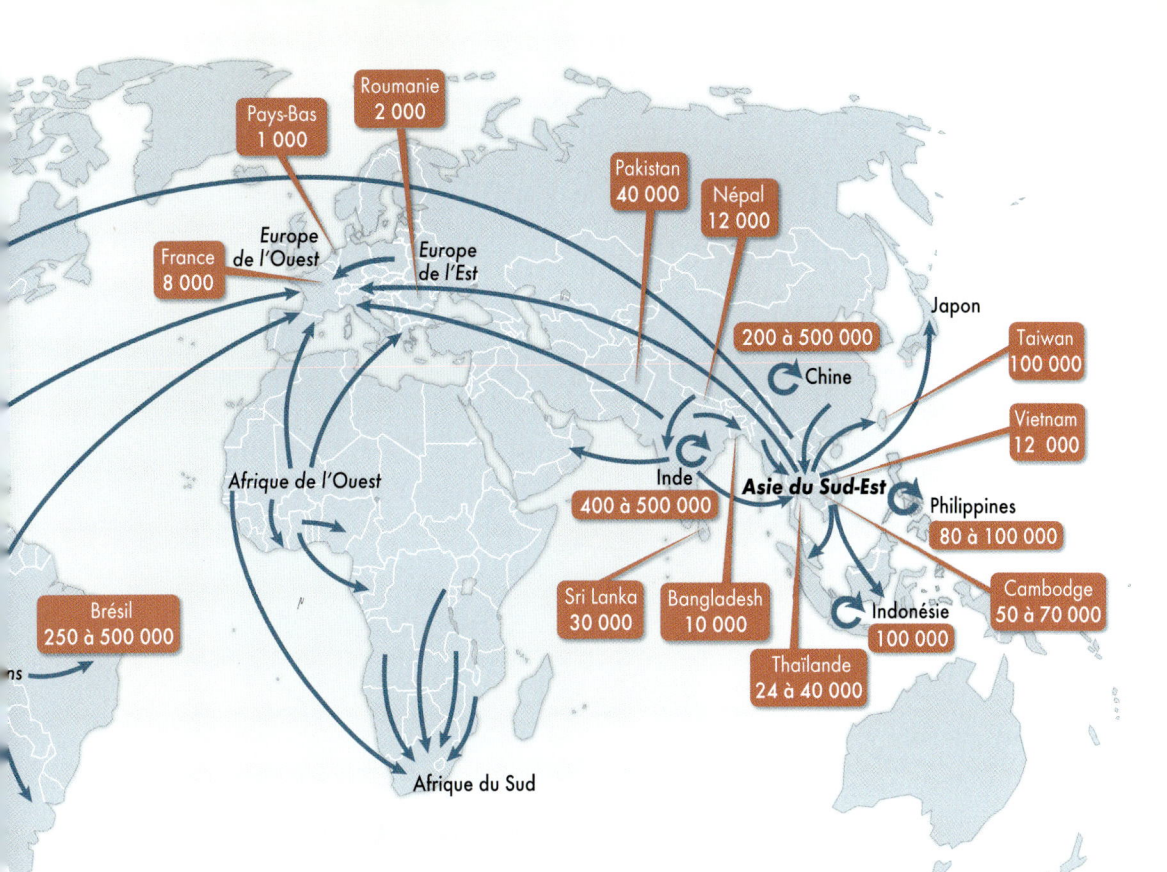

Carte des flux (trafic d'enfants)

- Pays-Bas : 1 000
- Roumanie : 2 000
- Pakistan : 40 000
- Népal : 12 000
- France : 8 000
- Europe de l'Ouest
- Europe de l'Est
- Chine : 200 à 500 000
- Japon
- Taiwan : 100 000
- Vietnam : 12 000
- Afrique de l'Ouest
- Inde : 400 à 500 000
- Asie du Sud-Est
- Philippines : 80 à 100 000
- Brésil : 250 à 500 000
- Sri Lanka : 30 000
- Bangladesh : 10 000
- Indonésie : 100 000
- Cambodge : 50 à 70 000
- Thaïlande : 24 à 40 000
- Afrique du Sud

LE VIOL DE MINEURS EN EUROPE

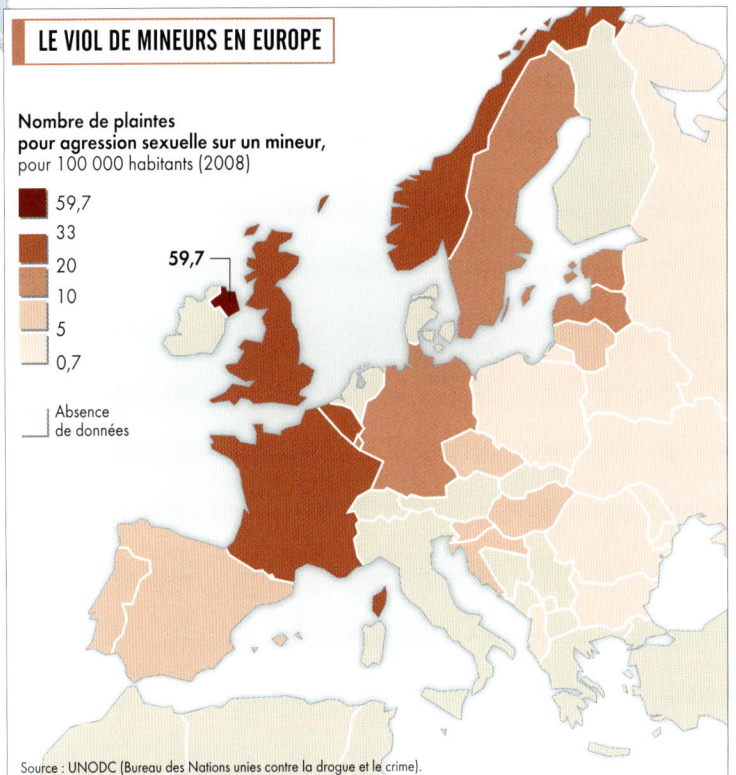

Nombre de plaintes pour agression sexuelle sur un mineur, pour 100 000 habitants (2008)

- 59,7
- 33
- 20
- 10
- 5
- 0,7
- Absence de données

59,7

Source : UNODC (Bureau des Nations unies contre la drogue et le crime).

---

qui recrutent les jeunes filles à l'Est dans les campagnes et les régions défavorisées et les transportent, par divers chemins – via l'Albanie notamment –, vers les rues et les bordels des grandes capitales de l'Ouest. À plus grande distance, l'Unicef identifie deux routes très lucratives pour les réseaux de crime organisé dans le commerce sexuel des enfants : de l'Asie du Sud-Est vers le Japon et Hawaï via Hong Kong et de l'Inde et du Pakistan vers le Moyen-Orient.

■ LA PORNOGRAPHIE ENFANTINE

Avec plus de 50 000 nouvelles images qui se téléchargent annuellement sur la Toile, la pornographie enfantine a connu une expansion sans précédent depuis le développement d'Internet. Selon les Nations unies, cette activité génère un chiffre d'affaires qui peut s'élever jusqu'à 20 milliards de dollars. Il est très difficile pour les États de lutter contre ces pratiques, car les moyens informatiques déployés pour diffuser ces images profitent du manque de coordination internationale et des législations différentes d'un pays à un autre. Une « alliance mondiale contre l'abus sexuel d'enfants en ligne » a réuni, fin 2012, une cinquantaine de pays pour permettre une plus grande coopération entre eux dans leur combat contre la diffusion d'images de pornographie enfantine sur Internet. ●

rurales du pays, au Népal et au Bangladesh. En Thaïlande et au Cambodge, les enfants livrés à la prostitution arrivent par les mêmes chemins avant de se retrouver dans les rues et les bordels de Bangkok, de Phnom Penh et des autres grandes métropoles de la région. En Europe, le même scénario est à l'œuvre avec des réseaux de prostitution

VIOLENCES AUTOUR DU SEXE

Synthèse

L'impunité des violences contre les femmes induit un sentiment d'insécurité qui conduit les femmes à adapter leurs pratiques quotidiennes par des stratégies d'évitement de certains territoires perçus comme anxiogènes. Les femmes intériorisent des normes spatiales qui leur imposent des limites lors de leurs déplacements dans les espaces publics. Ces ségrégations territoriales genrées ne sont pas sans rappeler des logiques d'apartheid. Trois types de ségrégation sont emblématiques : l'accès à la ville et à l'espace public, le droit à la mobilité et le logement.

Dans les métropoles du monde occidental, la peur de l'agression sexuelle conduit les femmes à construire des cartes mentales qui définissent les frontières de l'interdit. Leur pratique de l'espace public urbain est conditionnée par des règles qui orientent leur comportement selon des critères de dangerosité des lieux qu'il est préférable de ne pas fréquenter, seule, la nuit, en talons et minijupe. Les lieux stigmatisés sont des grands carrefours d'échanges et de circulation dans les villes, certains quartiers défavorisés et les cités des grands ensembles des périphéries urbaines.

LE DROIT À LA MOBILITÉ DES FEMMES est également malmené par ce sentiment de peur. Dans toutes les grandes villes du monde, des lignes entières de métro et de trains de banlieue sont désertées par les femmes à partir d'une certaine heure de la nuit. Et dans beaucoup de villes, en réponse aux plaintes de plus en plus nombreuses des femmes, comme à Mexico par exemple, un wagon spécial femme est affrété durant la journée aux heures de pointe pour éviter le harcèlement sexuel ; des lignes de bus sont également exclusivement réservées aux femmes depuis cinq ans. D'autres villes au Brésil, en Égypte et au Japon ont adopté des mesures similaires de séparation des sexes pour garantir aux femmes de meilleures conditions de déplacements. En France, les trains de nuit réservent un compartiment plus sécurisé exclusivement offert à la clientèle féminine. Éviter les transports en commun et prendre un taxi n'est pas forcément plus sécurisant. Importés d'outre-Manche, des services d'un nouveau genre voient le jour : les «*women cab*» sur le modèle des «*pink ladies cab*».

LA FORME LA PLUS RADICALE DE SÉGRÉGATION spatiale concerne le logement. Au Kenya, des villages entiers sont interdits aux hommes. Dans les années 1990, plusieurs femmes révoltées par les agressions continuelles qu'elles subissent décident de fonder un village, Umoja, pour y vivre loin de la violence des hommes. Depuis, d'autres villages fondés sur le même modèle ont vu le jour comme à Tumai, par exemple. Les habitantes peuvent avoir des relations sexuelles mais hors du village et les enfants mâles doivent le quitter à 16 ans. Les filles, elles, peuvent rester et échappent à la pratique de l'excision.

Ces figures d'apartheid spatial se retrouvent partout dans le monde. Résultantes des violences sexuelles contre les femmes, elles ont tendance à passer trop souvent inaperçues tellement elles semblent familières et intégrées dans le paysage quotidien. Cette ségrégation marque pourtant une régression dans l'égalité des droits. La protection des femmes devrait aussi passer par plus d'éducation et l'application des sanctions légales à l'encontre des agresseurs.

L'APARTHEID SEXUEL

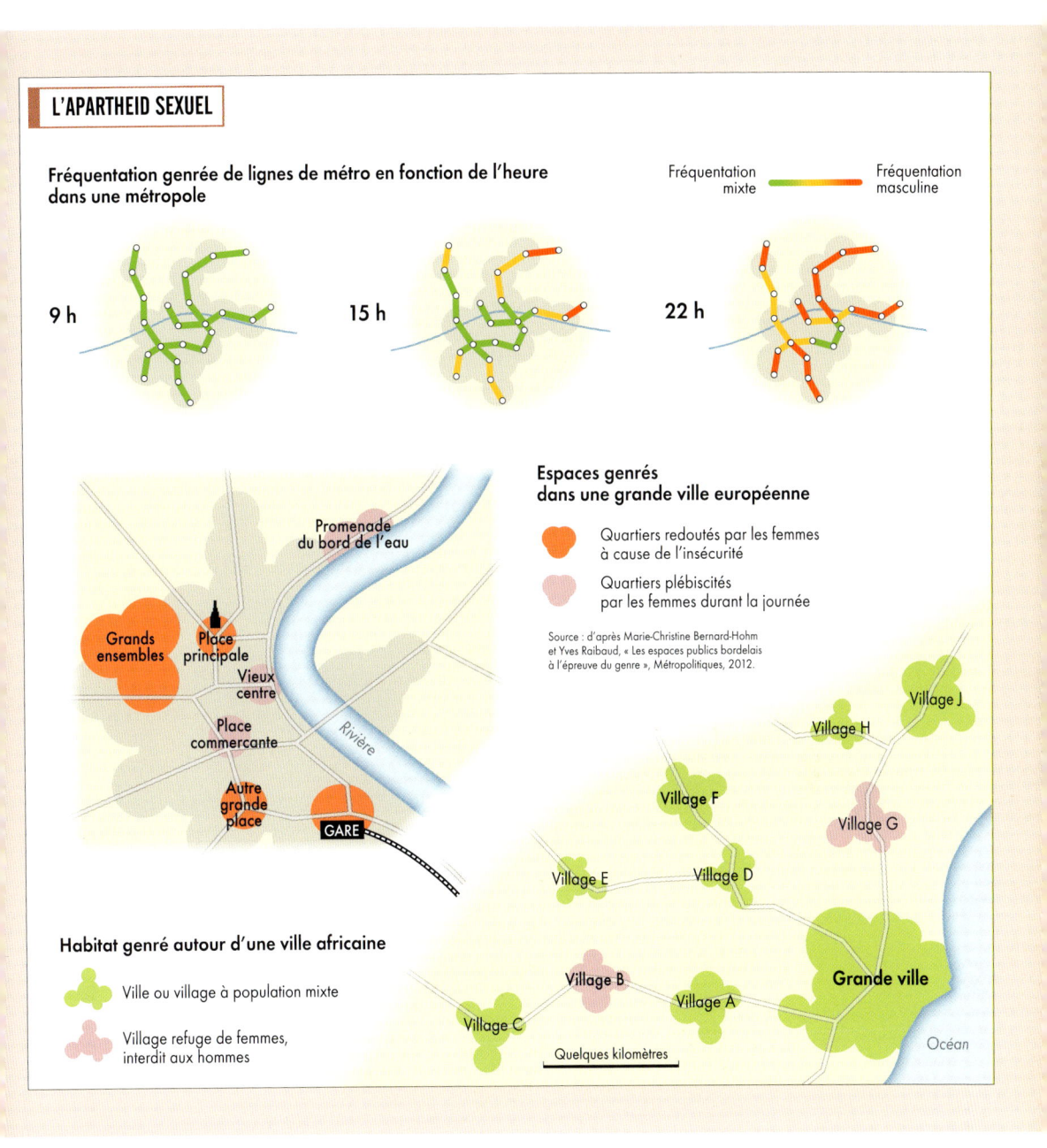

Fréquentation genrée de lignes de métro en fonction de l'heure dans une métropole

Fréquentation mixte — Fréquentation masculine

9 h

15 h

22 h

Espaces genrés dans une grande ville européenne

- Quartiers redoutés par les femmes à cause de l'insécurité
- Quartiers plébiscités par les femmes durant la journée

Source : d'après Marie-Christine Bernard-Hohm et Yves Raibaud, « Les espaces publics bordelais à l'épreuve du genre », Métropolitiques, 2012.

Promenade du bord de l'eau
Grands ensembles
Place principale
Vieux centre
Place commerçante
Rivière
Autre grande place
GARE

Habitat genré autour d'une ville africaine

- Ville ou village à population mixte
- Village refuge de femmes, interdit aux hommes

Village J
Village H
Village F
Village G
Village E
Village D
Village B
Village C
Village A
Grande ville
Océan

Quelques kilomètres

ATLAS MONDIAL DES SEXUALITÉS 77

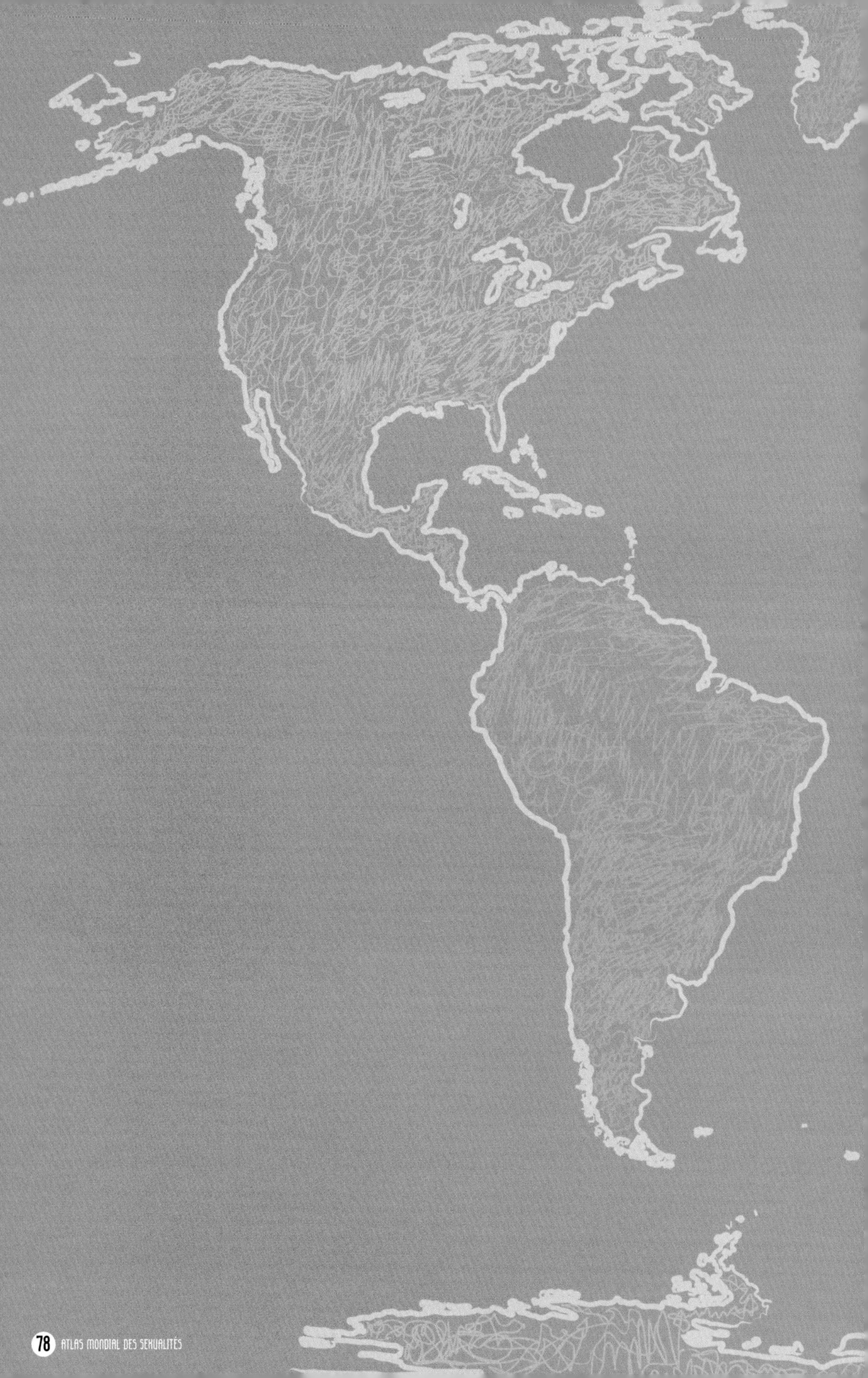

LA VILLE
REFUGE DES SEXUALITÉS
MINORITAIRES

Tout au long de l'histoire, les pratiques sexuelles s'écartant de l'hétérosexualité sont dévalorisées, voire condamnées, notamment parce qu'elles ne débouchent pas sur la reproduction. L'avènement des religions monothéistes a sanctuarisé et normé l'hétérosexualité et banni les sexualités minoritaires comme l'homosexualité. En utilisant le terme « minoritaire », il s'agit moins ici d'aborder la question de l'homosexualité par des statistiques, peu nombreuses, que de questionner son infériorisation sociale et surtout les conséquences spatiales de celle-ci. Dans tous les pays pour lesquels des études existent, essentiellement occidentaux, il apparaît que l'espace n'est pas uniformément injuste pour les gays et les lesbiennes. La grande ville, territoire privilégié de la mixité et de l'anonymat, constitue une échappatoire pour les homosexuels, notamment masculins. En élaborant différentes stratégies, en s'appropriant des morceaux d'espace, en en détournant l'usage, ils peuvent parvenir à pratiquer la ville et à consolider leur identité sexuelle.

LA VILLE REFUGE DES SEXUALITÉS MINORITAIRES

La recherche de l'entre-soi

Historiquement, la grande ville est considérée dans le monde occidental comme l'espace privilégié de la libération sociale et sexuelle des individus. Valorisant l'altérité, elle occupe une place encore plus importante dans l'histoire et la culture des homosexuels. Ils imaginent la métropole comme un espace émancipateur et respectueux des sexualités « minoritaires », un espace qui préserve l'anonymat. Mais également à la recherche de visibilité et d'entre-soi, les gays se sont approprié des morceaux de ville. Les quartiers gays sont le résultat de la rencontre entre la volonté croissante de consommer et le désir ardent de disposer d'un lieu sûr.

■ LA VILLE COMME AIMANT

Dense et mixte, la grande ville maximise les possibilités de rencontres et d'échanges et permet plus facilement qu'ailleurs la constitution de réseaux. Ces caractéristiques sont essentielles pour tous ceux qui appartiennent à une minorité : la grande ville est souvent la destination choisie par les homosexuels, notamment masculins, qui espèrent tout à la fois trouver là l'anonymat, même si celui-ci demeure toujours relatif, et accéder à une visibilité choisie et sûre. Dans cette migration vers les grandes villes impossible à quantifier, l'injure, subie dès l'enfance, joue un rôle déterminant. C'est une expérience partagée par tous les homosexuels, dans tous les espaces (public, domestique, scolaire, professionnel, sportif, etc.) et qui pèse sur la conscience qu'ils ont d'eux-mêmes. Échapper aux espaces dominés par la norme hétérosexuelle, ou homophobes, au travers du déplacement touristique et surtout en migrant vers la grande ville, est central dans la culture gay et souvent synonyme de sécurité.

La métropole occidentale apparaît donc comme un havre de paix relatif. Si Paris pèse pour 3,5 % de la population française, elle abrite 17 % des couples de même sexe pacsés. Et 45 % des couples gays aux États-Unis habitent une ville-centre, contre 24 % pour les couples hétérosexuels mariés. Le nombre d'associations et de commerces spécialisés à destination des gays, souvent regroupés dans un quartier central ou à proximité du centre, comme la taille de son marché sexuel donnent un avantage décisif à la métropole pour ceux qui veulent se retrouver entre eux.

Verbatim

Plus de 40 % des couples vivant dans le quartier de Castro à San Francisco sont des couples gays.
US Census Bureau, 2010.

■ DES QUARTIERS COMMERCIAUX ET PARFOIS RÉSIDENTIELS

Toutes les grandes villes du monde occidental disposent depuis quelques décennies d'un tissu commercial spécialisé et généralement concentré, principalement à destination des gays qui y résident mais aussi des touristes. Ce sont les logiques de la géographie du commerce qui sont à l'œuvre, logiques selon lesquelles les commerces qui proposent les mêmes produits et visent la même clientèle ont tendance à se regrouper.

Il y a toutefois des différences importantes selon les pays. En Europe, par exemple, où dominent des capitales telles que Berlin, Paris, Londres et Madrid, l'organisation et l'intégration d'une collectivité gay passe depuis de nombreuses décennies par la consommation (consommer et être consommé), c'est-à-dire par le marché. Les quartiers gays sont d'abord des quartiers de consommation et d'amusement, produits de l'économie libérale, à l'instar des espaces balnéaires mis en tourisme par les gays. Dans quelques-unes des principales métropoles nord-américaines, ces quartiers sont aussi des espaces résidentiels pour la « communauté » gay, justifiant l'appellation de « village » comme à Montréal. Les couples gays représentent par exemple le quart des couples vivant à Greenwich Village, un quartier gay de New York. Au cœur de Los Angeles, le quartier gay de West Hollywood a même acquis le statut de municipalité autonome en 1984. Ces espaces sont des espaces masculins. Les cultures gays et lesbiennes obéissent à des

PRINCIPAUX QUARTIERS GAYS DANS LE MONDE

Montréal, Toronto, San Francisco, Los Angeles, New York, Chicago, Manchester, Londres, Paris, Madrid, Barcelone, Amsterdam, Berlin, Hambourg, Tokyo, Bangkok, Le Cap, Sydney

Décennie d'émergence ou de consolidation
● 1930-1960   ○ 1990
● 1970-1980   ○ Date inconnue

ÉTABLISSEMENTS GAYS EN EUROPE

Nombre d'établissements en 2010: 151, 90, 35, 20, 10

Seules les villes disposant d'au moins 30 établissements sont nommées.

Établissements à caractère sexuel, en pourcentage: 50, 40, 30, 20, 10, 0

Source : Spartacus, International Gay Guide, 2012-13.

LE QUARTIER GAY DE MONTRÉAL

Légende :
- Bar ou restaurant
- Discothèque
- Hébergement
- Sex-club, sauna ou sex-shop

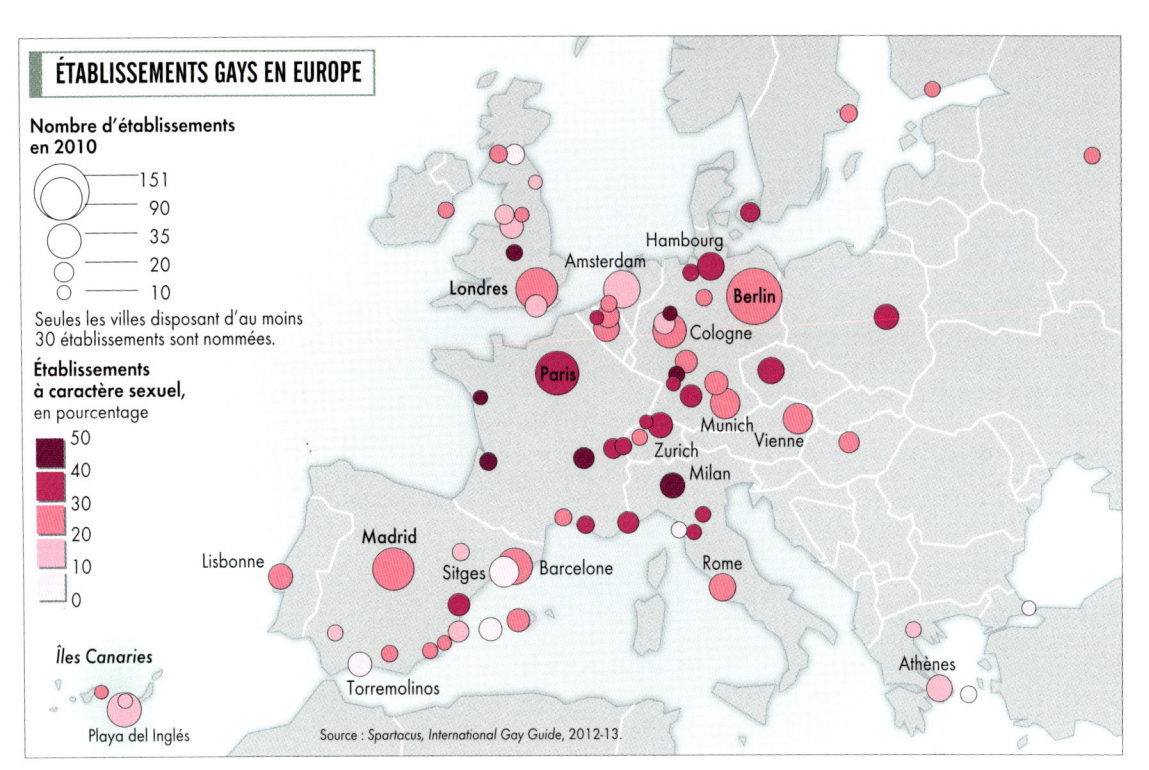

codes bien différents et n'ont pas le même statut. Nous consacrons la dernière page du chapitre à ces spécificités.

•••

DES QUARTIERS POUR SE RETROUVER ENTRE GAYS

Ces quartiers appropriés par les gays apparaissent vitaux pour nombre d'entre eux. Ils sont nés de la volonté de mettre à distance la ville hétérosexuelle et de partager des intérêts communs. En effet, ils permettent aux gays de se rencontrer, de se retrouver, d'afficher sans honte leur identité sexuelle et de draguer, aussi bien à l'intérieur qu'à l'extérieur des établissements commerciaux (bars, restaurants, discothèques, saunas, sex-clubs, etc.). Pour les plus jeunes, ces quartiers sont souvent les espaces privilégiés pour sortir du placard (ou faire son coming out), de véritables refuges au moment de la décohabitation familiale notamment. Aussi, l'absence de commerces gays de sociabilité dans nombre de villes petites et moyennes complique l'acceptation de soi et la possibilité de rencontrer son semblable, générant d'intenses migrations pendulaires en fin de semaine vers la métropole la plus proche.

La survisibilité de ces lieux, aujourd'hui très médiatisés et touristifiés, souligne en creux la difficulté de s'afficher et de s'affirmer dans le reste de l'espace. La relation que de nombreux gays entretiennent avec « leur » quartier est un puissant facteur de formation et de consolidation de leur identité sexuelle. De plus, malgré la multiplicité des appartenances sociales et territoriales de chacun, ces lieux sont susceptibles de fabriquer, d'ancrer et de rendre visible une identité collective. En France, le Marais n'est pas seulement un lieu particulier, le quartier gay de Paris. Il n'est d'ailleurs en rien un ghetto comme on le dit parfois hâtivement car s'il est en partie approprié par les gays, il n'est pas privatisé. Au contraire, il est ouvert sur la ville et accessible à tous. Il est aussi le symbole de la culture gay dans l'imaginaire collectif du pays. ●

LA VILLE REFUGE DES SEXUALITÉS MINORITAIRES

S'afficher, transgresser

L'espace public est profondément façonné par les normes. Où qu'ils se trouvent, les gays et les lesbiennes doivent développer des stratégies pour pratiquer des espaces qui, s'ils ne leur sont pas systématiquement hostiles, cherchent à les rendre invisibles. Les manifestations de rue comme la Gay Pride sont des espaces-temps éphémères qui permettent à la population homosexuelle de sortir du placard, en plus de revendiquer des droits. En s'affichant ainsi, parfois en jouant de manière provocante avec son corps, elle dénonce et conteste la norme hétérosexuelle qui façonne depuis toujours l'espace public, même dans les grandes villes.

■ LA DOMINATION HÉTÉROSEXUELLE

Dans toutes les villes du monde, l'espace public est à la fois émancipateur, lorsque l'on dispose des moyens et des codes pour le maîtriser, et oppresseur car saturé de normes et d'interdits, en particulier pour ceux qui n'appartiennent pas aux groupes dominants. Il n'est en rien également accessible pour tous. La hiérarchie entre les genres est renforcée jusqu'à être naturalisée, au détriment des femmes, en particulier dans les villes des pays du Sud, mais aussi dans les quartiers des banlieues populaires des villes occidentales. Celle qui existe entre les identités sexuelles vient se superposer à cette première domination, condamnant les gays et les lesbiennes à être invisibles la plupart du temps et dans la plupart des lieux. Bien sûr, des différences existent entre les pays et les cultures. L'approche universaliste, tant vénérée en France, gomme la nécessaire affirmation de la différence et le droit à l'espace des minorités. Les homosexuels doivent constamment trouver la bonne distance avec les « autres », ajuster leur attitude pour ne pas être démasqués. Les différentes stratégies qu'ils utilisent pour pratiquer la ville vont dépendre du lieu où ils se trouvent, et avec qui ils s'y trouvent.

Dans les métropoles occidentales, le dévoilement est souvent seulement possible dans le quartier que les gays se sont approprié. En s'éloignant de ce cocon protecteur, la dissimulation de leur identité sexuelle est généralement obligatoire, afin de ne pas « provoquer » la majorité hétérosexuelle. Ainsi, se tenir par la main demeure encore risqué pour un couple du même sexe dans la plupart des espaces publics et semi-publics. Le rôle libérateur de la métropole doit donc être nuancé. Dans les grandes

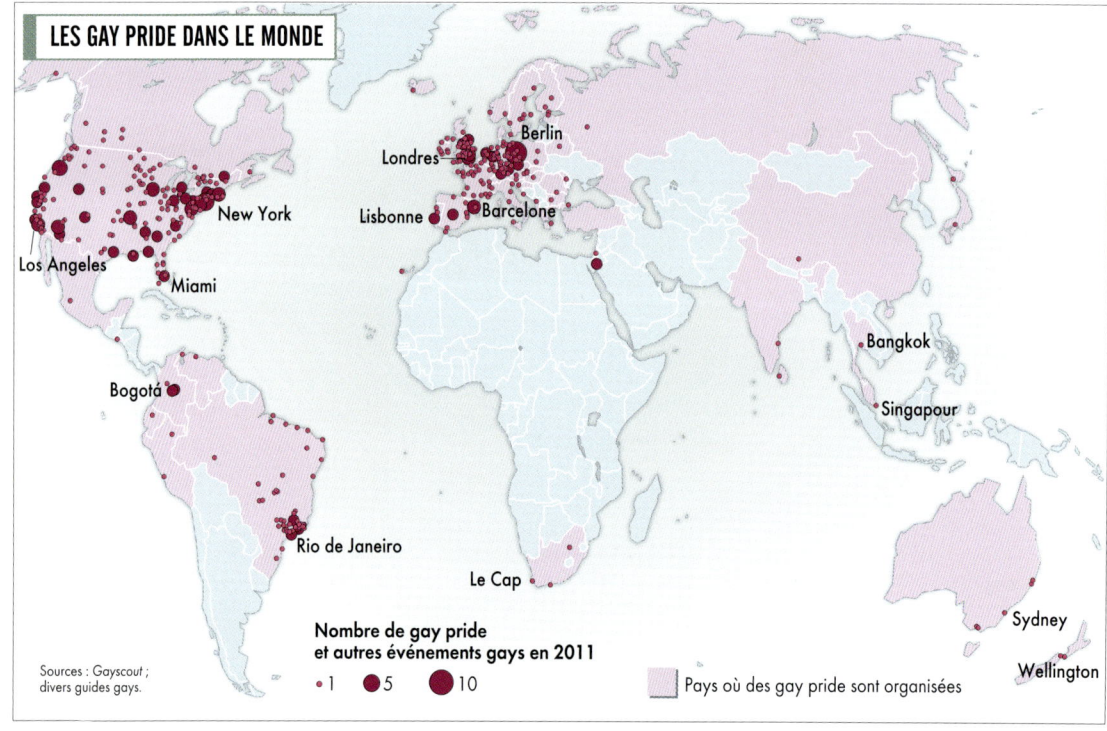

LES GAY PRIDE DANS LE MONDE

Nombre de gay pride et autres événements gays en 2011
· 1 ● 5 ● 10

Pays où des gay pride sont organisées

Sources : Gayscout ; divers guides gays.

S'EMBRASSER DANS LA RUE

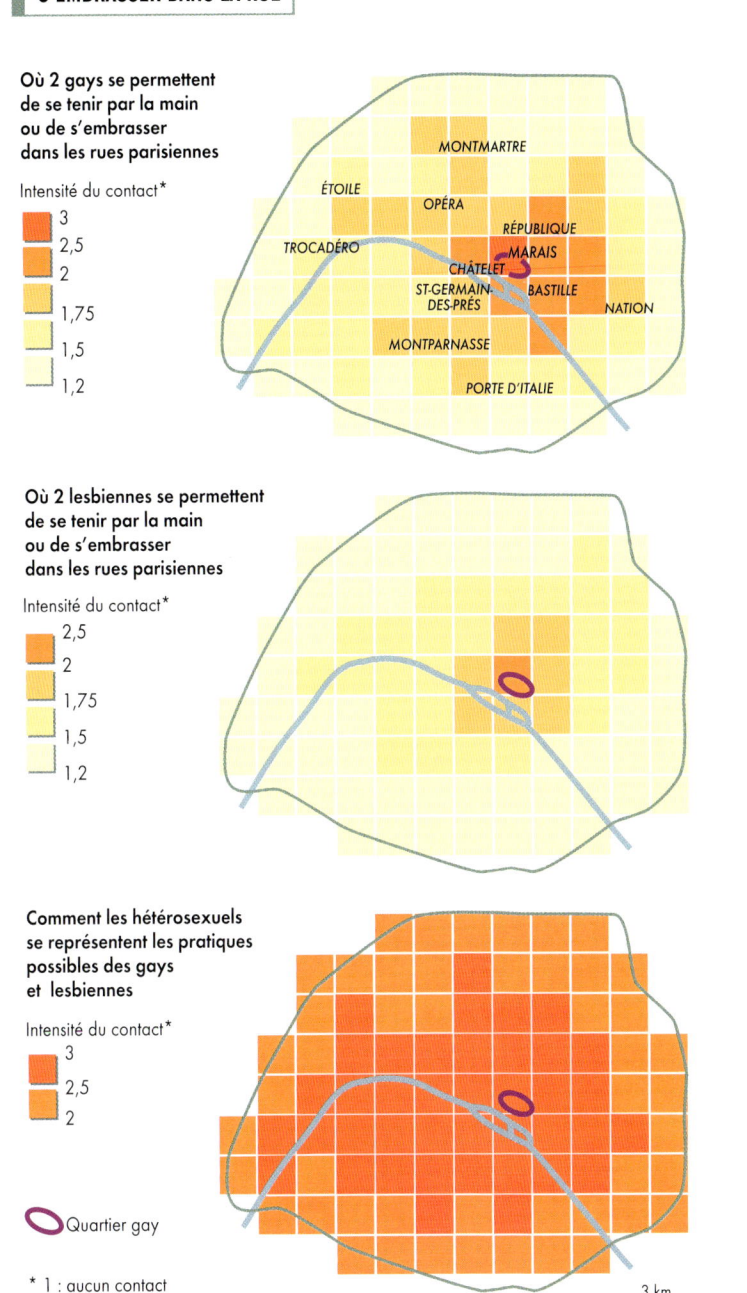

Où 2 gays se permettent de se tenir par la main ou de s'embrasser dans les rues parisiennes

Intensité du contact*
- 3
- 2,5
- 2
- 1,75
- 1,5
- 1,2

Lieux : MONTMARTRE, ÉTOILE, OPÉRA, TROCADÉRO, RÉPUBLIQUE, CHÂTELET, MARAIS, ST-GERMAIN-DES-PRÉS, BASTILLE, NATION, MONTPARNASSE, PORTE D'ITALIE

Où 2 lesbiennes se permettent de se tenir par la main ou de s'embrasser dans les rues parisiennes

Intensité du contact*
- 2,5
- 2
- 1,75
- 1,5
- 1,2

Comment les hétérosexuels se représentent les pratiques possibles des gays et lesbiennes

Intensité du contact*
- 3
- 2,5
- 2

○ Quartier gay

* 1 : aucun contact
2 : contact léger (se tenir la main)
3 : contact appuyé (s'embrasser)

Enquêtes effectuées auprès de populations gays, lesbiennes et hétérosexuelles en 2007.

3 km
Un carré représente 1 km².

Source : Nadine Cattan et Stéphane Leroy, Cahiers de géographie du Québec, 2010.

Verbatim

Le 28 juin 1970, 2 000 gays défilent dans la 6ᵉ avenue de New York avec comme slogan « Come out! ». La première Gay Pride est née.

rue par les gays et les lesbiennes. Tout en affirmant leurs différences, les manifestants réclament le droit d'être visibles dans l'espace public. Il ne s'agit donc pas seulement d'une demande légitime de justice sociale (droit au mariage, homoparentalité, pénalisation de l'homophobie, etc.), mais aussi d'une demande de justice spatiale. Les revendications politiques nécessitent souvent l'appropriation éphémère de l'espace public. Plus les manifestants sont nombreux, plus ils ont la chance d'être entendus. À Paris, ils sont plusieurs centaines de milliers à défiler à la fin du mois de juin pour la « Marche des fiertés LGBT », à São Paulo plusieurs millions. Il est bien entendu plus aisé de participer à ce qui s'apparente à un gigantesque *coming out* collectif dans une grande métropole que dans une ville de province. En s'affichant comme gays ou comme lesbiennes, les manifestants, qui usent de différentes performances notamment corporelles, dénoncent l'hétérosexualité de la rue et les normes qu'elle crée et naturalise sans cesse.

...

LE CORPS COMME SITE DE RÉSISTANCE

L'association de lutte contre le sida Act Up illustre, par des *die-in* rituels – performances qui consistent à s'allonger en silence sur le sol pour symboliser les victimes mortes du sida et leur rendre hommage –, l'importance du corps pour refuser la honte et la culpabilité et résister à l'oppression. Dans l'espace public, le corps est implicitement hétérosexuel et son rôle est figé, défini selon le genre. Des manifestations festives comme la Gay Pride permettent aux corps gays et lesbiens, généralement enfermés dans l'espace privé, de se montrer. Cet affichage peut être transgressif quand les corps, le plus souvent masculins, se dénudent, comme cela arrive parfois. Au-delà de l'exhibitionnisme (critique que l'on pourrait aussi adresser au carnaval de Rio, par exemple), cette transgression de la norme est performative et politique. ●

villes d'Afrique ou d'Asie (Japon excepté), l'affichage de son homosexualité est impossible dans l'espace public. C'est pourquoi, dans les sociétés qui le permettent, l'appropriation symbolique et éphémère de l'espace par les gays et les lesbiennes apparaît comme une nécessité.

...

S'APPROPRIER L'ESPACE PUBLIC POUR ÊTRE VISIBLE

Dans toutes les villes du monde où elles sont autorisées, les Gay Pride, nées à New York pour commémorer le soulèvement contre la police des clients d'un bar gay, le Stonewall, constituent durant un court moment une appropriation de la

LA VILLE REFUGE DES SEXUALITÉS MINORITAIRES

Drague et relations sexuelles dans l'espace public

L'interdit qui pèse sur les relations sexuelles et l'invisibilisation des homosexuels les ont conduits historiquement à vivre et occuper l'espace public de manière codée. Les interactions sexuelles anonymes dans l'espace public, notamment en ville, en constituent la forme la plus singulière. La métropole occidentale apparaît ainsi comme une vaste zone de drague pour les gays, avec ses hauts lieux de sexualité récréative qui se transforment au cours du temps. On dispose de peu d'informations sur ces pratiques dans les pays du Sud, mais les guides spécialisés recommandent la prudence. Pour les lesbiennes, nous le verrons, ces codes diffèrent.

« PRÉFÉREZ LA DEUXIÈME VOITURE ! »

Il y a quelques années à Paris, la RATP, constatant que les premières et dernières voitures des rames de métro étaient souvent les plus densément occupées par les voyageurs, car généralement les plus proches des issues situées sur les quais, lança le slogan « Préférez la deuxième voiture ». Si l'affluence des voitures de tête ne diminua pas, les deuxièmes voitures se transformèrent en lieux de rencontre pour les gays ! Voilà qui illustre leur capacité à s'approprier n'importe quel espace et à en détourner l'usage ordinaire, principalement à des fins de drague. S'il existe des lieux de rencontre homosexuels dans de plus petites villes ou dans le monde rural, la grande ville demeure le terrain de chasse favori des hommes en quête d'autres hommes. Parmi eux, certains se définissent comme gays, d'autres pas.

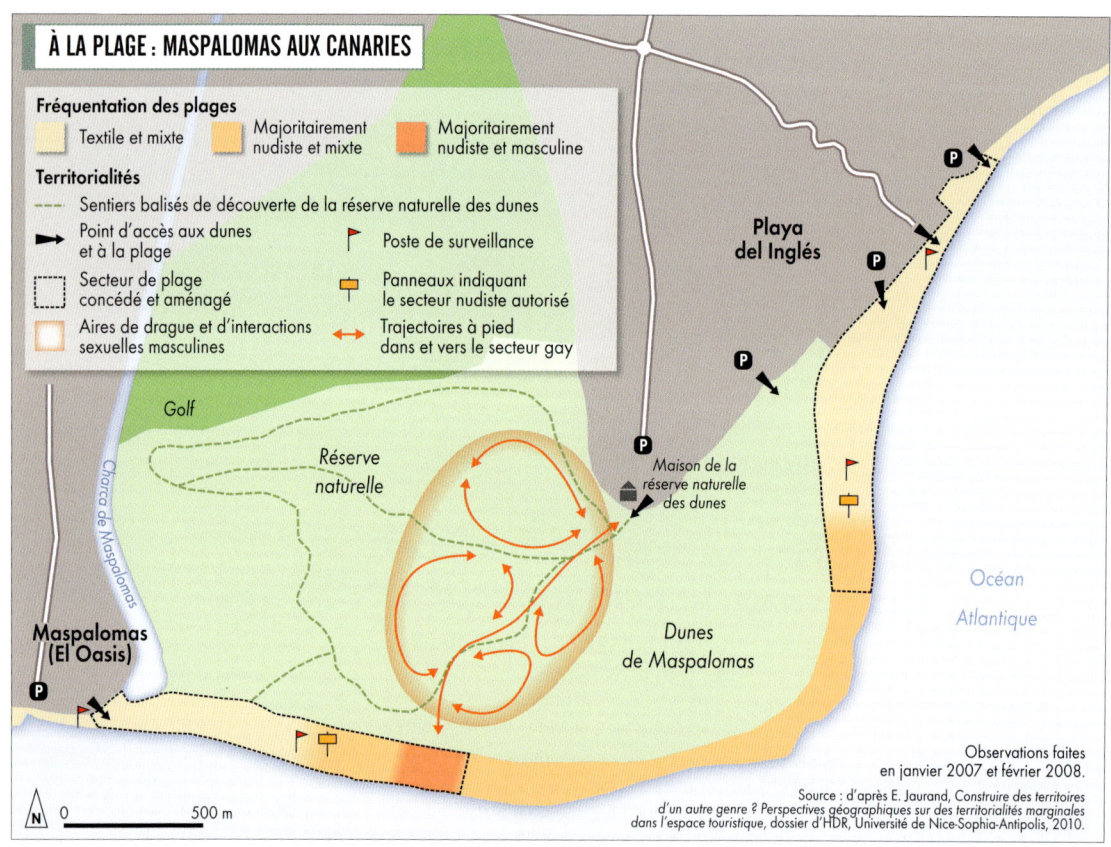

À LA PLAGE : MASPALOMAS AUX CANARIES

Observations faites en janvier 2007 et février 2008.

Source : d'après E. Jaurand, Construire des territoires d'un autre genre ? Perspectives géographiques sur des territorialités marginales dans l'espace touristique, dossier d'HDR, Université de Nice-Sophia-Antipolis, 2010.

Il faut rappeler que le sexe récréatif tient une place très importante dans le mode de vie de nombre d'entre eux. Plus généralement, la dissymétrie inhérente à la relation entre deux partenaires de sexe différent, toujours au bénéfice de l'homme, disparaît dans la relation homosexuelle, ce qui rend plus aisé l'accès au corps de l'autre. Il n'existe pas dans l'espace public de lieu de drague lesbien spécifique. Les risques d'agression et la différence du rapport au corps entre hommes et femmes expliquent cette absence.

...

UNE ÉCONOMIE RATIONNELLE DES PLAISIRS

Les actes sexuels eux-mêmes se pratiquent souvent sur le mode la consommation immédiate et de la recherche de l'efficacité, qu'ils se produisent dans des établissements spécialisés comme les *cruising bars* ou les saunas, ou dans l'espace public où le risque d'être aperçus par les autres usagers ou appréhendés par les forces de l'ordre rationalise encore davantage la pratique : il s'agit d'avoir un maximum d'occasions de relations sexuelles en un minimum de temps. Plus la ville est grande, plus les lieux de drague sont nombreux et plus le nombre de partenaires sexuels potentiels est important.

En s'appropriant l'espace public, les dragueurs y imposent leur loi et y projettent leur intimité. Les codes qu'ils mobilisent obéissent à un rituel immuable connu de tous. La communication est rarement verbale et le regard joue un rôle important. La recherche de l'anonymat, règle immuable de la drague dans l'espace public, explique la quasi-absence d'échanges verbaux, comme de tout autre déterminant social. Les échanges autres que physiques sont refusés, même si les perceptions et l'investissement affectifs peuvent varier, notamment en fonction du type d'acte sexuel.

...

DÉTOURNER L'USAGE DES LIEUX

Les relations sexuelles dans l'espace public étant illégales, leur invisibilité est recherchée. Les hommes en général, et les gays en particulier, apprennent vite à identifier des situations potentiellement sexuelles. En plein cœur de Paris et en plein jour, à proximité du musée du Louvre, des hommes parviennent à avoir des relations sexuelles dans un lieu dissimulé, à quelques mètres seulement de milliers de touristes sans que ceux-ci s'en aperçoivent. Il est étonnant de noter que l'usage de ce lieu est partagé entre les dragueurs et les vendeurs de souvenirs à la sauvette africains qui viennent s'y cacher lorsque la police s'approche. Ces lieux de rencontres dédiés et semi-clandestins sont généralement soit des angles morts de la ville (bâtiments désaffectés, chantiers, impasses, etc.), soit des lieux publics dont les dragueurs détournent l'usage, de jour comme de nuit (parcs, quais, cimetières, toilettes publiques, etc.). La mise en danger symbolique et même parfois physique, intrinsèque à cette pratique singulière, est à même d'accroître leur pouvoir fantasmatique et érotique, quand ils sont insalubres ou abandonnés. Leur fréquentation évolue au fil d'une journée (jour/nuit), d'une année (été/hiver) et même de plusieurs années. Dans les espaces « naturels » des villes, comme les parcs et les bois, le lieu de drague est souvent organisé en deux zones proches l'une de l'autre, comme sur les plages gays où l'arrière-plage joue fréquemment le rôle de défouloir sexuel. On trouve ainsi une zone de drague qui peut être aussi une zone de sociabilité, comme les espaces de pique-nique et de bronzage, et une zone où se produisent les relations sexuelles, plus ou moins à l'abri des regards. Malgré l'accroissement de la répression policière et le développement des sites de rencontre sur Internet qui ont entraîné une diminution de leur fréquentation, ces lieux singuliers existent encore, peut-être parce qu'ils possèdent une dimension érotique qui n'existe pas ailleurs.

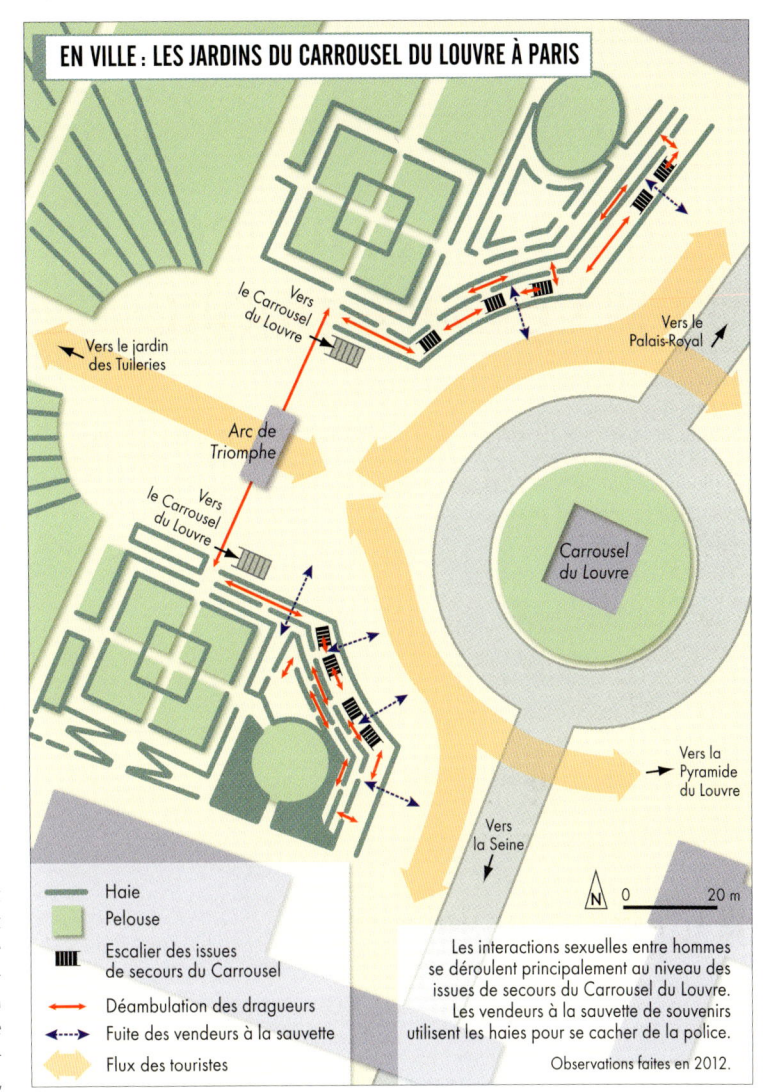

EN VILLE : LES JARDINS DU CARROUSEL DU LOUVRE À PARIS

Légende :
- Haie
- Pelouse
- Escalier des issues de secours du Carrousel
- Déambulation des dragueurs
- Fuite des vendeurs à la sauvette
- Flux des touristes

Les interactions sexuelles entre hommes se déroulent principalement au niveau des issues de secours du Carrousel du Louvre. Les vendeurs à la sauvette de souvenirs utilisent les haies pour se cacher de la police.

Observations faites en 2012.

Verbatim

Au moins 40 % des hommes qui fréquentent les lieux de drague homosexuels extérieurs ont une vie sociale hétérosexuelle.

LA VILLE REFUGE DES SEXUALITÉS MINORITAIRES

Lesbiennes sans territoires ?

La moindre visibilité des lesbiennes par rapport aux gays est une réalité : quasi-inexistence de magazines lesbiens, faible représentation dans les fictions... Pourtant, dans les métropoles occidentales, il a toujours existé des cabarets et un milieu lesbien bourgeois qui aimait se retrouver dans des lieux chics. Aujourd'hui, Internet permet aux lesbiennes de s'affranchir des lieux commerciaux pour se rencontrer, sans résoudre le problème de leur invisibilisation. La double discrimination dont elles sont victimes, en tant que femmes et en tant qu'homosexuelles, les a conduites à développer des stratégies originales d'appropriation de l'espace, différentes de celles des gays.

DES LESBIENNES INVISIBLES EN VILLE

Alors que les homosexuels masculins ont progressivement acquis un droit à la centralité et à la visibilité, même fragile, dans la plupart des métropoles occidentales, les lesbiennes y semblent invisibles. Est-ce à dire qu'elles recherchent moins l'urbanité ? À l'exception emblématique du quartier new-yorkais de Park Slope, à Brooklyn, il n'existe pas de véritable quartier lesbien, tant résidentiel que commercial, même si les quelques données dont on dispose sur les couples de même sexe montrent que leur répartition n'est pas homogène dans l'espace urbain. Ainsi, elles ne pèsent que pour 15 % des contrats de pacs de même sexe signés entre 2007 et 2011 dans le IVe arrondissement de Paris qui abrite la plus grande partie du quartier gay de la capitale. Plus généralement, dans toutes les grandes villes de France, les couples de femmes pacsées sont toujours moins nombreux que les couples d'hommes. Par exemple, les femmes représentent 40 % des signataires de pacs de même sexe à Strasbourg durant la même période. Cette exclusion des quartiers de l'émancipation homosexuelle est-elle voulue ou subie ? Les lesbiennes qui vivent à San Francisco préfèrent habiter le quartier de Mission plutôt que celui, proche, de Castro, approprié par les gays.

•••

UNE DOUBLE DISCRIMINATION

Dans toutes les sociétés, les lesbiennes sont doublement discriminées, en tant que femmes et en tant qu'homosexuelles. Comme femmes, elles subissent la perpétuation des inégalités économiques. C'est une des explications du nombre très faible d'établissements commerciaux de sociabilité lesbiens dans les métropoles. En 2010, on en comptait à peine dix à Paris. Et par souci de rentabilité, ces lieux sont souvent amenés à s'ouvrir à la mixité.

Autre inégalité, nombre d'entre elles élèvent un ou plusieurs enfants (plus du tiers de celles qui vivent en couple à New York, par exemple), étant ainsi confrontées plus que les gays, à l'accès de plus en plus difficile au logement dans les villes-centres pour les familles.

Dans l'espace public dominé par les hommes, les risques d'agression sont encore plus importants pour les lesbiennes si elles s'affichent comme telles. C'est l'une des raisons pour laquelle il n'existe pas de lieu de drague lesbien public. Dans certaines métropoles non occidentales,

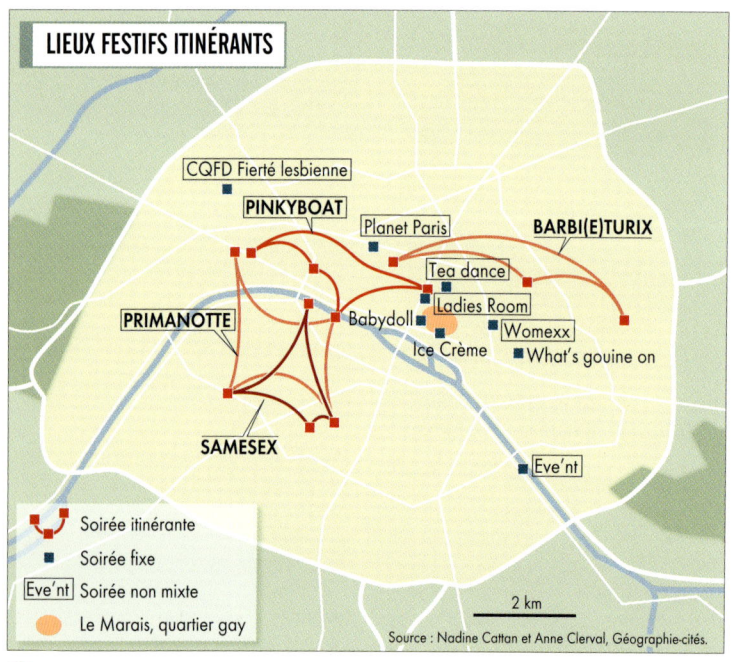

LIEUX FESTIFS ITINÉRANTS

CQFD Fierté lesbienne
PINKYBOAT
Planet Paris
BARBI(E)TURIX
Tea dance
Ladies Room
PRIMANOTTE   Babydoll   Womexx
Ice Crème   What's gouine on
SAMESEX
Eve'nt

- Soirée itinérante
- Soirée fixe
- Eve'nt Soirée non mixte
- Le Marais, quartier gay

2 km

Source : Nadine Cattan et Anne Clerval, Géographie-cités.

Verbatim

À Paris, les lieux commerciaux lesbiens sont dix fois moins nombreux que ceux destinés aux gays.
Guide Spartacus, 2012-13.

BARS ET DISCOTHÈQUES À PARIS 1970-2010

Années 1970 — Pigalle, Rue Sainte-Anne, Les Halles, Saint-Germain, Montparnasse

Années 1980 — Pigalle, Rue Sainte-Anne, Saint-Germain, Montparnasse

Années 1990 — Pigalle, Grands Boulevards, Rue Sainte-Anne, Le Marais, Bastille, Saint-Germain, Montparnasse

Années 2000 — Pigalle, Grands Boulevards, Rue Sainte-Anne, Le Marais, Saint-Germain

2010 — La Champmeslé, Le Rive gauche

Légende : Cabaret · Bar · Discothèque · Le Marais, quartier gay

Échelle : 2 km

Discothèques

Rive droite
- Pigalle : Chez Moune ; Le Soft
- Les Halles : Le Jeu de Dames ; Helzapoppin
- Porte Maillot : Le Memorie's ; Le Privilège ; L'Entracte
- Grands Boulevards : Le Pulp

Rive gauche
- Saint-Germain : Le Katmandou ; L'Ego Club ; Le Rive gauche
- Montparnasse : Elle et lui ; Lolita ; L'Enfer
- Maubert-Mutualité : Le Baby doll

Nombre de lieux : 1 à 3 (1970-2010)

Bars

Rive droite
- Pigalle
- Rue Sainte-Anne : L'Entre Nous ; La Champmeslé
- Bastille : Le Caveau de la Bastille ; El Scandalo ; Les Scandaleuses
- Le Marais-Est : Le 3W ; L'Alcantara ; Le Bliss Kfé ; Le Nix ; So What ; Les Jacasses
- Le Marais-Ouest : L'Unity Bar ; L'Utopia ; Le Boobsbourg ; Le Troisième Lieu ; Les Filles de Paris ; O'Kubi Caffé
- Faubourg du Temple

R. G.
- Saint-Michel : La Vénus noire

Nombre de lieux : 2 à 6 (1970-2010)

Source : d'après Nadine Cattan et Anne Clerval, « Un droit à la ville ? Réseaux virtuels et centralités éphémères des lesbiennes à Paris », Justice spatiale n°3, 2011.

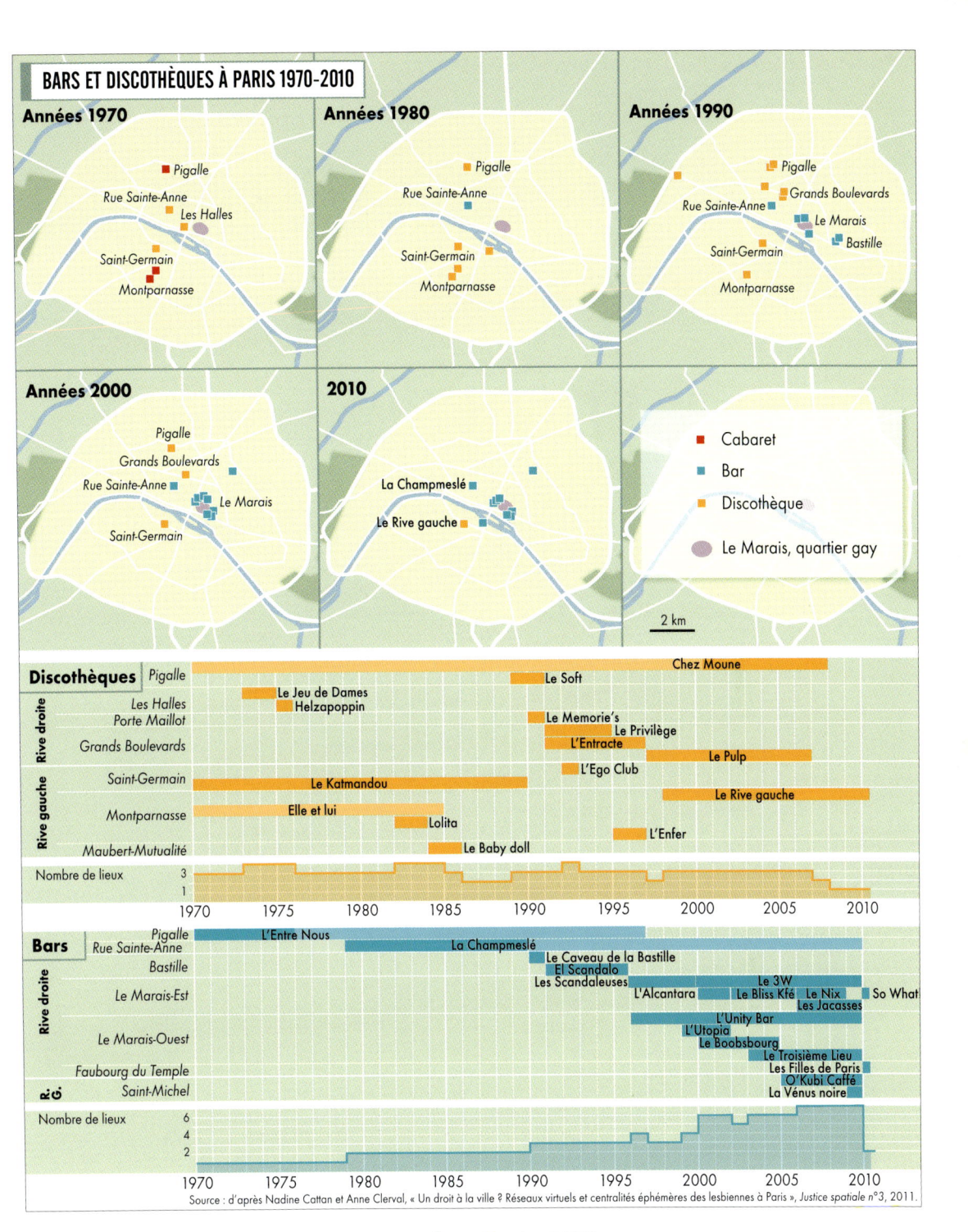

de nombreuses lesbiennes sont aujourd'hui encore violées pour être « rééduquées », comme dans les *townships* sud-africains. Plus généralement, les lesbiennes sont contraintes d'adopter un comportement qui renvoie aux normes du genre féminin. Pour avoir le droit à la ville, elles doivent élaborer d'autres formes de territorialisation que les gays.

DES STRATÉGIES ALTERNATIVES POUR SE RETROUVER ENTRE SOI

L'existence de lieux spécifiques pour les lesbiennes est nécessaire pour qu'elles puissent construire et valider leur identité sexuelle. Ces lieux, commerciaux ou non, jouent le même rôle protecteur et émancipateur que les lieux gays. Dans de nombreuses métropoles occidentales, l'offre très faible d'établissements est compensée par la création de lieux de rencontres éphémères, dans le temps et dans l'espace. À Paris, des soirées itinérantes qui rassemblent plusieurs centaines de femmes se sont développées depuis quelques années, souvent dans des lieux chics, sécurisés, à l'écart des espaces connotés comme homosexuels. Ces microterritoires éphémères et instables dessinent un espace lesbien réticulaire, diffus et invisible pour les non-initiées.

LA VILLE REFUGE DES SEXUALITÉS MINORITAIRES

Synthèse

La métropole apparaît bien comme un havre pour les sexualités minoritaires, surtout lorsqu'elles ont appris à en défricher le champ des possibles. Mais si elle constitue le « laboratoire » privilégié de l'expression et de la consolidation d'identités homosexuelles multiples, rien n'est jamais acquis pour les gays et les lesbiennes et la négociation avec l'espace des « autres » reste permanente. De plus, on ne saurait prétendre parler ici de tous les homosexuels. Beaucoup demeurent dans le « placard » ou n'expriment pas la nécessité d'affirmer une identité sexuelle. Il est impossible dans un atlas de parler et de montrer tous ces « invisibles », pour reprendre le titre du film de Sébastien Lifshitz. Ils échappent aux chiffres comme à notre regard. Droit à la cité, à la centralité et à la visibilité, droit relatif mais essentiel, notamment via les quartiers gays, espaces interdits ou dangereux en particulier en périphérie, barrières psychospatiales qui obligent à modifier le comportement, notamment pour les couples, mobilités aux échelles et aux temporalités multiples, appropriation « canalisée » de la rue comme lors de la Gay Pride, usage illicite de l'espace public pour avoir des interactions sexuelles, pratiques spatiales nomades, en particulier pour les lesbiennes, pression hétérosexuelle et répression policière croissantes... tous ces éléments dessinent une métropole duale pour la population homosexuelle en Occident.

ENTRE AUTOCONTRÔLE ET SURVEILLANCE, pressions externes et internes, le corps des gays et des lesbiennes s'arrange tout de même pour pratiquer la ville et se faire une place. Les gays, bien davantage que les lesbiennes, donnent un sens particulier à certains lieux. Ils se les approprient, les bornent et en changent la signification pour leur « bon plaisir ». En cela, le genre de l'espace public n'est pas modifié. Il demeure encore masculin. Ces appropriations spatiales ne remettent pas non plus en cause la hiérarchie entre les identités sexuelles, au détriment de l'homosexualité. Mais à la différence des lieux masculins où se déploient sans complexe le machisme et l'homophobie ordinaires, des lieux très anxiogènes, voire dangereux pour les gays et les lesbiennes, des lieux qu'ils ont souvent été obligés de fréquenter dans leur enfance, dans le milieu scolaire ou sportif par exemple, les lieux masculins, durables ou éphémères, fabriqués par les gays dans les grandes villes ne sont pas des lieux hétéronormatifs. Ainsi, les quartiers gays, quand ils sont suffisamment développés et identifiés comme tels, sont des espaces de résistance et d'émancipation, relativement sécurisés et qui permettent de se retrouver entre soi et de consolider une identité collective. La figure du ghetto est impropre pour les qualifier. Il s'agit plutôt de points de passage, ouverts à tous, que l'on fréquente à un moment de la journée, de la semaine ou même à un moment de sa vie.

LA « VILLE GAY » VIENT S'IMBRIQUER DANS LA « VILLE HÉTÉROSEXUELLE » sans pour autant remettre en cause les normes qui l'organisent et qui sont sans cesse légitimées par le pouvoir et les groupes majoritaires. Pour autant, les pratiques et représentations spatiales des gays viennent corriger les visions dominantes de l'urbain et de l'urbanité et nuancer le modèle théorique de la ville occidentale accessible à tous et valorisant l'altérité.

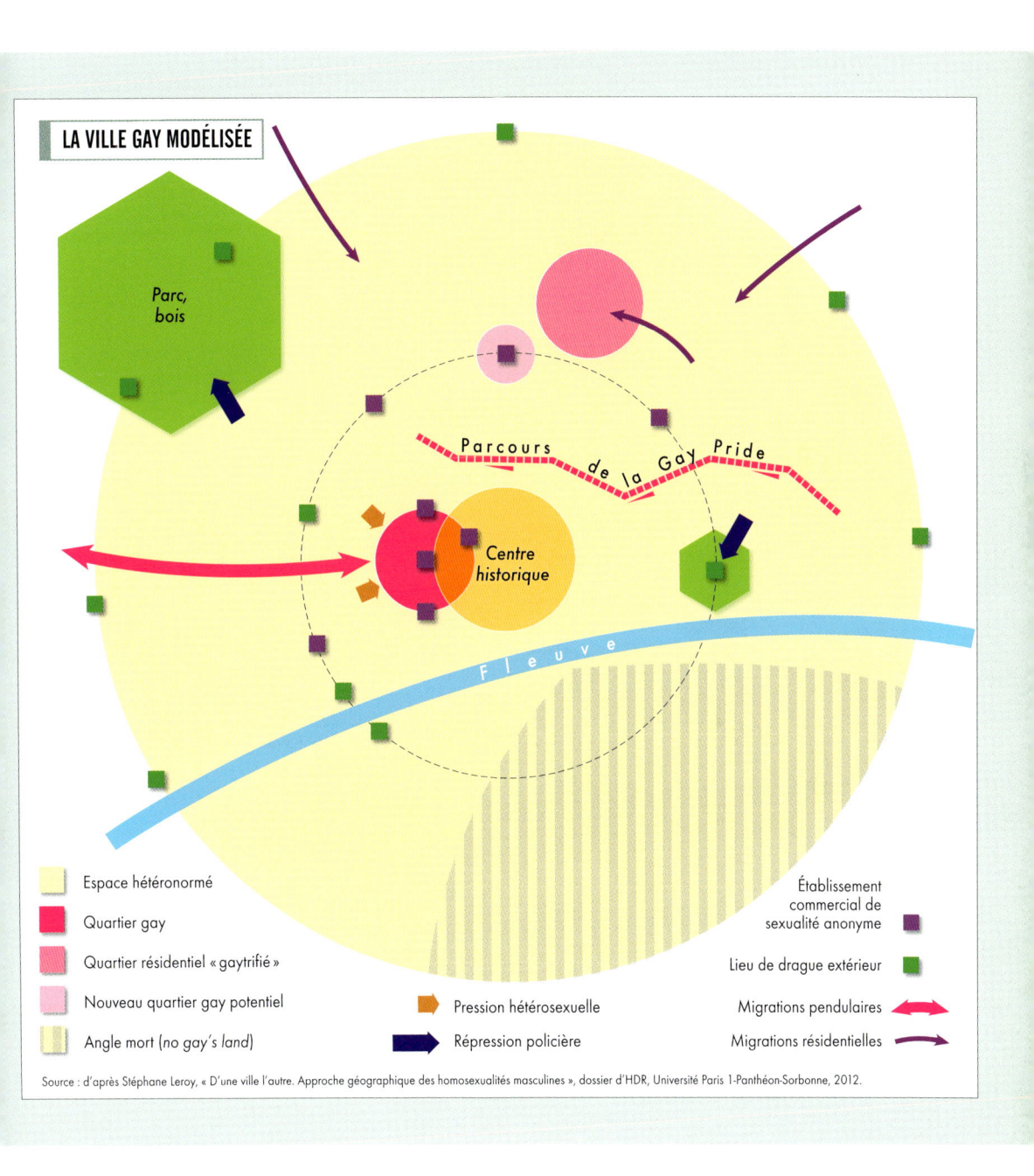

LA VILLE GAY MODÉLISÉE

Parc, bois

Parcours de la Gay Pride

Centre historique

Fleuve

- Espace hétéronormé
- Quartier gay
- Quartier résidentiel « gaytrifié »
- Nouveau quartier gay potentiel
- Angle mort (no gay's land)
- Pression hétérosexuelle
- Répression policière
- Établissement commercial de sexualité anonyme
- Lieu de drague extérieur
- Migrations pendulaires
- Migrations résidentielles

Source : d'après Stéphane Leroy, « D'une ville l'autre. Approche géographique des homosexualités masculines », dossier d'HDR, Université Paris 1-Panthéon-Sorbonne, 2012.

CONCLUSION

Ce que dit la géographie des sexualités

La cartographie des pratiques sexuelles dans différents lieux de la planète et à différentes échelles montre que, dans un monde globalisé, l'homogénéisation des modes de vie en termes de sexualités est loin d'être une réalité. Les femmes et les hommes ne vivent pas leur sexualité de la même manière à Paris ou à Beyrouth, aux États-Unis ou en Argentine, à la ville ou à la campagne. Cet atlas montre comment libertés, plaisirs et interdits sexuels sont fortement déterminés selon les espaces culturels et économiques auxquels on se réfère. C'est, par exemple, à l'échelle des aires culturelles et des États que se définissent souvent les normes et les lois qui régissent tout un ensemble de pratiques sexuelles. La première partie souligne combien, au début du XXIe siècle, les sociétés contemporaines évoluent à deux vitesses, avec des pays occidentaux permissifs et des pays en développement répressifs où la sexualité est contrôlée et où la transgression de l'interdit est fortement sanctionnée.

LES VALEURS SOCIÉTALES, LES IDENTITÉS RELIGIEUSES et les niveaux de développement viennent croiser les législations pour expliquer la grande diversité des pratiques sexuelles qui s'observent entre les pays et également à l'échelle d'ensembles régionaux plus vastes. La deuxième partie montre comment l'Europe et les sociétés occidentales vivent depuis quelques années une transition sexuelle et amoureuse avec l'émergence de nouveaux modèles. La carrière amoureuse d'aujourd'hui ne ressemble pas à celle d'hier ; pour ce qui est du couple, de nouveaux modèles d'union intègrent la diversité des orientations sexuelles, l'expérimentation de l'amour à trois ou le polyamour. À l'inverse et par contraste, les cartes des parties 1, 3 et 4 mettent en lumière les millions de femmes de l'Afrique subsaharienne, de certaines régions du Sud-Est asiatique et de l'Amérique du Sud qui font les frais du manque d'informations sexuelles, subissent des traditions inégalitaires et ne peuvent vivre librement leur sexualité. Ces femmes sont d'autant plus exposées qu'elles sont pauvres, résident dans des zones rurales et n'ont reçu aucune éducation.

METTRE EN CARTES LES SEXUALITÉS montre comment le renouvellement des comportements sexuels est souvent lié au degré d'urbanité et se dévoile à l'échelon local. Ainsi, l'existence dans beaucoup de métropoles occidentales de quartiers gays souligne combien un lieu peut être un facteur de visibilisation de l'altérité sexuelle. Mais si les grandes villes sont des lieux d'émancipation et de liberté privilégiés, elles sont aussi le creuset de violences sexuelles comme le précisent les cartes de la quatrième partie. La peur du viol produit des logiques d'*apartheid* spatial et fait des métropoles des hauts lieux de la ségrégation genrée où les femmes doivent constamment négocier leur place dans l'espace public.

LA CARTOGRAPHIE DES PRATIQUES SEXUELLES A PERMIS DE METTRE EN ÉVIDENCE LE RÔLE DES RÉSEAUX MONDIAUX comme acteurs majeurs d'organisation et de maîtrise des sexualités dans les sociétés globalisées du début du XXIe siècle. Il en va ainsi des réseaux criminels qui génèrent l'exploitation sexuelle dans le monde par le biais du tourisme sexuel et de la traite d'êtres humains, essentiellement des femmes et des enfants, à des fins de prostitution. Internet est un autre vecteur de la banalisation de la sexualité comme produit de consommation, du plus ludique par le biais des sites de rencontre, par exemple, au plus controversé notamment par l'explosion de la diffusion d'images pornographiques. Sous une forme moins dramatique, la diffusion de pratiques culturelles comme le *spring break* et l'industrie du voyage de noces témoigne de ce phénomène.

CET OUVRAGE DONNE À VOIR LES DIFFÉRENTS ESPACES d'expression des sexualités dans le monde : il met en évidence les territoires de la liberté et de la répression sexuelles, il identifie les lieux où se déploient les nouveaux codes amoureux, il caractérise les réseaux où le sexe se négocie contre de l'argent, il définit les terrains où se déploient les violences sexuelles et rend visible les lieux de négociation de l'altérité sexuelle.

Cet atlas montre comment la géographie des sexualités est un prisme de lecture pertinent pour comprendre où s'inventent aujourd'hui les nouveaux modèles sexuels et amoureux de demain.

Annexes

Quelques pistes supplémentaires

Cet atlas analyse trente-six thématiques majeures relatives aux sexualités dans le monde. Bien d'autres sujets auraient pu être choisis mais peu auraient pu faire l'objet d'une présentation cartographique documentée. Les données pour aborder sérieusement la sexualité des seniors ou des transsexuels, par exemple, sont indisponibles tant la sexualité de ces deux groupes de personnes est encore taboue dans les sociétés contemporaines. Le choix d'évoquer, dans les pistes supplémentaires, le lien entre sexe et affaires d'une part et entre Internet et le sexe d'autre part tient au fait que ces deux pratiques se diffusent partout dans le monde et sont chacune à leur manière porteuses de dérives et renforcent les inégalités de genre en maintenant les stéréotypes.

SEXE ET AFFAIRES

Offrir du sexe pour signer un contrat, c'est le secret le moins bien gardé de nos sociétés et en même temps un sujet tabou. Moyen très efficace de négociation, le sexe dans les affaires est une pratique très répandue partout dans le monde et concerne tous les secteurs économiques, de la grande industrie aux chantiers publics. Dans toutes les grandes capitales, dans toutes les régions industrielles et dans les zones d'activités en général, on offre du plaisir sexuel à un investisseur pour conclure un marché souvent au détriment des législations.

Ces pratiques ont en effet pignon sur rue, y compris dans les pays même où la prostitution organisée est interdite, comme en France. Les enseignes des lieux qui facilitent ce genre de rencontres et de transaction s'affichent sur les grandes avenues de la capitale. Dans les régions frontalières avec la Suisse et la Belgique, les industriels profitent des différences de législation pour offrir à leurs clients, et mêmes aux élus, les plaisirs du tourisme sexuel afin de signer l'affaire ou de remporter le marché public visé. Aujourd'hui, les témoignages d'industriels se multiplient pour expliquer qu'il est plus facile de conclure une affaire avec un client qui s'attend, dans tous les cas, à recevoir ce genre de « cadeau ». Plusieurs réacteurs ou moteurs d'avion sont ainsi commandés pour des milliers d'euros et quelques nuitées en galante compagnie. C'est une forme de corruption qui joue sur le luxe et la sécurité et surtout qui tait son nom puisque les call-girls remplacent les prostituées, les soirées récréatives les pots-de-vin et les corps de femmes les valises de billets. Lorsque ces pratiques sont ouvertement reconnues par des entrepreneurs de grands groupes industriels, que ces activités se passent près de chez vous et que les témoignages se font à visage découvert, certes, pour dénoncer ces pratiques, mais en soulignant que c'est une tradition et que cela fait corps avec le monde des affaires de tout temps et en tout lieu, force est de se demander comment l'image de la femme, y compris dans les pays perçus comme les plus égalitaires, peut vraiment évoluer et comment les rapports sociaux de sexe peuvent aller au-delà des stéréotypes genrés.

CYBERSEXE

Tous les spécialistes le disent : le sexe a envahi le Net. Pourtant il est aujourd'hui impossible de donner des estimations chiffrées de ces pratiques et d'évaluer leur diffusion à travers le monde. Le cybersexe renvoie à tout un ensemble d'activités sexuelles qui se déploient sur Internet, comme les sites de rencontre, les sites coquins, les photos et ventes en ligne. C'est dans le cybersexe que se donnent à voir les liens forts entre sexe et argent et les problèmes juridiques qui se posent aux différents États pour coordonner leur lutte contre les réseaux de prostitution, la pédophilie et la protection des mineurs, par exemple. Une partie de ces aspects a été abordée dans différentes planches de l'atlas et cette note se focalise sur les sexualités qui se déploient à distance, de manière virtuelle. Le cybersexe des sexualités virtuelles montre qu'Internet pourrait à terme révolutionner les pratiques sexuelles. À la différence de sites ou de forums de rencontre dont l'objectif est un rendez-vous qui pourra donner lieu à un rapport physique sexuel, les plateformes du cybersexe précisent que le contact réel avec les animateurs sexuels est interdit et que les clients seraient exclus des forums s'ils cherchaient à entrer en contact avec eux. Le cybersexe, c'est faire l'amour par écrans interposés et l'offre est disponible en continu puisque les animateurs du cybersexe couvrent tous les fuseaux horaires : ils sont philippins, roumains, ukrainiens, russes, américains, colombiens ou français et s'exhibent à partir de leurs lieux de vie.

Le cybersexe est aussi une industrie. Une note du Monde diplomatique de mai 2011 explique que les entreprises qui gèrent les plateformes où se pratique cette activité sexuelle sont le plus souvent basées dans des paradis fiscaux comme les Antilles néerlandaises, le Costa Rica, le Luxembourg et Gibraltar ou aux États-Unis, dans des États où le droit des affaires est particulièrement permissif, comme le Delaware ou l'Oregon. Ces réseaux de la virtualité permettent aux propriétaires et actionnaires de ces sites de rester invisibles et contribuent au renforcement d'une économie souterraine mondiale qui échappe à tout contrôle et à toute législation. Parce que les espaces virtuels du cybersexe ouvrent la porte à tous les fantasmes sexuels, érotiques et économiques, ils ont de l'avenir devant eux et les dérives sont nombreuses.

Bibliographie

BAJOS, Nathalie et BOZON, Michel, dir., 2008, *Enquête sur la sexualité en France. Pratiques, genre et santé*, Paris, La Découverte.

BARD, Christine, 2004, *Le Genre des territoires. Féminin, masculin, neutre*, Angers, Presses de l'Université d'Angers.

BELL, David et VALENTINE, Gill, dir., 1995, *Mapping Desire : Geographies of Sexualities*, Londres, Routledge.

BERNARD-HOHM, Marie-Christine et RAIBAUD, Yves, 2012, *Les Espaces publics bordelais à l'épreuve du genre*, Métropolitiques.

BINNIE, Jon, 2004, *The Globalization of Sexuality*, Londres, Sage.

BLANCHARD, Véronique, REVENIN, Régis et YVOREL, Jean-Jacques, 2010, *Les Jeunes et la sexualité. Initiations, interdits, identités (XIXe-XXIe siècles)*, Paris, Autrement, coll. « Mutations/Sexe en tous genres ».

BOLOGNE, Jean-Claude, 2010, *L'Invention de la drague. Une histoire de la conquête amoureuse*, Paris, Points, coll. « Histoire ».

BORRILLO, Daniel, FASSIN, Éric et IACUB, Marcela, dir., 1999, *Au-delà du pacs. L'expertise familiale à l'épreuve de l'homosexualité*, Paris, PUF.

BORRILLO, Daniel et LOCHAK, Danièle, dir., 2005, *La Liberté sexuelle*, Paris, PUF.

BOZON, Michel, 2009, *Sociologie de la sexualité*, Paris, Armand Colin, série « Domaines et approches », 2e édition.

BUTLER, Judith, 2005, *Trouble dans le genre. Pour un féminisme de la subversion*, Paris, La Découverte [1990].

CATTAN, Nadine et CLERVAL, Anne, 2011, « Un droit à la ville ? Réseaux virtuels et centralités éphémères des lesbiennes à Paris », *Justice spatiale/Spatial Justice*, n° 3, www.jssj.org/archives/03/05.php#b.

Bibliographie

CATTAN, Nadine et LEROY, Stéphane, 2010, « La ville négociée : les homosexuel(le)s dans l'espace public parisien », *Cahiers de géographie du Québec*, vol. 54, n° 151, p. 9-24.

COULMONT, Baptiste, 2007, *Sex-shops. Une histoire française*, Paris, Dilecta.

DESCOUTURES, Virginie, DIGOIX, Marie, FASSIN, Éric et RAULT, Wilfried, 2008, *Mariages et homosexualités dans le monde. L'arrangement des normes familiales*, Paris, Autrement, coll. « Mutations/Sexe en tous genres ».

DI FOLCO, Philippe, dir., 2005, *Dictionnaire de la pornographie*, Paris, PUF.

DI MEO, Guy, 2011, *Les Murs invisibles. Femmes, genre et géographie sociale*, Paris, Armand Colin.

DORLIN, Elsa, 2008, *Sexe, genre et sexualités*, Paris, PUF, coll. « Philosophies ».

DUPIERREUX, Anne, 2009, *Quand le viol devient arme de guerre*.

ÉRIBON, Didier, dir., 2003, *Dictionnaire des cultures gays et lesbiennes*, Paris, Larousse.

FABRE, Claude et FASSIN, Éric, 2003, *Liberté, égalité, sexualités. Actualité politique des questions sexuelles*, Paris, Belfond.

FASSIN, Éric, 2005, *L'Inversion de la question homosexuelle*, Paris, Éditions Amsterdam.

Fondation Scelles, CHARPENEL, Yves, dir., 2012, *Rapport mondial sur l'exploitation sexuelle. La prostitution au cœur du crime organisé*, Paris, Economica.

GAGNON, John, 2004, *An Interpretation of Desire. Essays in the Study of Sexuality*, Chicago, Chicago University Press.

GIDDENS, Anthony, 2006, *La Transformation de l'intimité. Sexualité, amour et érotisme dans les sociétés modernes*, Hachette, coll. « Pluriel Sociologie » [1992].

HUBBARD, Phil, 2012, « World Cities of Sex », *in* B. DERUDDER, P. J. TAYLOR et F. WITLOW, dir., *International Handbook of Globalization and World Cities*, Cheltenham, Edward Elgar, p. 295-305.

JASPARD, Maryse, 2005, *Sociologie des comportements sexuels*, Paris, La Découverte, coll. « Repères ».

JAURAND, Emmanuel et LEROY, Stéphane, 2011, « Tourisme sexuel : "clone maudit du tourisme" ou pléonasme ? Sur la sexualité dans le tourisme en général et dans le tourisme gay en particulier », *Mondes du tourisme*, n° 3, p. 53-65.

JAURAND, Emmanuel et LEROY, Stéphane, 2011, « Pacs des villes et pas des champs », *in* D. PUMAIN et M.-F. MATTÉI, coord., *Données urbaines 6*, Paris, Anthropos-Economica, p. 123-132.

KATZ, Jonathan Ned, 1995, *The Invention of Heterosexuality*, New York, Plume-Penguin.

KAUFMANN, Jean-Claude, 2010, *Sociologie du couple*, Paris, PUF, coll. « Que sais-je ? ».

KINSEY, Alfred C., POMEROY, Wardell B. et MARTIN, Clyde E., 1948, *Le Comportement sexuel de l'homme*, Paris, Éditions du Pavois.

KOSOFSKY SEDGWICK, Ève, 2008, *Épistémologie du placard*, Paris, Éditions Amsterdam [1991].

LEROY, Stéphane, 2009, « La possibilité d'une ville. Comprendre les spatialités homosexuelles en milieu urbain », *Espaces et Sociétés*, n° 139, p. 159-174.

LOUARGANT, Sophie, 2002, « De la géographie féministe à la "Gender Geography" : une lecture francophone d'un concept anglophone », *Espace, Populations, Sociétés*, vol. 20, n° 3, p. 397-410.

McDOWELL, Linda, 1999, *Gender, Identity and Place : Understanding Feminist Geographies*, Minneapolis, University of Minnesota Press.

MATHIEU, Lilian, 2007, *La Condition prostituée*, Paris, Textuel, coll. « La discorde ».

Observatoire national de la délinquance, 2007, « Les premiers résultats de l'enquête de victimisation 2007 ».

OMS, 2005, « Étude multipays de l'OMS sur la santé des femmes et la violence domestique à l'égard des femmes ».

POULIN, Richard, 2011, *La Mondialisation des industries du sexe*, Paris, Imago.

RAIBAUD, Yves, 2005, « Le genre et le sexe comme objet géographique », *Géographie et Cultures*, n° 54, p. 53-70.

REVENIN, Régis, dir., 2007, *Hommes et masculinités de 1789 à nos jours*, Paris, Autrement, coll. « Mémoires/Histoire ».

ROUX, Sébastien, 2011, *No Money, No Honey. Économies intimes du tourisme sexuel en Thaïlande*, Paris, La Découverte, coll. « Textes à l'appui ».

RUBIN, Gayle, 2010, *Surveiller et jouir. Anthropologie politique du sexe*, Paris, EPEL.

RYAN, Chris et HALL, C. Michael, 2001, *Sex Tourism. Marginal People and Liminalities*, Londres, Routledge.

TABET, Paola, 2005, *La Grande Arnaque. Sexualité des femmes et échange économico-sexuel*, Paris, L'Harmattan.

Index

TAMPEP International Foundation, 2009, « Sex Work in Europe. A Mapping of the Prostitution Scene in 25 European Countries ».

Terre des hommes, 2004, « Kids as Commodities ? Child Trafficking and what to Do about It ».

TIN, Louis-Georges, 2003, dir., *Dictionnaire de l'homophobie*, Paris, PUF.

TIN, Louis-Georges, 2008, *L'Invention de la culture hétérosexuelle*, Paris, Autrement, coll. « Mutations/Sexe en tous genres ».

TOURNYOL DU CLOS, Lorraine et LE JEANNIC, Thomas, 2008, « Les violences faites aux femmes », *Insee première*, n° 1180.

TRACHMAN, Mathieu, 2013, *Le Travail pornographique. Enquête sur la production de fantasmes*, Paris, La Découverte, coll. « Genre & sexualité ».

Traffic, 2012, MILLIKEN Tom et SHAW Jo, « The South Africa-Viet Nam Rhino Horn Trade Nexus ».

UNFPA, « État de la population mondiale 2012. Oui au choix, non au hasard. Planification familiale, droits de la personne et développement ».

Unicef, 2005, *Early Marriage. A Harmful Traditional Practice*.

Unifem, 2003, *Not a Minute More. Ending Violence against Women*.

UNODC, 2009, « Global Report on Trafficking in Persons ».

WELZER-LANG, Daniel, 2000, dir., *Nouvelles approches des hommes et du masculin*, Toulouse, Presses universitaires du Mirail.

WELZER-LANG, Daniel, 2005, *La Planète échangiste*, Paris, Payot.

Afrique du Sud ....17, 58, ...59, 73, 74, 75, 86
Âge du consentement, majorité sexuelle 10, 11, 12, 13
Allemagne, ...11, 30, 33, ...48, 52, 54, 69, 73
Amour 30, 31, 41, 44, 48
Avortement 20, 21, 22, 23
Bangladesh..............12, 24, ...25, 67, 69, 74
Bars et boîtes de nuit 46-47, 80, 81, 86, 87
Belgique .. 11, 30, 42, 54, 67
Bisexualité................34, 35
Brésil 31, 67, 83
Budapest......................61
Canada..............22, 23, 33, ...40, 61, 80
Canaries..................45, 84
Cap d'Agde 34
Célibat 40
Chine................11, 18, 20, ...21, 30, 37, 53, 58, 73
Contraception (préservatifs, stérilisation, etc.) 18, 19, 46
Couple.....................30-49
CSP+ 35, 43
Discrimination...12, 13, 16, ...17, 20, 21, 22, 23, 24, ...25, 80, 81, 82, 83, 86, 87
Divorce 36, 37, 41
Drague 46-47, 80, 81, 84, 85
Éducation (niveau d')......... ....24, 25, 43, 71
Éducation sexuelle ...24, 25
Ennui 30, 31, 34, 35, 42-43
Espace public 32, 46-47, 52, 61, 66, 70, 71, 77, **79-89**
Espagne 11, 30, 33, 38, 42, 52

États-Unis............14, 15, 22, ...23, 37, 39, 44, 45, ...47, 57, 61, 73, 74
Fantasme ....32, 33, ...42-43, 44
Fécondité............21, 24, 25
Gays ....16, 17, 35, 39, ...44, 45, 47, **79-89**
Grèce 31, 48, 73
Homophobie 16, 17, 82, 83
Hong Kong 31, 73
Îles et cocotiers ....44, 45, ...62, 63
Inceste 74
Inde 11, 20, 21, 30, 74
Infidélité 42, 43
Internet ....33, 35, 46, ...47, 55, 61, 74
Italie ....11, 34, 37, ...42, 52, 54, 73
Japon ....31, 34, 58, ...60, 74
Jeunes............10, 11, 12, 13
Lesbiennes... 16, 17, **79-89**
Libertinage 34, 35
Lieu de travail......17, 46-47
Mariage..............10, 11, 12, ...13, 14, 15, 16, ...17, 36, 37, 38, 39, 48
Migrations ....23, 44, 45, ...54, 55
Milan..........................42
Milieu rural *vs* urbain....12, ...13, 34, 35, ...40, 41, 42, 43, 44, ...45, 76, 77, 80, 81
Mormons 15
New York 41, 80, 83, 86
Nicaragua................13, 20
Norvège.......11, 30, 46, 52
Parcs et jardins 32, 85

Paris ....35, 39, 47, ...56, 60, 80, 83, 85
Pays-Bas ....11, 24, 25, ...40, 48, 52, 53, 73
Plages................34, 35, 44, ...45, 84
Polyamour, polyfidélité 14, 15
Pornographie ... 56, 60, 61, 74
Prostitution........52, 53, 54, ...55, 62, 68, 74
Répression...16, 17, 54, 55
San Francisco...17, 61, 80
Séparation ....36, 37, 40, ...41, 48
Sex friends....................33
Sex-shops....................57
Sextoys......................57
MST 24, 25, 72, 73, 83
Sites de rencontre 46-47
Suède................18, 30, 37, ...40, 46, 67, 73
Suisse...............11, 33, 52
Thaïlande............31, 33, 58, ...67, 74
Trouple 33, 38
Union civile 38, 39
Union libre 36, 37, 48
Vacances, tourisme ...46-47, ...62, 74, 81, 84
Vietnam ....20, 21, 58, ...73, 74
Viol ....66, 67, 68, ...69, 70, 71
Voyages de noces.......44, 45

Auteurs

Nadine Cattan est directrice de recherche en géographie au Centre national de la recherche scientifique (CNRS) et directrice de l'UMR Géographie-cités à Paris. Elle poursuit des travaux d'analyse du fonctionnement interactif des espaces métropolitains. L'objectif de ses recherches est de comprendre comment la mobilité et l'échange modifient les rapports des sociétés à l'espace et le genre est systématiquement mobilisé comme catégorie d'étude.
Elle a publié : *Cities and Networks in Europe. A Critical Approach of Polycentrism*, John Libbey Eurotext (2007).

Stéphane Leroy est maître de conférences en géographie à l'université Paris-Est Créteil et membre du laboratoire de recherche Lab'URBA. Spécialiste de la géographie des homosexualités, il a publié de nombreux articles sur ce thème dans des revues nationales et internationales, en particulier sur les pratiques des gays de l'espace urbain et de l'espace touristique. Il a soutenu une habilitation à diriger des recherches, intitulée *D'une ville l'autre. Approche géographique des homosexualités masculines*, à l'université Paris 1-Panthéon-Sorbonne en décembre 2012.

Cartographe

Cécile Marin est géographe-cartographe. Elle a signé la cartographie de nombreux atlas chez Autrement et collabore régulièrement au *Monde diplomatique*.

Création maquette : Vianney Chupin
Conception et réalisation : Edire

Relecture : David Mac Dougall

Coordination éditoriale : Marie-Pierre Lajot

Remerciements
Les auteur/res remercient vivement Véronique Degout, Alexandre Huet, Brenda Le Bigot et Denis Trauchessec pour leur aide dans la collecte et le recensement des données. Cécile Marin remercie l'Afdec pour leur aide à la réalisation de certaines cartes.